MBA、MEM、MPAcc、MPA等
管理类联考与经济类联考综合能力

写作
历年真题
精讲及考点精析

主编 ◎ 都学课堂　　副主编 ◎ 刘连帆等

北京理工大学出版社
BEIJING INSTITUTE OF TECHNOLOGY PRESS

版权专有　侵权必究

图书在版编目（CIP）数据

MBA、MEM、MPAcc、MPA等管理类联考与经济类联考综合能力写作历年真题精讲及考点精析 / 都学课堂主编. — 北京：北京理工大学出版社，2020.4

ISBN 978-7-5682-8379-3

Ⅰ.①M… Ⅱ.①都… Ⅲ.①研究生－入学考试－自学参考资料 Ⅳ.①G643

中国版本图书馆 CIP 数据核字（2020）第 061647 号

出版发行 / 北京理工大学出版社有限责任公司

社　　址 / 北京市海淀区中关村南大街 5 号

邮　　编 / 100081

电　　话 /（010）68914775（总编室）

　　　　　（010）82562903（教材售后服务热线）

　　　　　（010）68948351（其他图书服务热线）

网　　址 / http://www.bitpress.com.cn

经　　销 / 全国各地新华书店

印　　刷 / 三河市鑫鑫科达彩色印刷包装有限公司

开　　本 / 787 毫米 × 1092 毫米　1/16

印　　张 / 13.5　　　　　　　　　　　　　　　　　　责任编辑 / 徐艳君

字　　数 / 337 千字　　　　　　　　　　　　　　　　文案编辑 / 徐艳君

版　　次 / 2020 年 4 月第 1 版　2020 年 4 月第 1 次印刷　　责任校对 / 刘亚男

定　　价 / 39.80 元　　　　　　　　　　　　　　　　　责任印制 / 王美丽

图书出现印装质量问题，请拨打售后服务热线，本社负责调换

都学课堂管理类联考学术委员会

写　作　陈君华　田　然　刘连帆　李　诚　王　莹
英　语　查国生　陈　鹏　唐名龙　颜贤斌　顾　越　薛　冰
　　　　　韩　健　杨红宇
数　学　陈　剑　孙华明　刘　智　朱　曦　刘　沛　王　宁
逻　辑　饶思中　陈慕泽　孙江媛　刘强伟　孙　勇　史先进
面　试　张诗华　许焕琛　王　亮　蔺雪飞

满足全部需求的贴心学习备考服务

一、在线题库——考研必备工具

极简的用户界面,给考生带来近乎完美的刷题体验;原题录入,三重校验,试题质量有保障;配套名师讲评,考生可边刷题边学习,高效提分;桌面与移动多屏覆盖,数据云端同步;全国各大院校官方推荐。

在线题库链接:https://ktiku.doxue.com/doxue/exam

下载 APP,立即做题

二、单词小程序——大数据算法,科学记忆

都学课堂独家研发单词小程序,采用计算机大数据算法科学筛选考研核心词汇,依据艾宾浩斯遗忘曲线分频、分组科学记忆单词,智能区分已学与未学词汇,从而实现高效复习、全面掌握英语核心词汇的学习效果,是管理类、经济类联考考生专属背单词工具。

扫码,开始背单词

三、公益大模考——百所院校联合承办

自 2015 年以来,都学课堂与各大院校共同发起万人公益大模考,为考生提供优质的模考服务、真实的考试环境,帮助了数以万计的考生完成考前的模拟考试演练,被考生视为检验复习成果的试金石。

扫码,快速报名模考

36 个城市同步开考;150 余所院校联合发起;专业评分、名师讲评;全真模拟实战演练。

前言

由于写作命题方式的主观性，以及没有给出固定化格式的标准答案，导致考生很难把握写作复习备考的准确方向。所以，考生经常因为没有领会到写作命题的真正意图，而致使自己的文章跑题、偏题，进而影响了写作部分的得分。

而写作的历年真题恰恰可以帮助考生解决这个问题。过去年份的考题既是命题老师命题的重要参考资料，也是考生复习备考的宝贵资料。在历年真题中，往往会昭示着未来的命题趋势和考查要点。所以，考生通过对历年真题的认真学习，一方面可以找到写作复习的要点和重点，另一方面也可以提前熟悉写作的做题模式。

《MBA、MEM、MPAcc、MPA等管理类联考与经济类联考综合能力写作历年真题精讲及考点精析》严格依据最新考试大纲进行编写，将考点精析、写作指南与历年真题融于一体，既传授写作核心考点，又将历年真题进行透彻化讲解，从而建立起"考点＋技巧＋真题"三位一体的学习模式。相信通过这样的模式，考生可以建立起真题学习的系统思维，可以真正地通过真题提高写作能力，而不局限于用成套真题来刷题的单一模式。

而且，本书在编写时特别注重培养考生良好的学习思维，将知识点讲解和真题解析依照由浅入深和由易到难的设计理念娓娓道来。这样既可以让同学们学习起来没有阅读障碍，又可以让同学们在比较短的时间内掌握写作的做题方法和解题技巧。相信每一个使用本书的考生都可以在轻松愉快的心态下完成写作的全面学习，最终在考试中考取写作高分。

在编写本书时，作者参考了许多教材和有关著作，引用了其中的一些例子，恕不一一指出，在此一并向有关作者致谢。由于作者水平有限，书中疏漏之处在所难免，恳请同行专家和读者批评指正，我们会在今后努力做得更好。

希望这本书可以帮助每一个考研学子考上理想的院校！

都学课堂
刘连帆

如何使用本教材搞定写作真题

当同学们拿到这本真题教材的时候，可能对于如何使用本教材学习写作有些茫然，有些不知所措。所以，为了帮助同学们使用本教材搞定写作真题，在这里展开讲述本教材的学习纲要和使用指南。

全书一共六章，分为上下两篇，上篇为论证有效性分析，下篇为论说文。每篇包含三章，分别为考点精析、写作指南、真题精讲。

 上篇 论证有效性分析

上篇论证有效性分析，共三章。作为全书的上篇，这部分内容对应着管理类联考综合能力试卷里的第56题论证有效性分析和经济类联考综合能力试卷里的第41题论证有效性分析。三章内容秉承着"考点+技巧+真题"三位一体的学习模式进行讲授。第一章考点精析，重点讲解论证有效性分析的核心技巧，即找错析错。第二章写作指南，重点讲解如何使用模板框架组织行文。第三章真题精讲，依据难度层次，进阶式、细致地讲解真题。

论证有效性分析这道试题在文体上属于评论文，其不是中国土生土长的写作试题，而是来源于美国GMAT考试的舶来品，根源则更要追溯到"古希腊三贤"之一的苏格拉底，可见其历史底蕴之深厚。但联考并不注重考查知识理论的专业功底，只需要同学们探究其考试形式就可以了，即对一篇已有文章进行写作批改。

 下篇 论说文

下篇论说文，共三章。作为全书的下篇，这部分内容对应着管理类联考综合能力试卷里的第57题论说文和经济类联考综合能力试卷里的第42题论说文。三章内容同样秉承着"考点+技巧+真题"三位一体的学习模式进行讲授。第一章考点精析，重点讲解论说文的核心技巧，即审题立意。第二章写作指南，重点讲解如何使用模板框架组织行文。第三章真题精讲，依据对论说文题型的分析，细致讲解真题。

论说文是中国的传统题型，人们更为熟知的是它的另外一个名字——议论文，它最早可以追溯到中国古代科举制度里面的策论。议论文是一种以议论为核心的文体。作者通过摆事实、讲道理、辨是非等方法，来确定自己观点的正确性，以此证明自己的文章具有说服力，从而达到以文说理、以理服人的目的。

下面，老师根据全书内容和考试规划，为同学们梳理如何使用本教材搞定写作真题。

学习阶段	全程复习	半程复习	学习章节	学习方式
基础阶段	6月之前	9月之前	上篇论证有效性分析：第一章。 下篇论说文：第四章	精读学习，多做笔记，重在基础巩固
提高阶段	6~7月	9月	上篇论证有效性分析：第二章。 下篇论说文：第五章	精读学习，多做笔记，重在技巧提升
强化阶段	8~9月	10月	上篇论证有效性分析：第三章第一节、第二节。 下篇论说文：第六章第一节、第二节、第三节	精读学习，多做笔记，重在学习命题思维
冲刺阶段	10~11月	11月	上篇论证有效性分析：第三章第三节、第四节。 下篇论说文：第六章第四节、第五节	精读学习，多做笔记，重在学习写作模式
考前两周	12月	12月	上篇论证有效性分析：第一章第三节。 下篇论说文：第四章第三节	再次温习，万法归一，考前稳住

备注：

（1）学习速度快的同学可以不局限于上述规划，提前进行下一阶段的内容学习；

（2）全程复习适用于写作目标分数在45分以上的考生，半程复习适用于写作目标分数在30分以上的考生。

目录

上篇　论证有效性分析 ··· 001

第一章　考点精析 ··· 002
第一节　文体解读与辨析 ··· 002
第二节　定位论证结构 ··· 003
第三节　逻辑谬误归类 ··· 010

第二章　写作指南 ··· 019
第一节　三步解题法 ··· 019
第二节　写作高分指南 ··· 024
第三节　写作注意事项 ··· 027

第三章　真题精讲 ··· 032
第一节　初阶真题精讲 ··· 032
　　2020 年论证有效性分析真题 ································· 032
　　2016 年论证有效性分析真题 ································· 035
　　2013 年论证有效性分析真题 ································· 038
　　2010 年论证有效性分析真题 ································· 041
　　2006 年论证有效性分析真题 ································· 045
　　2005 年论证有效性分析真题 ································· 048
　　2004 年论证有效性分析真题 ································· 050
　　2005 年 10 月论证有效性分析真题 ···························· 053
　　2004 年 10 月论证有效性分析真题 ···························· 057
第二节　中阶真题精讲 ··· 059
　　2019 年论证有效性分析真题 ································· 059
　　2017 年论证有效性分析真题 ································· 063
　　2011 年论证有效性分析真题 ································· 066

　　　　2009 年论证有效性分析真题 …………………………………… 070
　　　　2008 年论证有效性分析真题 …………………………………… 073
　　　　2003 年 10 月论证有效性分析真题 ……………………………… 077
　　　　2012 年 10 月论证有效性分析真题 ……………………………… 080
　　　　2010 年 10 月论证有效性分析真题 ……………………………… 083
　　　　2006 年 10 月论证有效性分析真题 ……………………………… 087
　　第三节　高阶真题精讲 ………………………………………………… 090
　　　　2018 年论证有效性分析真题 …………………………………… 090
　　　　2015 年论证有效性分析真题 …………………………………… 093
　　　　2014 年论证有效性分析真题 …………………………………… 097
　　　　2012 年论证有效性分析真题 …………………………………… 100
　　　　2007 年论证有效性分析真题 …………………………………… 104
　　　　2013 年 10 月论证有效性分析真题 ……………………………… 108
　　　　2011 年 10 月论证有效性分析真题 ……………………………… 113
　　　　2009 年 10 月论证有效性分析真题 ……………………………… 116
　　　　2008 年 10 月论证有效性分析真题 ……………………………… 119
　　　　2007 年 10 月论证有效性分析真题 ……………………………… 122
　　第四节　经济类联考精选真题精讲 …………………………………… 126
　　　　2016 年经济类联考论证有效性分析真题 ……………………… 126
　　　　2015 年经济类联考论证有效性分析真题 ……………………… 128
　　　　2014 年经济类联考论证有效性分析真题 ……………………… 130
　　　　2013 年经济类联考论证有效性分析真题 ……………………… 131

下篇　论说文 ……………………………………………………………… **133**

第四章　考点精析 ………………………………………………………… 134
　　第一节　文体解读与辨析 ……………………………………………… 134
　　第二节　四种题型解读 ………………………………………………… 134
　　第三节　审题立意定理 ………………………………………………… 139

第五章　写作指南 ………………………………………………………… 142
　　第一节　拟题开头结尾 ………………………………………………… 142
　　第二节　写作经典模板 ………………………………………………… 149

| 第三节 | 论说文太极图解 | 157 |

第六章 真题精讲 ... 161

第一节 命题作文精讲 ... 161
2009 年论说文真题 ... 161
2008 年论说文真题 ... 162
2002 年论说文真题 ... 163
2002 年 10 月论说文真题 ... 165

第二节 观点分析精讲 ... 166
2019 年论说文真题 ... 166
2016 年论说文真题 ... 168
2015 年论说文真题 ... 170
2012 年论说文真题 ... 171
2007 年 10 月论说文真题 ... 173

第三节 观点辨析精讲 ... 174
2018 年论说文真题 ... 174
2017 年论说文真题 ... 176
2011 年论说文真题 ... 178
2004 年论说文真题 ... 179
2000 年论说文真题 ... 181
1999 年论说文真题 ... 182

第四节 案例分析精讲 ... 183
2020 年论说文真题 ... 183
2014 年论说文真题 ... 185
2013 年论说文真题 ... 187
2010 年论说文真题 ... 188
2007 年论说文真题 ... 190
2006 年论说文真题 ... 191
2005 年论说文真题 ... 193
2001 年论说文真题 ... 194
2004 年 10 月论说文真题 ... 195

第五节　经济类联考精选真题精讲……………………………………… 197
　　　　2018 年经济类联考论说文真题 …………………………………… 197
　　　　2016 年经济类联考论说文真题 …………………………………… 198
　　　　2015 年经济类联考论说文真题 …………………………………… 200
　　　　2014 年经济类联考论说文真题 …………………………………… 201

上篇

论证有效性分析

- 第一章 考点精析
- 第二章 写作指南
- 第三章 真题精讲

学习建议

学习论证有效性分析，不应一味地刷题，而应对拿到的每一道试题都有所思考，思考为何出这样话题的题干材料，思考题干真正想表达的中心论点是什么，思考为何在此处设置逻辑谬误，思考逻辑谬误为何存在这般或那般的问题，思考如何对逻辑谬误进行正确的分析，思考如何将自己的分析以合适的语言和篇幅落笔到纸上。而这些思考的维度，正是批判性思维的分析应用。

第一章 考点精析

第一节 文体解读与辨析

论证有效性分析是我国借鉴美国 GMAT（Graduate Management Admission Test，研究生管理科学入学考试）中的 Analysis of an Argument 而设计的一种题型，旨在考查同学们理解材料的能力、分析问题的能力和语言表达的能力。

论证有效性分析在文体方面属于评论文。同学们在作答这道试题时，经常容易将本是评论文的论证有效性分析作答成驳论文或立论文。下面刘老师对这几种文体进行辨析：

1. 评论文

评论文，是对一段文字材料的评论。评论的内容根据试题的内容决定，可以但不一定包括：论证在概念界定上是否清楚；论证方法是否正确；论据是否成立；论据是否足以支持结论；有无更为有力的论据支持结论；推理有无错误或漏洞；论证的成立是否需要另外的条件；有无另外的解释会削弱或反对该论证等。

2. 驳论文

驳论文通过撰写文章证明对方文章观点有误，既可以直接反驳结论，也可以通过反驳论据和论证过程来达到反驳结论的目的。驳论文的核心是反驳对方的观点，认为对方的观点不正确，这与论证有效性分析截然不同。论证有效性分析考查的评论文不需要反驳对方的观点，只需要客观地分析对方在推理过程中存在的逻辑谬误，以此质疑其论证过程的有效性。

3. 立论文

立论文是以议论为主要表达方式，通过摆事实、讲道理，直接表达作者的观点和主张的常用文体。立论文主要由论点、论据、论证过程三部分构成。立论文要求同学们针对某一事物或事件，提出自己的观点、态度和主张，并通过一系列合理的论据和严谨的论证过程加以证明，以达到使人信服的写作目的。联考写作考查论说文其实就是要求同学们写立论文。

第二节　定位论证结构

一　认识论证

论证有效性分析考查考生对论证的有效性分析。只有知道论证的定义和结构，才能展开有效性分析。因此，认识论证是同学们作答论证有效性分析的第一步。

1. 论证的定义

论证是用论据证明结论的逻辑过程。

论证的目的有3个：（1）证明自己的结论正确；（2）打消他人疑问；（3）劝说他人接受。

2. 论证的要素

任何一个论证都是由论据、结论和论证方法三个要素构成的。这三者之间的关系为：

3. 判断的定义

论证中的论据和结论本质上都是判断。判断是对思维对象是否存在、是否具有某种属性以及事物之间是否具有某种关系的肯定或否定表达。

在一个论证中，论据是用来说明理由或依据的判断；结论是表达观点和主张的判断；论证方法是论据和结论之间的联系方式，即论证过程中所采用的推理形式。

二　认识论据

论据是用来确定结论真实性的判断，它是使结论成立并让人信服的理由或根据，它所回答的是"用什么来论证"的问题。论据可以分为事实论据和道理论据两大类。

1. 事实论据

事实论据是已被确认的关于事实的判断，包括客观事实、统计数据等。

【精选例题】

人的本性是"好荣恶辱，好利恶害"的。（事实论据）所以人们都会追求奖赏，逃避刑罚。因此拥有足够权力的国君只要利用赏罚就可以把臣民治理好了。（2017年真题）

【例题精析】

人的本性是"好荣恶辱，好利恶害"的，但人的本性不能等同于人的行为，由于后天的教育或环境会影响其思想，所以人们未必"都"会追求奖赏、逃避刑罚。同时，国君治理臣民只利用赏罚是不足够的，还需要利用制度约束、道德规范、教育引导等手段。

2. 道理论据

道理论据是关于科学原理的判断，包括定义、公理、定律、原理等。

【精选例题】

经济运行是一个动态变化的过程，产品的供求不可能达到绝对的平衡状态，（道理论据）因而生产过剩是市场经济的常见现象。（2015年真题）

【例题精析】

"经济运行是一个动态变化的过程，产品的供求不可能达到绝对的平衡状态"，这是基于经济学供求理论而得出的道理论据。事实上，产品的供求状态有多种，如供求相对平衡、供不应求、供过于求等。而生产过剩是指产品供给远远超过产品需求，此时供求之间的差距超过了经济社会所能承受的量级，容易导致经济危机。因此，生产过剩并不是市场经济的常见现象，市场经济的常见现象应当是供求相对平衡。

 认识结论

结论是作者所持的观点。在逻辑学上，结论就是需要证实真实性的判断。它是作者对所论述问题提出的见解、主张和表明的态度，是整个论证的中心，担负着回答"论证什么"的任务，明确地表示着作者赞成什么或反对什么。结论通常是一个意思明确的表判断的陈述句。

【精选例题】

在做出每一选择时，首先需要我们对各个选项进行考察分析，然后再进行判断决策。选择越多，我们在考察分析选项时势必付出更多的精力，也就势必带来更多的烦恼和痛苦。（结论）（2019年真题）

【例题精析】

"选择越多，我们在考察分析选项时势必付出更多的精力"与"带来更多的烦恼和痛苦"之间并不存在必然的因果关系。考察分析选项虽然要付出更多的精力，但也可能带来探索的乐趣，因此未必带来更多的烦恼和痛苦。

四 认识论证方法

论证方法是指论据和结论之间的联系方式,即论证过程中所采用的推理形式,它所回答的是"怎样用论据论证结论"的问题。一个论证过程可以只包含一个推理,也可以包含一系列推理。下面介绍几种常见的论证方法:

1. 举例论证

举例论证是一种从材料到观点、从个别到一般的论证方法,是从对许多个别事物的分析和研究中归纳出一个共同结论的推理形式。使用这种方法,一般是先分论后结论,即开门见山提出论点,然后围绕论点运用例子证明论点,最后归纳出结论。这种归纳的方法,比较符合人们的思维认知规律。

【精选例题】

中国经济学界太热闹了,什么人都可以说自己是经济学家,什么问题他们都敢谈。有的经济学家今天评股市,明天讲汇率,争论不休,莫衷一是。有的经济学家热衷于担任一些大型公司的董事,或在电视上频频上镜,怎么可能做严肃的经济学研究?(2007年真题)

【例题精析】

题干通过列举"部分经济学家评股市、讲汇率、担任公司董事、在电视上频频上镜"等事例,试图推出"这些经济学家不能做严肃的经济学研究"。但是,经济学作为社会科学,它的科研成果不能仅仅依靠在实验室里研究或埋头苦干,更需要对社会经济活动进行认真的观察和详尽的调研。因此经济学家热情参与经济活动,不代表不能做严肃的经济学研究,不能以行为的热闹来否定研究的严肃。

2. 类比论证

类比论证是根据两个对象在某些属性上是相同或相似的,推论两者在其他属性上也相同或相似。其逻辑形式为:A 具有 a、b、c、d 的属性,B 具有 a、b、c 的属性,所以,B 可能具有 d 的属性。

类比论证属于或然性推理,是一种从特殊到特殊、从个别到个别的推理方式,其结论不一定为真,只有一定程度上的可靠性。运用类比论证,有时是有效的。

【精选例题】

既然我们的祖先是类人猿,而类人猿正像大熊猫、华南虎、藏羚羊、扬子鳄乃至银杏、水杉、五针松等一样,是整个自然生态中的有机组成部分,那为什么我们自己就不是了呢?(2012年真题)

【例题精析】

题干从"类人猿是整个自然生态中的有机组成部分"类比到"当今人类也是整个自然生态中的有机组成部分"。但是,类人猿所处的时代和环境与当今人类所处的时代和环境显然不同,而且两者与自然之间的关系也不同:类人猿与自然的关系是敬畏自然,人类与自然的关系是和谐共处。因此,类人猿和当今人类两者并不具有稳固的类比基础。

3. 对比论证

对比论证是一种求异的思维方式,它侧重于从事物相反或相异的属性的比较中揭示论点的本质。

对比论证的运用范围很广,因为可以进行比较的事物很多,中与外、古与今、大与小、强与弱等,都可以进行比较。在比较中,分析和阐明两者的差异之后,是非昭然,自然就可以确立论点了。对比可以是两个对象之间的比较,也可以是同一对象自身前后不同阶段之间的比较,前者称为横向比较,后者称为纵向比较。

【精选例题】

再说,生产过剩总比生产不足好。如果政府的干预使生产过剩变成了生产不足,问题就会更大。因为生产过剩未必会造成浪费,反而可以因此增加物资储备以应对不时之需。如果生产不足,就势必造成供不应求的现象,让人们重新去过缺衣少食的日子,那就会影响社会的和谐与稳定。(2015年真题)

【例题精析】

题干中的比较并不恰当,生产过剩未必比生产不足好。因为政府干预并不必然使生产过剩变成生产不足,实际上政府可以运用宏观调控的财政政策和货币政策化解生产过剩,所以问题并不会更大。同时,生产过剩是物资储备之外的产品剩余,本质上是一种资源的浪费。此外,如果只是部分企业或行业出现生产不足,由于会有替代品出现,那么并不一定造成供不应求的现象。而且,如果涉及行业并不是民生行业,那么也不会让人们去过缺衣少食的日子,也不会影响社会的和谐与稳定。因此,由该论证不足以推出"生产过剩总比生产不足好"。

4. 比喻论证

比喻论证是用比喻作论证,拿比喻者之理去论证被比喻者之理。在比喻论证中,比喻者是一组形象事例,其中包含着一定的关系和道理;被比喻者则是一种抽象的道理或概念。比喻者和被比喻者虽然是两类不同的事物，但它们之间存在着一个共同的一般性原理，因此具有推理关系。比喻论证是以比喻者作论据去论证被比喻者的论证方式。

【精选例题】

就像蜜蜂或苍蝇一样，企业经常面临一个像玻璃瓶那样的不可思议的环境。蜜蜂实验告诉我们，在充满不确定的经营环境中，企业需要的不是朝着既定方向的执着努力，而是在随机试错的过程中寻求生路，不是对规则的遵循而是对规则的突破。（2003年10月真题）

【例题精析】

题干通过将企业比喻为蜜蜂或苍蝇，试图论证"企业所处的环境是充满不确定的经营环境"。但是，蜜蜂实验只是特定环境下的一个生物实验，而企业所处的市场环境是持续变化的，所以不能简单地将社会经济中的企业行为比喻为生物实验中的生物行为，两者在思维能力、选择能力、行动能力等方面均存在明显的差异。因此，该比喻缺乏本质上的内在联系，并不足以推出"企业需要在随机试错的过程中寻求生路"这一观点。

5. 因果论证

因果论证是根据客观事物之间具有的普遍的和必然的因果联系，通过提示原因来论证结果。在自然界和现实社会中，各种事物或现象之间是普遍联系的，因果联系是事物或现象之间普遍联系的表现形式之一。因此，因果联系是普遍的和必然的联系，没有一个现象不是由一定的原因引发的；而当原因和一切必要条件都存在时，结果就必然产生。

【精选例题】

怎样防止官员以权谋私呢？国君通常依靠设置监察官的方法，这种方法其实是不合理的。因为监察官也是人，也是好利恶害的。所以依靠监察官去制止其他官吏以权谋私就是让一部分以权谋私者去制止另一部分人以权谋私，结果只能使他们共谋私利。（2017年真题）

【例题精析】

题干由"监察官是好利恶害的"不足以推出"依靠监察官去制止以权谋私就是让一部分以权谋私者去制止另一部分人以权谋私"。"好利恶害"和"以权谋私"是不同的两个概念，不能混淆。好利恶害是喜好利益、厌恶危害，是中性词。"以权谋私"是用不正当手段以公权谋私利，是贬义词。此外，监察官即使欲利，但由于本身职责的限制，再加上和其他官员共谋私利也要具备一定的条件，所以未必会和其他官员共谋私利。材料说"只能使他们共谋私利"的判断过于绝对，更不能据此来否定设置监察官的合理性。

6. 统计论证

统计论证是对某一事物有关数据的搜集、整理、计算和分析，通过大量的样本数据论证总体具有某种属性。统计论证的真实性取决于样本是否具有代表性。如果样本只能说明部分具有某种属性,不能证明其他部分也具有同样属性,那么不等于论证总体也具有这样的属性,此种逻辑谬误为以偏概全。

【精选例题】

最近一项对某高校大学生的抽样调查表明,有69%的人认为物质生活丰富可以丰富人的精神生活,有22%的人认为物质生活和精神生活没有什么关系,只有9%的人认为物质生活丰富反而会降低人的精神追求。(2018年真题)

【例题精析】

题干仅根据对某高校大学生的抽样调查结果进行论证,有失偏颇。因为,此次抽样调查只针对大学生这一群体,并不涉及其他社会群体,样本选取不满足随机抽样原则,可见调查结果并不一定具有代表性。此外,调查样本的数量是否足够,材料也没有加以说明,而且事实如何并不取决于支持某个观点人数的多少。

 认识推理图示

推理图示可表明论据与结论之间的推理关系。下面介绍几种常见的推理图示:

1. 直推型

直推型的推理一般是指论证中只有一个论据,然后在这个论据的基础上一直往上进行推理。直推型推理有时是一个论据推出一个结论;有时是一个论据先推出推论,再推出结论。

【精选例题】

一个人受教育程度越高,他的整体素质也就越高,适应能力就越强,当然也就越容易就业,大学生显然比其他社会群体更容易就业,再说大学生就业难就没有道理了。(2016年真题)

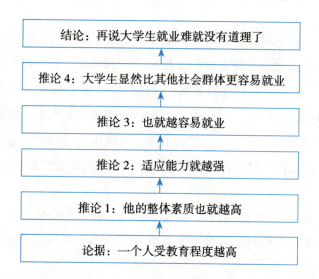

【例题精析】

题干以"教育程度"为论据,通过一系列推论,试图论证"大学生就业并不难",但该论证显然是将可能性当成了必然性。一个人受教育程度越高,不代表他的整体素质一定高,也不代表适应能力一定强,当然也不一定容易就业。整体素质还与思维能力、道德素养等有关,适应能力则与个人性格、专业技能等有关。因此,由教育程度高并不足以推出大学生容易就业。

2. 合推型

合推型的推理一般是指论证中有两个或两个以上的论据,这几个论据中的任何一个都不能单独推出结论,只有合起来才能推出结论。

【精选例题】

再者,由于制衡原则的核心是权力的平衡,而企业管理的权力又是企业运营的动力与起点,因此权力的平衡就可以使整个企业运营保持平衡。(2014年真题)

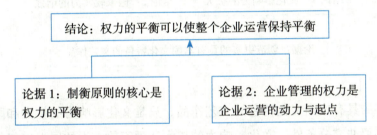

【例题精析】

题干以"制衡原则的核心是权力的平衡"和"企业管理的权力又是企业运营的动力与起点"作为论据,试图论证"权力的平衡可以使整个企业运营保持平衡"。但是,权力平衡不足以保证企业运营保持平衡,企业运营保持平衡还需要执行力高效、现金流充足等条件,所以企业运营是否得以保持平衡有待进一步论证。

3. 分推型

分推型的推理一般是指论证中同时有多个论据和一个结论,但每个论据都可以单独推出结论。

【精选例题】

不管是狭义相对论还是广义相对论,都揭示了宇宙间事物运动中普遍存在的相对性。(2012年真题)

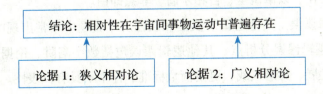

【例题精析】

题干通过爱因斯坦的"狭义相对论"或"广义相对论",试图论证"相对性在宇宙间事物运动中普遍存在"。但是,爱因斯坦的相对论是关于时空和引力的基本理论,研究的对象并不是宇宙间事物运动的相对性。所以,本段论证的论据和结论看似有联系,实则并不相关。

4. 发散型

发散型的推理一般是指论证中只有一个论据,然后在这个论据的基础上同时推出多个平行并列的结论。

【精选例题】

由此可见,只要创造更多的具有本国文化特色的文艺作品,那么文化影响力的扩大就是毫无疑义的,而国家的软实力也必将同步增强。(2013 年真题)

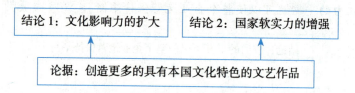

【例题精析】

创造更多的具有本国文化特色的文艺作品,只是文化影响力的扩大和国家软实力的增强的一个必要非充分条件。文化影响力的扩大和国家软实力的增强仅仅依靠创造更多的具有本国文化特色的文艺作品是不够的,还需要高等教育、法律环境、制度建设等诸多方面的提高。此外,只是创造具有本国文化特色的文艺作品是不足够的,文艺作品还需要广泛传播,否则不能充分发挥其影响力。

第三节 逻辑谬误归类

依据《考试大纲》、试题提示和历年真题的内容和要求,刘老师将逻辑谬误根据考试频率进行了归类:

(1)常考逻辑谬误。常考逻辑谬误是在以往历年真题中经常出现的,是同学们在作答过程中主要的逻辑谬误分析点。常考逻辑谬误包括概念混淆、过度推理、条件缺失、不当归因、不当类比、以偏概全、自相矛盾、非黑即白。

(2)其他逻辑谬误。其他逻辑谬误是在以往历年真题中不常出现的,是同学们在作答过程中次要的逻辑谬误分析点。其他逻辑谬误包括数字陷阱、论据虚假、不当假设、顾此失彼、忽略发展、诉诸权威、更换衡量标准、样本不具有代表性。

逻辑谬误归类

逻辑谬误		考试频率	谬误位置	题型难度
常考逻辑谬误	概念混淆	几乎每年	核心概念	难找难析
	过度推理	至少1次	推理过程	易找易析
	条件缺失	几乎每年	推理过程	易找易析
	不当归因	几乎每年	推理过程	易找易析
	不当类比	每1~2年	两个主项	易找难析
	以偏概全	每1~2年	整体部分	易找易析
	自相矛盾	每1~2年	两个判断	难找难析
	非黑即白	每1~2年	两个主项	易找易析
其他逻辑谬误	数字陷阱	每2~3年	数据关系	易找易析
	论据虚假	考查较少	论据真实性	难找难析
	不当假设	考查较少	推理过程	难找难析
	顾此失彼	每2~3年	推理过程	难找难析
	忽略发展	考查较少	推理过程	难找难析
	诉诸权威	考查较少	推理过程	易找易析
	更换衡量标准	考查较少	推理过程	难找难析
	样本不具有代表性	每2~3年	统计论证	易找易析

常考逻辑谬误

1. 概念混淆

● 谬误解读

概念混淆是在论证过程中把两个不具有同一关系的概念当作具有同一关系的概念，从而将两个概念等同使用，这是违反逻辑同一律要求的逻辑谬误。

精选例题	经济运行是一个动态变化的过程，产品的供求不可能达到绝对的平衡状态，因而生产过剩是市场经济的常见现象。既然如此，那么生产过剩也就是经济运行的客观规律（2015年真题）
答题公式	"……"与"——"概念不同，不能混淆。"……"指的是X，而"——"指的是Y。两者看似相近，实质上差异很大，所以不能简单将两个概念等同
例题精析	"常见现象"和"客观规律"两个概念不同，不能混淆。"常见现象"指的是事物的外在表象，是外在联系和客观形式。而"客观规律"指的是事物的内在运行的本质，是本质联系和普遍形式。两者看似相近，实质上差异很大，所以不能简单地将这两个概念等同

2. 过度推理

● 谬误解读

过度推理是从事物的表面信息进行发散推理,但是依据的理由超出了题干所给条件的范围,更多地运用了主观经验、背景知识或是无端猜测。

精选例题	由于世界是平的,穷国可以和富国一样在同一平台上接受同样的最新信息,这样就大大促进了穷国的经济发展,从而改善了它们的国际地位(2010年真题)
答题公式	由"……"不足以推出"——"。两者看似有联系,实则推理并不充分,因为结论"——"的成立需要X、Y等,仅从"……"无法得出"——",结论的成立缺乏充分依据,较为草率
例题精析	由"世界是平的"推不出"穷国可以和富国在同一平台上接受同样的最新信息",也不足以推出"穷国经济发展,改善国际地位"。穷国和富国由于互联网的普及程度不同,再加上每个国家都有网络限制,所以不能保证在同一平台上接受同样的最新信息。此外,经济发展需要资金、技术、人才等多重因素,仅接受最新信息是不足够的。因此,该结论的成立缺乏充分依据

3. 条件缺失

● 谬误解读

题干在论证过程中只考虑了结论成立的一种因素,而忽略了其他因素,刻意地认定该论据是推出结论成立的唯一因素。

精选例题	实际上,一部分大学生就业难,是因为其所学专业与市场需求不相适应或对就业岗位的要求过高。因此,只要根据市场需求调整高校专业设置,对大学生进行就业教育以改变他们的就业观念,鼓励大学生自主创业,那么大学生就业难的问题将不复存在(2016年真题)
答题公式	由"……"这一论据不足以得出"——"。作者忽视了其他条件,"——"的成立还取决于X、Y等诸多条件,仅从"……"就想推出"——"是不足够的
例题精析	由"调整高校专业设置,对大学生进行就业教育,鼓励大学生自主创业"不足以推出"大学生就业难的问题将不复存在"。作者忽视了其他条件,大学生就业难问题的解决还取决于企业、政府、家庭等其他主体。因此,题干中的论据是不足以推出结论的

4. 不当归因

● 谬误解读

题干在论证过程中先给一个现象或结果,然后给出相应原因,以后面的原因来解释前面的现象或结果,但依靠后面的原因不足以解释前面的现象或结果。

精选例题	很多股民懊悔自己没有选好股票而未赚到更多的钱,从而痛苦不已,无疑是因为可选购的股票太多造成的(2019年真题)

续表

答题公式	论证不宜将"——"这一现象/结果归因于"……",两者并不存在必然的因果关系。导致"——"这一现象/结果的真实原因是X、Y。因此,论证将"——"这一现象/结果归因于"……"是不恰当的
例题精析	不能将"很多股民懊悔自己没有选好股票而未赚到更多的钱"归因于"可选购的股票太多",两者并不存在必然的因果关系。在股市未赚到钱的真实原因可能是外部市场环境不景气或自身投资能力匮乏。因此,将未赚到更多的钱归因于"可选购的股票太多"属于强拉因果

5. 不当类比

● 谬误解读

题干在论证过程中将两类并不具有可比性的事物强行放在一起,将某一事物的性质/情况,类比到与这一事物看似相似的另一事物也具有相同的性质/情况,忽视了事物性质/情况的不可复制性和不同事物所处的不同背景环境。

精选例题	可以预言,由于信息技术的迅猛发展,世界的经济格局与政治格局将会发生巨大的变化,世界上最不发达的国家和最发达国家之间再也不会让人有天壤之别的感觉,非洲大陆将会成为另一个北美。同样也可以预言,由于中国的信息技术发展迅猛,中国和世界一样,也会从立体变为平面,中国东西部之间的经济鸿沟将被填平,中国西部的崛起指日可待(2010年真题)
答题公式	由"……"不足以推出"——",该类比显然不恰当。"……"是X,而"——"是Y,存在明显的差异性,所以两者不能进行机械地类比推理
例题精析	由"信息技术的迅猛发展"不足以推出"中国和世界一样,也会从立体变为平面",该类比不恰当。中国东西部在科学技术、地理环境、资源、交通工具等方面存在差异,而世界发达国家与不发达国家除了以上差异,在人种民族、社会文化等方面也有差异。因此,不能由此必然推出"中国东西部之间的经济鸿沟将被填平,中国西部的崛起指日可待"

6. 以偏概全

● 谬误解读

题干在论证过程中将局部一个特点或性质作为更大范围的特点或性质,或将一个事物的局部特点或性质作为该事物的整体特点或性质,片面地看待事物。

精选例题	据报道,近年长三角等地区频频出现"用工荒"现象,2015年第二季度我国岗位空缺与求职人数的比率为1.06,表明劳动力市场需求大于供给(2016年真题)
答题公式	由"……"不足以推出"——"。"……"仅是个别/偶然/部分的性质/事例,还有许多其他的性质/事例。因此,仅以个别/偶然/部分的性质/事例就试图推理整体/必然/全局也具有相同的性质/事例,显然过于草率

续表

例题精析	由"长三角地区'用工荒'现象，2015年第二季度岗位空缺与求职人数的比率为1.06"不足以推出"劳动力市场需求大于供给"。长三角"用工荒"只是局部地区现象，其他地区的劳动力供求可能并不紧张，所以不能推断全国的情况。2015年第二季度岗位供求比率只是单个季度的情况，第二季度的情况并不能代表其他三个季度也是如此，所以不能推断全年的情况。因此，仅以长三角"用工荒"和2015年第二季度岗位需求大于供给就得出"劳动力市场需求大于供给"，显然以偏概全、过于草率

7. 自相矛盾

● 谬误解读

题干在论证过程中对两个陈述或判断存在相反或矛盾的表达。陈述与陈述"自相矛盾"是指对于同一事物，在前后两个不同陈述中存在相反或矛盾的表述。结论与结论"自相矛盾"是指对于同一事物，在前后两个论证中，通过不同论据推理出相反或矛盾的结论。

精选例题	我们应该合理定位政府在经济运行中的作用。政府要有所作为，有所不为。政府应该管好民生问题。至于生产过剩或生产不足，应该让市场自动调节，政府不必干预（2015年真题）
答题公式	前文"……"，后文"——"，两个判断存在矛盾之处。如果"……"，那么不会"——"，因为X、Y等，所以这两个判断明显是自相矛盾的
例题精析	前文说"政府应该管好民生问题"，后文又说"政府不必干预生产过剩或生产不足"，前后两个判断存在矛盾之处。由于生产过剩或生产不足可能导致严重的民生问题，那么政府对于生产过剩或生产不足不能放任自流。因此，这两个判断显然是自相矛盾的

8. 非黑即白

● 谬误解读

题干在论证过程中首先给出两个具有反对关系的事物/现象/性质，然后假设如果一个事物/现象/性质不存在，那么另一个事物/现象/性质一定存在。

精选例题	从科学角度看，现代医学以生物学为基础，而生物学又建立在物理、化学等学科的基础之上。但中医的发展不以这些科学为基础，因此，它与科学不兼容，这样的东西只能是伪科学（2008年真题）
答题公式	由"A不是……"不足以推出"A是——"。除A之外还有X、Y等，既不是"……"，也不是"——"（以"……"与"——"的标准判断A并不恰当，因为"∽∽"），所以A不是"……"，未必就一定是"——"，"……"与"——"两者不是排他性的矛盾关系，而是存在其他可能性的反对关系
例题精析	由"中医与科学不兼容"不足以推出"中医只能是伪科学"。以"不是科学，就是伪科学"的标准判断中医的属性并不恰当，因为中医植根于中国传统文化之中，与现代医学发展脉络并不一致，所以中医不是科学，未必就一定是伪科学。因此，不宜草率地将不是科学的中医归类为伪科学

二 其他逻辑谬误

1. 数字陷阱

● 谬误解读

题干在论证过程中依据某一数据推出相应的结论,但是这一数据并不构成结论成立的充分依据。

精选例题	据国家统计局数据,2012年我国劳动年龄人口比2011年减少了345万,这说明我国劳动力供应从过剩变成了短缺(2016年真题)
答题公式	由"……"不足以推出"——"。论证中给到的数据由于X、Y等原因,并不构成"——"成立的充分依据。因此,仅从"……"不能必然推出"——"
例题精析	由"2012年我国劳动年龄人口比2011年减少了345万",不足以推出"我国劳动力供应从过剩变成了短缺"。要得出结论"劳动力供应从过剩变成了短缺",需要比对劳动力供给与需求两方面数据,但是题干只给了单方面的供应数据。因此,仅从单方面的供应数据减少不足以推出劳动力供应从过剩变成了短缺

2. 论据虚假

● 谬误解读

"论据虚假"有两种情况:第一,事实论据不成立,即论据所讲述的事实并不是真实的,与现实情况出入很大,很可能是相反的情况;第二,道理论据不成立,即论据所讲述的道理不符合真实的认知,与科学原理差异很大,很可能与真理背道而驰或只是对真理的一知半解。

精选例题	既然人的本性是好利恶害的,那么在选拔官员时,既没有可能也没有必要去寻求那些不求私利的廉洁之士,因为世界上根本不存在这样的人(2017年真题)
答题公式	由"……"不足以推出"——"。"……"这个判断不够准确,无法作为合适的论据。"……"这个论据X(论述理由为何不成立)。因此,该论据不成立,不足以推出"——"
例题精析	"世界上根本不存在不求私利的廉洁之士"这个判断并不准确。人的本性是好利恶害的,并不意味着世界上不存在不求私利的廉洁之士,比如包拯、海瑞等都是耳熟能详的廉洁之士。因此,由这一个并不准确的判断不足以推出"既没有可能也没有必要去寻求不求私利的廉洁之士"

3. 不当假设

● 谬误解读

题干在论证过程中为了推理出论证的结论,进行了相应的假设,但是这一假设自身存在若干缺陷,并不构成题干结论成立的充分依据。

精选例题	什么是公德？一言以蔽之，就是忠诚职守，在封建社会是忠于君主，现在则是忠于国家。自古道"忠孝难两全"。岳飞抗击金兵，常年征战沙场，未能在母亲膝下尽孝，却成了千古传颂的英雄；反观《二十四孝》里的那些孝子，有哪个成就了名垂青史的功业？孔繁森撇下老母，远离家乡，公而忘私，殉职边疆，显然未尽孝道，但你能指责他是个不合格的官员吗？（2008年10月真题）
答题公式	由"……"不足以推出"——"。题干在论证过程中，不恰当地进行了假设。这个假设由于X、Y等原因，并不构成"——"成立的充分依据。因此，该论证是欠妥当的
例题精析	论证在岳飞和孔繁森这两个事例中隐含了不当的假设。题干质问"你能指责他是个不合格的官员吗"，隐含的假设是认为岳飞和孔繁森是"不孝"的。但是，"孝"不仅指"孝行"，也指"孝心"。岳飞和孔繁森未能在母亲膝下尽孝，不等于没有"孝心"，更不等于"不孝"

4. 顾此失彼

● 谬误解读

题干在论证过程中为推理出论证的结论，刻意忽视了结论的对立面，实际上由论据可以推出正反两方面结果。

精选例题	在做出每一选择时，首先需要我们对各个选项进行考察分析，然后再进行判断决策。选择越多，我们在考察分析选项时势必付出更多的精力，也就势必带来更多的烦恼和痛苦（2019年真题）
答题公式	由"……"并不必然推出"——"。由"……"一方面可以推出"——"，另一方面也可以推出"〜〜"。因此，该论证是欠妥当的
例题精析	"选择越多"并不意味着"考察分析选项时付出更多的精力，势必带来更多的烦恼和痛苦"。考察分析更多的选项虽然要付出更多的精力，但也可能带来探索的乐趣，未必带来更多的烦恼和痛苦。因此，该论证是欠妥当的

5. 忽略发展

● 谬误解读

题干在论证过程中以现在的现象和事实推测未来的情形，认为未来会以现在的速度发展下去，但是忽视了发展的不确定性和事物的绝对运动。

精选例题	该报告指出，过去5年中，洋快餐在大城市中的网点数每年以40%的惊人速度增长，而在中国广大的中小城市和乡镇还有广阔的市场成长空间。照此速度发展下去，估计未来10年，洋快餐在中国饮食行业的市场占有率将超过20%，成为中国百姓饮食的重要选择（2005年10月真题）
答题公式	由"……"不足以推出"——"。由于X、Y等原因，"……"中的发展速度并不必然延续到未来，论证忽视了事物的绝对运动。因此，该论证是欠妥当的

续表

例题精析	由"过去5年洋快餐在大城市中的网点数每年以40%的速度增长"不足以推出"未来10年洋快餐在中国饮食行业的市场占有率将超过20%"。过去5年中以40%的速度增长，之后并不一定会以同样的速度发展。洋快餐在大城市可能已达到增长的天花板，而中小城市由于经济情况、城市化等因素未必会有大规模市场。因此，未来10年洋快餐未必可以保持高速增长

6. 诉诸权威

● 谬误解读

题干在论证过程中引用与其并不完全适应的学说/理论/观点为论据，以推理出论证的结论，但是这一学说/理论/观点因为其自身存在某些局限性，所以并不能有效地支持结论。

精选例题	后物质主义理论认为：个人基本的物质生活一旦得到满足，就会把注意点转移到非物质方面。物质生活丰裕的人，往往会更注重精神生活，追求社会公平、个人尊严等（2018年真题）
答题公式	题干中的"……"不必然推出"——"。"……"只是某些人的学说/理论/观点，并不足以普遍地说明社会问题，并没有被社会大众所认可。因此，由论证得出的结论"——"并不足以令人信服
例题精析	题干根据"后物质主义理论"不必然推出"个人基本的物质生活一旦得到满足，就会把注意点转移到非物质方面"的观点为真。后物质主义只是国外某个学派所提出的观点，这种观点能否普遍地说明社会问题，还需要实践的检验和学术界的认同。因此，由论证得出的结论并不足以令人信服

7. 更换衡量标准

● 谬误解读

题干在论证过程中以并不恰当的标准对某一事物或事件进行了评价，由此得出了并不符合现实情况的观点。

精选例题	说"中国真正意义上的经济学家，最多不超过5个"听起来刻薄，但只要去看一看国际上经济学界那些最重要的学术刊物，有多少文章是来自中国国内的经济学家，就会知道这还是比较客观和宽容的一种评价（2007年真题）
答题公式	题干以不恰当的标准"……"评价A，是存在论证缺陷的。A的评价标准应当是X、Y等。因此，由论证得出的结论"——"并不足以令人信服
例题精析	题干以"在国际上经济学界最重要的学术刊物上发表多少文章"来判断是否是中国真正意义上的经济学家，实际上并不恰当。评判一个人是否是中国真正意义上的经济学家，不能简单地以发表多少文章来判断，更多地应关注经济学家是否创立了自己的理论体系与知识理论。因此，"中国真正意义上的经济学家，最多不超过5个"这个判断缺乏充分的依据

8. 样本不具有代表性

● 谬误解读

题干在论证过程中依据对某一事物有关数据的搜集、整理、计算和分析，推出相应的结论，但是在统计方式或样本数量方面存在论证缺陷。

精选例题	该公司去年在 100 家洋快餐店内进行了大量问卷调查，结果显示，超过 90% 的中国消费者认为食用洋快餐对于个人的营养均衡有帮助（2005 年 10 月真题）
答题公式	由"……"不足以推出"——"。由于统计论证在统计方式/样本数量方面存在 X、Y 等问题，导致样本并不具有代表性。因此，该论证是欠妥当的
例题精析	由"该公司去年在 100 家洋快餐店内进行了大量问卷调查"不足以推出"超过 90% 的中国消费者认为食用洋快餐对于个人的营养均衡有帮助"。由于取样是在洋快餐店内进行的，而进店消费的消费者大多是认同洋快餐对人体营养均衡有帮助的。由此可见，样本的选取方式存在一定的偏重性，不能由这个统计数据得出题干中的结论

第二章 写作指南

第一节 三步解题法

在作答论证有效性分析试题时,同学们可以将答题的过程拆解为三个具体的步骤:(1)梳理论证;(2)找错析错;(3)成文写作。这三步是同学们在考场上的实际答题顺序。

第一步 梳理论证

论证有效性分析试题的题干通常是一篇 400 字左右的没有标题的材料。在材料中,命题老师通过一系列论证和其他内容推理中心论点的正确性,而且每个论证都是由论据推出结论的。

同学们通过推理图解可以对题干论证进行梳理,将推理过程一步一步地画出来,从而确定推理层次和推理结构,把握题干的主干内容和中心论点,这是帮助同学们分析推理过程、寻找逻辑谬误的关键一步。

下表是论证有效性分析历年真题的讨论主题、字数篇幅和推理图解:

历年真题的讨论主题、字数篇幅与推理图解(2010 ~ 2020)

真题年份	讨论主题	字数篇幅	推理图解
2020 年	商业性冰雪运动前景光明	354 字	开头 + 三组论证
2019 年	选择越多越痛苦	538 字	开头 + 四组论证
2018 年	物质主义冲击精神世界	384 字	开头 + 三组论证 + 结尾
2017 年	如何防止官员以权谋私	432 字	开头 + 四组论证
2016 年	大学生的就业问题	377 字	开头 + 三组论证 + 结尾
2015 年	生产过剩与政府干预	513 字	开头 + 四组论证
2014 年	权力的制衡与监督	493 字	开头 + 四组论证 + 结尾
2013 年	文化影响力与国家软实力	569 字	开头 + 三组论证
2012 年	自然问题与人类干涉	527 字	开头 + 四组论证 + 结尾
2011 年	股票投资与涨跌概率	516 字	开头 + 三组论证
2010 年	世界是平的	536 字	开头 + 三组论证

同学们在梳理论证时，首先需要通过读题获取题干的重要信息，然后根据重要信息进行推理图解。之后，同学们可以快速地从中寻找逻辑谬误，进而根据分析模型和答题公式对其进行析错。

在阅读题干时，读题次数和读题任务是读题的两个维度。同学们如果将读题的次数和任务贯穿起来，就可以在读题这个层面上直济沧海，学有所成。同学们至少阅读题干两遍：第一遍粗读，重在中心论点；第二遍细读，重在梳理论证。

1. 第一遍粗读

第一遍粗读是对题干的初步处理，一共要完成两个任务：

（1）找出中心论点，理解全文主旨。

找出中心论点有助于同学们理解全文主旨和行文脉络，更深刻地看待推理过程中存在的逻辑谬误。而且，中心论点是要同学们写进最终作答的文章中的，所以找到中心论点真的很重要。

中心论点一般在开头或结尾段落，是起到总结全文内容和论证作用的语句。

（2）找出逻辑联结词和表述绝对词。

逻辑联结词常见的有"因为""所以""那么""因此""可以看出""由此可见"等。看到这些词语就要划出来，这些词语的前后分别是论据或结论。通常是论据在前，结论在后，只有"这是因为"这个词语所在句是颠倒顺序的。

这些有逻辑联结词的句子并不都是有缺陷的论证，也有可能是正确的论证，但至少都是论证。划出这些词语有助于同学们厘清论证关系，定位论据和结论，况且其中经常存在着各种逻辑谬误。逻辑联结词所在的论证到底存在哪种逻辑谬误，同学们可以在找错析错时进行深入分析。

表述绝对词常见的有"势必""必将""必然""一定""唯一""毫无疑问""毫无意义"等。实际上，如果同学们发现含有绝对词的语句，那么寻找逻辑谬误就容易很多了。在过去历年真题中，所有含有绝对词的句子全部都有逻辑谬误，无一例外。因此，同学们只要遇到含有表述绝对词的语句，即可认定其存在逻辑谬误。

2. 第二遍细读

第二遍细读是对题干的深度处理，一共要完成两个任务：

（1）梳理论证结构，明确推理关系。

第二遍细读即再次从头阅读原文，同学们此次需要逐句审视，分析前后句的逻辑关系，分析句子的论证成分，哪句是论据，哪句是结论，哪句推理哪句等。只有论据和结论结合起来，才构成一个论证；只有结论没有论据的句子是陈述，不是论证。

（2）排除非论证成分，聚焦核心论证。

题干的定理定义、背景信息等内容与多组论证共同构成一篇完整的文章，但它们本身不是论证，通常是作为论证的铺垫出现的，对作者的观点和结论起辅助的支持作用。对于这些非论证成分，同学们一般不需要从中寻找逻辑谬误。

第二步 找错析错

同学们通过推理图解可以对题干论证进行梳理，从而确定推理层次和推理结构。然后，同学们就可以从中寻找逻辑谬误，进而分析逻辑谬误。寻找逻辑谬误，刘老师建议同学们使用"三断式找错"。分析逻辑谬误，刘老师建议同学们使用"析错四步法"。

1. 三断式找错

三断式找错，一断论据、二断支持、三断充分，将会帮助同学们判断单个论证中的论据和论证过程是否存在逻辑谬误。

一断论据是否成立。如果一个论证的论据不符合既定事实或科学原理，那么无论该论证的论证过程多么严谨，无论该论证的结论多么令人信服，都不能掩盖这个论证存在论证缺陷和逻辑谬误。不成立的论据推理不出可信的结论，打铁还需自身硬。

二断论据是否支持结论。一个论证的论据成立，并不足以说明这个论证是有效的，还需要看这个论据是否支持结论。如果一个论证的论据成立，但是和结论毫无关联，那么这样的论据是推理不出结论的。

三断结论成立的条件是否充分。一个论证的论据成立，论据也支持结论，但是并不能说明这个论证是有效的，还需要看论据是不是结论成立的充分条件。如果结论的成立还需要除论据外的其他条件，那么该论证显然存在论证缺陷和逻辑谬误，由不充分的论据不足以推出可信的结论。

2. 析错四步法

对于逻辑谬误的分析应当具有逻辑性和条理性，应当依据一定的思路或方法依次展开。其中，对于单个论证或一组论证的逻辑谬误分析，建议同学们按照析错四步法逐步展开，即按照"引→点→析→疑"四个步骤展开。

第一步：引题。引题是指引用材料原文。同学们通过引题告诉阅卷老师，自己在回答哪个点，在对哪个点进行析错。引题最重要的是要准确，将析错位置清晰化表达，要让阅卷老师清晰地知道你在分析哪个点，这样方便阅卷老师对文章进行评分。

第二步：点错。点错是指点明论证存在逻辑谬误。点错既可以点明逻辑谬误的具体类型，也可以进行模糊化点错，两者在得分方面并没有明显的差异。

第三步：析错。析错是指分析逻辑谬误的原因。不同的逻辑谬误有不同的分析方法，而且还需要根据不同的材料原文，给出具体的错误原因分析。简单来说，析错要从两个维度下手：第一，逻辑谬误在逻辑层面存在的原因；第二，逻辑谬误在内容层面存在的原因。

第四步：质疑。质疑是指对论证结论成立的质疑。论证有效性分析是对论证是否可以令人信服的分析，需要回归到对论证结论的质疑。对结论的质疑不是批驳、反对结论，而是根据推理过程中存在的逻辑谬误质疑结论无法由论据和论证方法推理得出。

刘老师提醒一点，在析错时多使用组合式攻击。

第三步 成文写作

论证有效性分析试题的材料为一段有缺陷的论证，试题满分 30 分，要求篇幅 600 字左右，答题时间不超过 30 分钟，文章要求分析得当、理由充分、结构严谨、语言得体。那么如何写好这篇文章呢？这就需要同学们用一定的套路进行写作。

1. 全文布局

根据论证有效性分析历年的考试情况，考场上的答题卡一般都是每行 20 个方格的方格纸。篇幅 600 字左右，意味着同学们在答题卡上写 30 ~ 32 行最好，其中，标题居中占一行，开头结尾各 3 行，本论部分四段 24 行。全文布局见下表：

文章标题（居中）				
第 1 段	60 字左右	开头	总结论证结构，质疑中心论点	
第 2 段	120 字左右	第一组谬误分析	题干一般为四组论证，针对这四组论证展开四组逻辑谬误分析	引题、点错、析错、质疑，依次进行
第 3 段	120 字左右	第二组谬误分析		
第 4 段	120 字左右	第三组谬误分析		
第 5 段	120 字左右	第四组谬误分析		
第 6 段	60 字左右	结尾	总结全文，再次质疑中心论点	

2. 标题写法

（1）反问式。

反问是对题干中心论点进行质疑，具体方式是将中心论点写成反问形式，标题后面有个"吗"字。

① 选择越多可能会越痛苦吗（2019 年真题）

② 物质生活不会冲击精神世界吗（2018 年真题）

③赏罚就可以治理好臣民吗（2017年真题）

④大学生就业真的不是问题吗（2016年真题）

⑤政府不必干预生产过剩吗（2015年真题）

（2）质疑式。

质疑是对中心论点进行二次考据式处理，具体方式是在中心论点后面加上"言之尚早"或"有待商榷"等词语。

①选择越多可能会越痛苦言之尚早（有待商榷）（2019年真题）

②物质生活不会冲击精神世界言之尚早（有待商榷）（2018年真题）

③赏罚就可以治理好臣民言之尚早（有待商榷）（2017年真题）

④大学生就业不是问题言之尚早（有待商榷）（2016年真题）

⑤政府不必干预生产过剩言之尚早（有待商榷）（2015年真题）

（3）万能式。

①似是而非的论证

②值得商榷的论证

③漏洞百出的论证

④存在问题的论证

⑤有失偏颇的论证

⑥且勿草率下结论

3. 开头写法

开头和结尾并非论证有效性分析的考试重点，但是由于其所处位置的特殊性，同学们需要对开头和结尾有所重视，将语言的表达打磨得让阅卷老师无可挑剔。这里列举三种开头写法：

（1）上述论证通过"……"，得出"……"这个结论。然而，该论证过程因为存在若干问题，值得商榷，分析如下。

（2）上述论证通过一系列分析，试图论证"……"。但是，该论证在论证方法上和推理过程中都存在诸多不妥之处，分析如下。

（3）上述论证通过一系列分析，试图论证原作者的结论。但是，该论证在论证方法上和推理过程中都存在不妥之处，分析如下。

4. 结尾写法

结尾写法与开头写法几乎相同，同学们任选其中一种写法使用即可：

（1）综上所述，上述材料在论证中心论点"……"时存在诸多逻辑谬误，要得出该论点还需要更加严谨的论证。

（2）综上所述，原文在以上诸多方面存在不妥之处，如果没有更严谨的论证，不宜凭此断定"……"。

（3）综上所述，上述材料在推理过程中存在诸多逻辑谬误，要得出文章结论还需要更加严谨的论证。

（4）综上所述，原文在概念、论据和论证过程等诸多方面存在缺陷，因此要想得出原文结论，还需要更加严谨的论证。

5. 本论部分

论证有效性分析的题干一般为五段材料，往往是一段开头＋四段论证，其中每一段论证都可以视为围绕一个分论点展开的一组论证。因此，同学们最好的答题策略是针对这四组论证依次展开四段组合式攻击，一组论证一段分析，从而在本论部分写出四段逻辑谬误组合式分析。

此外，如果同学们自感分析水平有限，无法针对四组论证展开组合式攻击，那么建议同学们至少从一组论证中寻找一个攻击点，从而依次写出四个攻击点。当然，在分析力度和得分方面，组合式攻击要高于单点攻击。

本论部分每段最好控制在6行左右。不要有一段过长，如超过8行；也不要有一段过短，如少于4行。如果一段分析过长，则会导致表达分析的内容琐碎，不利于阅卷老师抓住写作重点，而且也会占用其他逻辑谬误分析的空间；如果一段分析过短，则会导致逻辑谬误的分析没有充分地展开，影响分析部分的得分。

第二节 写作高分指南

 用好联结词

1. 本论部分联结词

本论部分的每一段开头建议使用这样的一些联结词：

首先	其次	再次	另外（还有）	最后

如果本论部分写四段，就不用写"另外（还有）"这一段。这四段或五段分别对应同学们要分析的四组或五组逻辑谬误。

2. 本论析错引导词

本论部分逻辑谬误分析的引导词，即引导"析错四步法"中的"引题、点错、析错、质疑"的第一步"引题"。如何准确、突出地将逻辑谬误放在显眼的位置上让阅卷老师看

到，从而明确告知阅卷老师自己对于逻辑谬误的分析开始，是决定析错成功与否的关键一步，那么一个好的析错引导词就是做好这一步的伏笔。为此，同学们可以多用一些这样的引导词：

第一组	由"……"不足以推出"……"
第二组	"……"无法推出"……"
第三组	"……"不等于"……"
第四组	前文说"……"，而后文却说"……"

3. 本论析错结尾词

本论部分逻辑谬误分析的结尾词，即引导"析错四步法"中的"引题、点错、析错、质疑"的第四步"质疑"。做好这一步可以让逻辑谬误分析完整结束，实现单个逻辑谬误分析的完美收官。一个好的析错结尾词，可以实现析错与质疑之间的自然过渡，不会让阅卷老师感到突兀。为此，同学们可以多用一些这样的结尾词：

因此	所以	显然	可见	由此可知

记得写标题

很多同学在考场上忘记写标题，或者根本就不知道论证有效性分析要写标题，所以在这里温馨提示同学们，一定要写论证有效性分析作文的标题。

写标题有两个原因：（1）不写会被扣分，而且不写标题会降低阅卷老师对你作文的印象分；（2）没有标题的文章缺乏中心感，在写作界一直流传着这样一句名言，"题好文一半"，所以写一个好的标题有助于论证有效性分析拿高分。

同学们如果在考场上一时没想好标题写什么，可以先把第一行空起来，从第二行开始内容的写作，等全文主干内容写完后，相信同学们对于写什么标题已经是胸有成竹了，那么返回开头将心目中选好的标题填上去，这样一篇完整的论证有效性分析文章就写完了。

放低姿态

论证有效性分析的文体是评论文，不是驳论文，要求同学们对推理过程中存在的逻辑谬误进行理性的分析，而不是一味地提出自己的主张来反对甚至推翻题干中的结论。所以，对于论证有效性分析，同学们要放低自己的姿态，收住天马行空的心，找出题干中真实存在的逻辑谬误，然后对其展开就错论错的分析，有一说一，有二说二，不能因为题干存在逻辑谬误就驳斥结论,而应该像医生一样诊断推理过程中存在的逻辑问题。因此,同学们在文章中应该避免使用不恰当的措辞。

恰当措辞	有失偏颇的,还需完善的,有待证明的,不太严谨,不太确切,未必成立,有些牵强,值得商榷,也许,可能
不恰当措辞	痴人说梦,毫无道理,非常荒谬,胡说八道,我认为应该,这是不对的,这是错误的,一定会……,必然会……

四 把字写好

可以这样毫不夸张地说,字就是文章的脸面。如果字不好,再好的文思泉涌和妙笔生花都会被埋没在一堆烂字之中,让阅卷老师提不起兴趣来认真对待。所以,写好字很重要。联考写作不要求写成铁画银钩的书法,只要同学们工工整整地将每一个字写好即可。

下面刘老师以参加模拟考试同学的真实答卷为例,对"中等偏上"和"书面不整洁"两种字迹进行对比,希望同学们可以从他人的字迹中看到自己的不足和努力的方向。

"中等偏上"

"书面不整洁"

第三节　写作注意事项

在作答论证有效性分析时,同学们最容易出现以下这些问题。希望同学们读完之后,引以为戒,在今后的写作中避免出现同样问题。

 写成读后感式的随笔

同学们将文章写成读后感式的随笔,只是在发表自己读完材料后的感想,表达自己读完题干之后的内心感悟,而没有寻找和分析题干在推理过程中所存在的逻辑谬误。这样的文章根本就不是论证有效性分析,其读后感式的文体完全不符合《考试大纲》的考查要求。论证有效性分析考查的是质疑结论的评论文,而不是读后有感的应用文。

学生习作	习作分析
(见100页2012年真题)我们应该对大自然进行适当的干涉,因为我们虽然是大自然的一部分,但是我们人类又是具有高智慧的生物,那些低智慧的动物和植物对自然的影响和方法有限,而我们人类有很多方法影响大自然,比如我们人类的活动使得全球森林减少、地球变暖加剧,人类生产生活对地球造成一定的污染。所以,我们就可以采取种树、造林、人工降雨等方法适当干涉自然问题,使有利人类的自然现象增多,造福人类。所以,我们应该适当干涉自然	**不当之处**:只围绕人类与自然的关系展开自话自说的分析,给出了认为应该进行干涉的理由,并没有围绕文字材料中的谬误展开对应的分析。 **正确分析**:材料前文说"人类是自然生态中的有机组成部分",那么人类作为自然的成员就应该参与自然问题的解决,而后文又说"自然问题自然会解决,人类不必过于干涉"。材料前后表述存在自相矛盾之处

 点评命题老师的写作手法

如果同学们只关注题干的语法、结构、修辞、篇章等写作手法,但没有寻找和分析题干在推理过程中所存在的逻辑谬误,那么这样的文章根本不是论证有效性分析。点评原文的写作手法,忽视对论证的分析,是舍本逐末,没有抓住矛盾的主要方面,这必然导致同学们因为耽误分析时间、浪费答题空间而得分不高。

学生习作	习作分析
(见38页2013年真题)普同性和特异性在内涵方面是两个相反的概念,但是材料却将这两个相反的概念放在一起,认为这两种特性在文化中可以同时存在,这显然是不合理	**不当之处**:批判了原文的写作手法,而没有在肯定前提的情况下,质疑推理过程。 **正确分析**:"文化具有普同性"推不出"一国文化一定会被他国所接受"。普同性不代表一定被接受,还有可能会同性相斥。文化被接受与否取

续表

学生习作	习作分析
	决于他国对文化的需求。 "文化具有特异性"推不出"一国文化一定会被他国所关注"。即使一国文化极具特异性，但如果别的国家对它根本就没有丝毫的需要和兴趣，那么它也不会引起这些国家的关注

三　采取支持性的回应方式

同学们对题干采取了完全肯定和绝对支持的态度，认同命题老师的观点、结论、推理过程，而不是着重寻找和分析题干推理过程中存在的逻辑谬误。这种支持性的回应方式明显是和《考试大纲》的要求不符的，因为《考试大纲》写得很清楚，"论证有效性分析试题的题干为一段有缺陷的论证，要求考生分析其中存在的问题，选择若干要点，评论该论证的有效性"。

学生习作	习作分析
（见63页2017年真题）既然监察官是好利恶害的人，那么很容易以权谋私，所以依靠监察官去制止其他官吏以权谋私就是让一部分以权谋私者去制止另一部分人以权谋私，那么必然导致监察官和其他官员共谋私利，这是毋庸置疑的论证	**不当之处**：支持了题干的论证推理，而没有采取质疑的论证有效性分析态度。 **正确分析**："监察官是好利恶害的"不必然推出"监察官与其他官吏共谋私利"，监察官有可能和官员串谋，但这只是可能性而已，未必是必然的，而试题材料却错误地把可能性当成必然性

四　采取反驳性的回应方式

同学们既没有进入题干内部的逻辑空间，也没有进入论证的推理过程之中寻找逻辑谬误，而是从题干外部找理由、找原因，或自编自导地构建一个论证来反驳题干的结论。这不是批判内在的论证有效性分析，而是反驳外在的驳论文。这种驳论文，实质是用自己的主观性和"偏见"来打压别人的思想，而不是以理服人。

学生习作	习作分析
（见100页2012年真题）文章中提到通过使用爱因斯坦的相对论就会解决地球气候变化问题，这样的说法十分荒谬。地球气候变化问题显然应当是由气象学家解决，而不是由作为物理学家的爱因斯坦。 所以，用相对论去解决地球气候变化问题是一个荒谬的论证	**不当之处**：对题干论证采取了反驳态度，使用了不恰当的词汇，缺乏结合题干的分析。 **正确分析**：爱因斯坦的相对论只是无数科学原理中的一种，相对论也只是爱因斯坦自己许多科学理论中的一种，不能偷换概念，将它们完全等同起来。也许换一种科学原理，就会得出一个与之不同的结论

五 搞错了题干的逻辑结构

同学们搞错了题干的论据、结论、推论、假设或铺垫，导致自己所分析的逻辑谬误根本不是题干真正存在的逻辑谬误。这样就相当于战士上了战场却不知道自己的敌人是谁，东奔西跑，很容易造成误伤。所以同学们需要牢牢地掌握论证的基础知识，知道如何定位中心论点、如何定位其他论证、如何定位论据、如何定位结论、如何定位推理层次、如何定位论证结构。

学生习作	习作分析
（见 100 页 2012 年真题）文中由"人的祖先是类人猿"得出"人和大熊猫、水杉一样"的推理是有失妥当的。人是由类人猿演化而来的，同时类人猿也演化成现代的猩猩，而大熊猫和水杉等又都属于自然界不同的物种。所以由"人的祖先是类人猿"推出"人和大熊猫、水杉一样"的推理是缺乏依据的	**不当之处**：混淆了论证结构，原文此处是推出人像类人猿一样，也是大自然的有机组成部分，应当切断这个类比。 **正确分析**：人类的祖先是类人猿并不意味着人类现在还是类人猿。祖先类人猿具有的性质，作为后代的人类不一定也具有，比如在行动方面，人类就不像类人猿一样消极被动

六 只是罗列谬误，缺乏谬误分析

同学们只是简单地罗列了题干有哪些逻辑谬误，但是缺乏相应的逻辑谬误分析。顾名思义，论证有效性分析重在"分析"，需要同学们具体分析逻辑谬误何以成为谬误。如果没有具体的分析，只是简单地指出谬误，就偏离了考试的主航道。所以，论证有效性分析不是简单地罗列逻辑谬误，而是重在对这些逻辑谬误进行分析。

学生习作	习作分析
（见 63 页 2017 年真题）"世界上根本不存在不求私利的廉洁之士"的说法过于绝对。世界上并不是只有廉洁之士与非廉洁之士两种人，而廉洁之士也不见得不存在。即便谋私利，也不一定找不到廉洁之士，更推不出没有必要寻找这样的人。因此，也就得不出廉政建设的关键，只在于任用官员之后有效地防止他们以权谋私	**不当之处**：谬误分析主要聚焦于评论由论据不足以推出结论，缺乏对逻辑谬误为何存在谬误的剖析，因此只是在一味地罗列寻找到的逻辑谬误。 **正确分析**："世界上根本不存在不求私利的廉洁之士"这个判断不准确，中国历史上的狄仁杰、包拯、海瑞等就是廉洁之士

七 逻辑谬误术语使用不恰当

论证有效性分析并不反对同学们使用逻辑谬误术语，比如"以偏概全""概念混淆""类比不当"等。相反，如果同学们准确地指出题干在哪一步推理中犯了什么性质或什么类型的逻辑谬误，则既能提升文章的分析力度和分数档次，又能有助于阅卷老师迅速把握本段的得分点。

但是，如果"逻辑谬误术语"使用不当，就会弄巧成拙，导致张冠李戴、文不对题的现象出现，反而会因此被阅卷老师扣掉分数。所以，建议同学们如果不确定逻辑谬误的具体类型，可以进行模糊处理，即不指明逻辑谬误的具体类型。

学生习作	习作分析
（见63页2017年真题）材料认为人们的本性使得人们都会追求奖赏、逃避刑罚，这种论证值得商榷。人的本性未必都如此，社会上也存在着如"雷锋"一般的人并不在意个人利益或荣誉。此外，追求奖赏与逃避刑罚未必是非此即彼的关系	不当之处：原文此处存在的逻辑谬误应当是过度推理或因果不当，并不是非此即彼。 正确分析：人的本性是"好荣恶辱，好利恶害"的，但人的本性并不能等同于人的行为，不必然推出任何人在任何时候都会追求奖赏、逃避刑罚

八 没有质疑题干结论

对于逻辑谬误的分析，同学们最好使用析错四步法，回归到对论证结论的质疑上。如果同学们在论证分析中没有质疑结论，实际上无法使逻辑谬误分析的完整链条呈现出来，那么将会造成论证的有效性分析不彻底、有头无尾，从而影响文章的得分。

学生习作	习作分析
（见100页2012年真题）并不只是损害了人类利益的灾害才叫作灾害。有些自然现象危害了自然和生物，破坏了自然的生态平衡，这些自然现象难道就不叫作灾害了吗？比如说，导致恐龙灭绝的小行星撞地球，还有导致无数生物死亡的瘟疫、疾病，都是对自然平衡的破坏。损害人类利益，并不是称之为灾害的必要条件	不当之处：分析部分缺乏与题干内容的结合，结尾部分没有质疑题干结论。 正确分析：由"灾害是大自然本身的一般现象"推不出"灾害对于自然来说不是灾害"。自然灾害不是抽象地对自然说的，而是对生活在自然中的某种或某些生物来说的。如果不正常的自然灾害造成某种或某些生物濒临灭绝，那么这样的自然变化对于这些生物来说就是自然灾害

九 引题过长、分析太少

同学们过多地引用原文、大段地抄袭原文，实际上是不明智的行为，因为这反映出自己的写作能力低。在阅卷时，阅卷老师十分反感这种凑字行为。所以，同学们不要为了凑字而引述过多的原文。如果字数不够，同学们可以在结尾部分总结材料原文的逻辑结构，从而增加文章的整体篇幅。

学生习作	习作分析
（见35页2016年真题）作者由"一部分大学生就业难，是因为其所学专业与市场需求不相适应或对就业岗位的要求过高"推出"只要根据市场需求调整高校专业设置，对大学生进行就业教育以改变他们的就业观念，鼓励大学生自主创业，那么大学生就业难的问题将不复存在"过于绝对。上述措施只是解决就业问题的部分因素，要解决大学生就业难的问题，不光要高校努力，更要全社会、家庭、学生一起努力	**不当之处**：在引题环节过多地引用原文、大段地抄袭原文，导致最为核心的分析部分的字数篇幅被压缩，喧宾夺主。 **正确分析**：由"调整专业设置、进行就业教育和鼓励自主创业"不能推出"大学生就业难问题不复存在"。这些措施都是解决问题的措施之一，有助于解决问题，但并不是决定性条件，无法保证问题的解决

➕ 本论段落参差不齐

如果某一段篇幅太长，阅卷老师会认为你分析太烦琐。反之，如果某一段篇幅太短，阅卷老师会认为你析错能力不够。所以，建议同学们本论各段的长度最好控制在5~7行，这样的文章均衡整齐。在5~7行中，不应在单一层次里进行文字罗列，而应依据"引→点→析→疑"四步析错方法，一步一步展开对逻辑谬误的分析。

学生习作	习作分析
（见93页2015年真题）文章提出"只要生产企业开拓市场、刺激需求，就能扩大销售，生产过剩马上就能化解"。而生产过剩并非如此简单发生和容易消解。如果消费者市场并不买账，可能因为企业并未提供合适的、优质的产品满足消费者需求，需要用产品创新、业务发展来解决。文中所提的方案并非绝对有效的充分条件，推论存在疏漏。 文中提及"生产过剩是市场经济的常见现象，也就是经济运行的客观规律"。"常见现象"是指表象，而"客观规律"是本质的、抽象的，不被改动和影响的。两者概念不可混淆	**不当之处**：段落篇幅参差不齐，前一段139字，后一段79字，导致分析效果前后不均衡。 **正确分析**：由"生产企业开拓市场、刺激需求"不必然推出"就能扩大销售，生产过剩马上就会化解"。企业开拓市场、刺激需求并非扩大销售的充分条件，因为企业销售的扩大还取决于市场饱和度、消费者购买力等其他因素。因此，由论证不足以推出"生产过剩马上就会化解"。 "常见现象"不等于"客观规律"，两者概念不同，不能混淆。常见现象是事物的外在表现，而客观规律是事物的内在本质。因此，不必然推出"生产过剩是经济运行的客观规律"

第三章 真题精讲

尽管论证有效性分析源于 GMAT 考试，在中国缺乏文化的根基，但是命题组老师随着一年又一年命题的积累，逐步实现了命题思维的稳定化和科学化，其命题意图逐步与考试难度相吻合，命题水平也在不断增长。下面以 2017 年论证有效性分析真题作为基准，难度高于 2017 年为高阶，难度低于 2017 年为低阶，将论证有效性分析历年真题划分为三个阶梯：初阶、中阶、高阶。以下是论证有效性分析历年真题难易阶梯表：

论证有效性分析历年真题难易阶梯表

真题阶梯	真题难度	真题年份
初阶真题	偏易	2020 年、2016 年、2013 年、2010 年、2006 年、2005 年、2004 年、2005 年 10 月、2004 年 10 月
中阶真题	一般	2019 年、2017 年、2011 年、2009 年、2008 年、2003 年 10 月、2012 年 10 月、2010 年 10 月、2006 年 10 月
高阶真题	偏难	2018 年、2015 年、2014 年、2012 年、2007 年、2013 年 10 月、2011 年 10 月、2009 年 10 月、2008 年 10 月、2007 年 10 月

第一节 初阶真题精讲

2020 年论证有效性分析真题

论证有效性分析：分析下述论证中存在的缺陷和漏洞，选择若干要点，写一篇 600 字左右的文章，对该论证的有效性进行分析和评论。（论证有效性分析的一般要点是：概念特别是核心概念的界定和使用是否准确并前后一致，有无各种明显的逻辑谬误，论证的论据是否成立并支持结论，结论成立的条件是否充分，等等。）

北京将联手张家口共同举办 2022 年冬季奥运会，中国南方的一家公司决定在本地投资设立一家商业性的冰雪运动中心。这家公司认为，该中心一旦投入运营，将获得可观的经济效益，这是因为：

北京与张家口共同举办冬奥会，必然会在中国掀起一股冰雪运动热潮。中国南方许多人从未有过冰雪运动的经历，会出于好奇心而投身于冰雪运动。这正是一个千载难逢的绝好商机，不能轻易错过。

而且，冰雪运动与广场舞、跑步等不一样，其需要一定的运动用品，如冰鞋、滑雪板与运动服装等。这些运动用品价格不菲而具有较高的商业利润。如果在开展商业性冰雪运动的同时也经营冬季运动用品，则公司可以获得更多的利润。

另外，目前中国网络购物已经成为人们的生活习惯。但相对于网络商业，人们更青睐直接体验式的商业模态，而商业性冰雪运动正是直接体验式的商业模态，无疑具有光明的前景。

一 论证结构

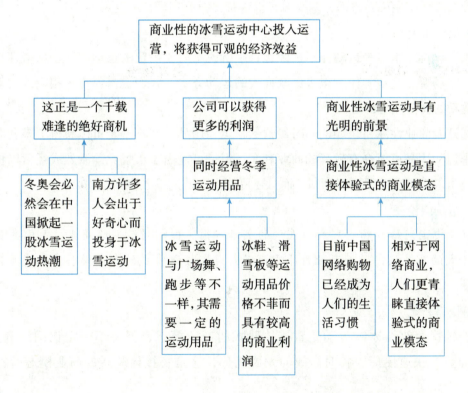

二 论证分析

● 第一组论证

北京与张家口共同举办冬奥会，必然会在中国掀起一股冰雪运动热潮。中国南方许多人从未有过冰雪运动的经历，会出于好奇心而投身于冰雪运动。这正是一个千载难逢的绝好商机，不能轻易错过。

● 找错析错

①举办冬奥会未必会在中国掀起冰雪运动热潮。举办冬奥会虽然有助于冰雪运动的普及和发展，但由于冰雪运动对运动场地、装备设施等要求很高，所以民众可能只是增加了对冰雪运动的了解，并不必然掀起热潮。

②"南方许多人从未有过冰雪运动的经历"不必然推出"会投身于冰雪运动"。南方许多人出于好奇心可能只是更为关注冰雪运动，而且可能出于身体素质、专业技能、消费能力等方面的考虑而选择不亲身参与。

● 第二组论证

冰雪运动与广场舞、跑步等不一样，其需要一定的运动用品，如冰鞋、滑雪板与运动服装等。这些运动用品价格不菲而具有较高的商业利润。如果在开展商业性冰雪运动的同时也经营冬季运动用品，则公司可以获得更多的利润。

● 找错析错

①广场舞、跑步等运动并不是像题目中所说不需要一定的运动用品，这个判断并不准确。广场舞、跑步等作为很多民众喜欢的运动方式，人们也需要购买相应的运动用品提升运动的安全性与舒适性。

②开展商业性冰雪运动的同时经营冬季运动用品，并不一定可以获得更多利润。虽然冬季运动用品可能会有较高的商业利润，但是可能由于市场竞争激烈或经营以租赁为主，公司未必可以获得更多利润，而且还可能由于前期投入多而亏损。

● 第三组论证

目前中国网络购物已经成为人们的生活习惯。但相对于网络商业，人们更青睐直接体验式的商业模态，而商业性冰雪运动正是直接体验式的商业模态，无疑具有光明的前景。

● 找错析错

①尽管商业性冰雪运动是直接体验式的商业模态，但并不一定比网络商业好。网络商业有快速便捷、省时高效的发展优势，这是直接体验式的商业模态所不能相比的。

②商业性冰雪运动与网络购物是两个不同的消费领域，二者不可做简单的类比。商业性冰雪运动是直接体验式的商业模态，而网络购物则是非真人在线交易的商业模态，两者存在本质上的差异。

 参考范文

商业性冰雪运动前景真的光明吗

原文通过一系列论证，试图说明"商业性冰雪运动无疑具有光明的前景"这个结论成立，但是该论证存在多处缺陷或漏洞，现分析如下：

首先，举办冬奥会未必会在中国掀起冰雪运动热潮。举办冬奥会虽然有助于冰雪运动的普及和发展，但由于冰雪运动对运动场地、装备设施等要求很高，所以民众可能只是增加了对冰雪运动的了解，并不必然掀起热潮。

其次，"南方许多人从未有过冰雪运动的经历"不必然推出"会投身于冰雪运动"。南方许多人出于好奇心可能只是更为关注冰雪运动，而且可能出于身体素质、专业技能、消费能力等方面的考虑而选择不亲身参与。

再次，广场舞、跑步等运动并不是不需要运动用品，人们也会购买一定的运动用品提升运动的安全性与舒适性。而且，开展商业性冰雪运动的同时经营冬季运动用品，并不一定可以盈利很多。虽然冬季运动用品可能会有较高的商业利润，但是可能由于市场竞争激烈或经营以租赁为主，公司未必可以获得更多利润。

最后，尽管商业性冰雪运动是直接体验式的商业模态，但并不一定比网络商业好。网络商业有快速便捷、省时高效的发展优势，这是直接体验式的商业模态所不能相比的。商业性冰雪运动与网络购物是两个不同的消费领域，商业性冰雪运动是直接体验式，而网络购物则是非真人在线交易，这两种商业模态在本质上存在巨大的差异。

综上所述，原文在概念、论据和论证过程等诸多方面存在缺陷，因此要想得出原文结论，还需要更加严谨的论证。

2016 年论证有效性分析真题

论证有效性分析：分析下述论证中存在的缺陷和漏洞，选择若干要点，写一篇 600 字左右的文章，对该论证的有效性进行分析和评论。（论证有效性分析的一般要点是：概念特别是核心概念的界定和使用是否准确并前后一致，有无各种明显的逻辑谬误，论证的论据是否成立并支持结论，结论成立的条件是否充分，等等。）

现在人们常在谈论大学毕业生就业难的问题，其实大学生的就业并不难。

据国家统计局数据，2012 年我国劳动年龄人口比 2011 年减少了 345 万，这说明我国劳动力的供应从过剩变成了短缺。据报道，近年长三角等地区频频出现"用工荒"现象，2015 年第二季度我国岗位空缺与求职人数的比率为 1.06，表明劳动力市场需求大于

供给。因此，我国的大学毕业生其实还是供不应求的。

还有，一个人受教育程度越高，他的整体素质也就越高，适应能力就越强，当然也就越容易就业，大学生显然比其他社会群体更容易就业，再说大学生就业难就没有道理了。

实际上，一部分大学生就业难，是因为其所学专业与市场需求不相适应或对就业岗位的要求过高。因此，只要根据市场需求调整高校专业设置，对大学生进行就业教育以改变他们的就业观念，鼓励大学生自主创业，那么大学生就业难的问题将不复存在。

总之，大学生的就业并不是什么问题，我们大可不必为此顾虑重重。

一、论证结构

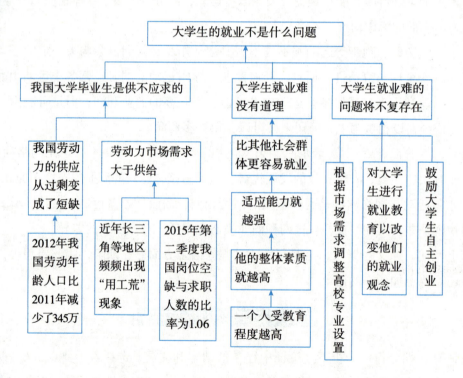

二、论证分析

● 第一组论证

据国家统计局数据，2012年我国劳动年龄人口比2011年减少了345万，这说明我国劳动力的供应从过剩变成了短缺。据报道，近年长三角等地区频频出现"用工荒"现象，2015年第二季度我国岗位空缺与求职人数的比率为1.06，表明劳动力市场需求大于供给。因此，我国的大学毕业生其实还是供不应求的。

● 找错析错

①"2012年我国劳动年龄人口比2011年减少345万"不必然推出"我国劳动力的供应从过剩变成短缺"。如果中国劳动年龄人口总量庞大，那么哪怕减少345万，也不会造成劳动力短缺。而且，题干只是单方面给出了供应数据的减少，并没有提及相应的需求数据，因此推理不出供需两方面对比的结果。

②长三角只是中国的一部分，不能由此以偏概全地推出中国所有地区都出现了"用工荒"现象。中国更广阔的中西部地区可能由于经济欠发达、人口众多，但就业岗位却不多，出现了严重的就业问题。此处存在以偏概全的逻辑谬误。

③2015年第二季度我国岗位空缺与求职人数的比率为1.06，不能表明所有季度都是这样。也许因为第二季度不是大学生的求职季，再加上大量农民工回乡务农，才导致劳动力供不应求。此处存在以偏概全的逻辑谬误。

④由"劳动力市场需求大于供给"不能推出"大学毕业生供不应求"。大学生只是劳动力市场里的部分人群，整体需求大于供给推不出某个部分也是供不应求的。此处存在因果无关的逻辑谬误。

● 第二组论证

一个人受教育程度越高，他的整体素质也就越高，适应能力就越强，当然也就越容易就业，大学生显然比其他社会群体更容易就业，再说大学生就业难就没有道理了。

● 找错析错

一个人受教育程度越高不意味着素质越高、适应能力越强、越容易就业。高学历与高素质之间没有必然联系，同时高素质与适应能力、是否容易就业也没有必然联系。这个连续推理的前后联系并不紧密，因此无法从受教育程度说明大学生更容易就业。

● 第三组论证

一部分大学生就业难，是因为其所学专业与市场需求不相适应或对就业岗位的要求过高。因此，只要根据市场需求调整高校专业设置，对大学生进行就业教育以改变他们的就业观念，鼓励大学生自主创业，那么大学生就业难的问题将不复存在。

● 找错析错

①材料中多次提到"大学生就业其实并不难，甚至根本不是什么问题"，而在中间却又说"一部分大学生就业难，是因为……"，这显然是自相矛盾的。既然大学生就业根本不是问题，就不会出现一部分大学生就业难的情况。

②由"调整专业设置、进行就业教育和鼓励自主创业"不能推出"大学生就业难问题不复存在"。这些措施都是解决问题的措施之一，有助于解决问题，但并不是决定性条件，无法保证问题的解决。

 参考范文

大学生就业真的不是问题吗

原文通过一系列论证，试图说明"大学生就业并不是什么问题"这个结论成立，但是该论证存在多处缺陷或漏洞，现分析如下：

首先，"2012年我国劳动年龄人口比2011年减少345万"不必然推出"我国劳动力的供应从过剩变成短缺"。题干只是单方面给出了供应数据的减少，并没有提及相应的需求数据，因此推理不出两方面对比的结果。

其次，长三角只是中国的一部分，不能以偏概全地推出中国所有地区都出现了"用工荒"现象。因为中西部地区可能由于经济欠发达、人口众多，出现劳动力过剩问题。此外，第二季度岗位空缺与求职人数的比率为1.06，不能表明所有季度都是这样。也许因为第二季度不是大学生的求职季，再加上大量农民工回乡务农，才导致劳动力供不应求。

再次，一个人受教育程度越高并不意味着素质越高，适应能力越强，越容易就业。高学历与高素质没有必然联系，同时高素质与适应能力、是否容易就业也没有必然联系。这个连续推理的前后联系并不紧密，因此无法从受教育程度这一个方面说明大学生更容易就业。

最后，由"调整专业设置、进行就业教育和鼓励自主创业"不能推出"大学生就业难问题不复存在"。作者忽视了其他条件。这些措施都是解决问题的措施之一，有助于解决问题，但并非充分条件，无法保证问题的解决。

综上所述，原文在概念、论据和论证过程等诸多方面存在缺陷，因此要想得出"大学生就业并不是什么问题"这个结论，还需要更加严谨的论证。

2013年论证有效性分析真题

论证有效性分析：分析下述论证中存在的缺陷和漏洞，选择若干要点，写一篇600字左右的文章，对该论证的有效性进行分析和评论。（论证有效性分析的一般要点是：概念特别是核心概念的界定和使用是否准确并前后一致，有无各种明显的逻辑谬误，论证的论据是否成立并支持结论，结论成立的条件是否充分，等等。）

一个国家的文化在国际上的影响力是该国软实力的重要组成部分。由于软实力是评判一个国家国际地位的要素之一，所以如何增强软实力就成了各国政府高度关注的重大问题。

其实，这一问题不难解决。既然一个国家的文化在国际上的影响力是该国软实力的重要组成部分，那么，要增强软实力，只需搞好本国的文化建设并向世人展示就可以了。

文化有两个特性，一个是普同性，一个是特异性。所谓普同性，是指不同背景的文

化具有相似的伦理道德和价值观念，如东方文化和西方文化都肯定善行、否定恶行；所谓特异性，是指不同背景的文化具有不同的思想意识和行为方式，如西方文化崇尚个人价值，东方文化固守集体意识。正因为文化具有普同性，所以一国文化就一定会被他国所接受；正因为文化具有特异性，所以一国文化就一定会被他国所关注。无论是接受还是关注，都体现了该国文化影响力的扩大，也即表明了该国软实力的增强。

文艺作品当然也具有文化的本质属性。一篇小说、一出歌剧、一部电影，等等，虽然一般以故事情节、人物形象、语言特色等艺术要素取胜，但在这些作品中，也往往肯定了一种生活方式，宣扬了一种价值观念。这种生活方式和价值观念不管是普同的还是特异的，都会被他国所接受或关注，都能产生文化影响力。由此可见，只要创作更多的具有本国文化特色的文艺作品，那么文化影响力的扩大就是毫无疑义的，而国家的软实力也必将同步增强。

一 论证结构

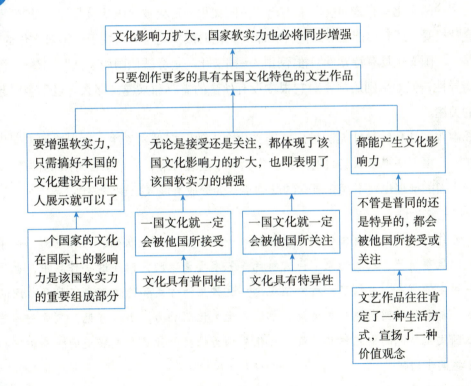

二 论证分析

● 第一组论证

其实，这一问题不难解决。既然一个国家的文化在国际上的影响力是该国软实力的重要组成部分，那么，要增强软实力，只需搞好本国的文化建设并向世人展示就可以了。

● 找错析错

材料根据"一个国家的文化是该国软实力的重要组成部分",断然推出"要增强软实力只需要搞好本国的文化建设就可以了",显然有失偏颇。这样的推理将局部看作整体,文化只是软实力的局部,局部的提升并不意味着整体的提升。

● 第二组论证

文化有两个特性,一个是普同性,一个是特异性。所谓普同性,是指不同背景的文化具有相似的伦理道德和价值观念,如东方文化和西方文化都肯定善行,否定恶行;所谓特异性,是指不同背景的文化具有不同的思想意识和行为方式,如西方文化崇尚个人价值,东方文化固守集体意识。正因为文化具有普同性,所以一国文化就一定会被他国所接受;正因为文化具有特异性,所以一国文化就一定会被他国所关注。无论是接受还是关注,都体现了该国文化影响力的扩大,也即表明了该国软实力的增强。

● 找错析错

①"一国文化具有普同性"推不出"一国文化一定会被他国所接受"。普同性不代表一定会被接受,还有可能会导致同性相斥。文化的被接受与否取决于他国对文化的需求。

②"一国文化具有特异性"推不出"一国文化一定会被他国所关注"。即使一国文化极具特异性,但如果别的国家对它根本没有丝毫的需要和兴趣,那么它也不会引起这些国家的关注。

③由普同性和特异性无法推出一国文化会被他国接受或关注,也无法推出文化影响力的扩大,更证明不了软实力的增强。作为一个连续推理,如果前面环节的推理不成立,那么其后面的推理也就不存在成立的基础了,会形成滑坡式的逻辑谬误。

● 第三组论证

文艺作品当然也具有文化的本质属性。一篇小说、一出歌剧、一部电影,等等,虽然一般以故事情节、人物形象、语言特色等艺术要素取胜,但在这些作品中,也往往肯定了一种生活方式,宣扬了一种价值观念。这种生活方式和价值观念不管是普同的还是特异的,都会被他国所接受或关注,都能产生文化影响力。由此可见,只要创作更多的具有本国文化特色的文艺作品,那么文化影响力的扩大就是毫无疑义的,而国家的软实力也必将同步增强。

● 找错析错

①材料中将文艺作品、生活方式、价值观念和文化进行概念的偷换,但是它们彼此之间的内涵明显不同,并不具有相同的性质和属性。

②由"文艺作品宣扬的生活方式和价值观念",不能推出"会被他国所接受或关注",也不能推出"产生文化影响力"。如果文艺作品激发不起人们对它的兴趣,那么就谈不上

被他国关注,更谈不上产生文化影响力。

③ "文艺作品的创作"不能保证"文化影响力的扩大"。文化影响力的扩大不仅需要文艺作品的创作,还需要充分的传播,单有作品并不足以推出结论的成立。

参考范文

搞好文化建设就能增强软实力吗

原文通过一系列论证,试图说明"只要创作更多的具有本国文化特色的文艺作品,那么就可以扩大文化影响力,同步增强国家的软实力"这个结论成立,但是该论证存在多处缺陷或漏洞,现分析如下:

首先,由"一个国家的文化是该国软实力的重要组成部分"不足以推出"增强软实力只需要搞好本国的文化建设",推理不恰当地将局部看作整体,但是局部的提升并不意味着整体的提升。所以,只搞好文化建设并不足以增强国家的软实力。

其次,"普同性"推不出"一国文化一定会被他国所接受","特异性"也推不出"一国文化一定会被他国所关注"。普同性不代表一定会被接受,还有可能会同性相斥。文化的被接受与否取决于他国对文化的需求。一国文化虽然具有特异性,但如果别的国家对它根本没有丝毫的需要和兴趣,那么它也不会引起这些国家的关注。

再次,材料将文艺作品、生活方式、价值观念和文化进行概念的偷换,它们的内涵明显不同,不能偷换。前文说"文化具有普同性和特异性",后文又说"生活方式和价值观念具有普同性和特异性",前后概念层级不同,不能简单地等同起来。

最后,由"文艺作品宣扬的生活方式和价值观念",不能推出"会被他国所接受或关注",也不能推出"产生文化影响力"。如果文艺作品激发不起人们的兴趣,那么就谈不上被他国关注,更谈不上产生文化影响力。

综上所述,原文在概念、论据和论证过程等诸多方面存在缺陷,因此要想得出材料中的结论,还需要更加严谨的论证。

2010 年论证有效性分析真题

论证有效性分析:分析下述论证中存在的缺陷和漏洞,选择若干要点,写一篇 600 字左右的文章,对该论证的有效性进行分析和评论。(论证有效性分析的一般要点是:概念特别是核心概念的界定和使用是否准确并前后一致,有无各种明显的逻辑谬误,论证的论据是否成立并支持结论,结论成立的条件是否充分,等等。)

美国学者弗里德曼的《世界是平的》一书认为,全球化对当代人类社会的思想、经

济、政治和文化等领域产生了深刻影响。全球化抹去了各国的疆界，使世界从立体变成平面，也就是说，世界各国之间的社会发展差距正在日益缩小。

"世界是平的"这一观点，是基于近几十年信息传播技术迅猛发展的状况而提出的。互联网的普及、软件的创新使海量信息迅速扩散到世界各地。由于世界是平的，穷国可以和富国一样在同一平台上接受同样的最新信息。这样就大大促进了穷国的经济发展，从而改善了它们的国际地位。

事实也是如此，所谓"金砖四国"国际声望的上升，无不得益于它们的经济成就，无不得益于互联网技术的发展。特别是中国经济的起飞，中国在世界上的崛起，无疑也依靠了互联网技术的普及，同时也可作为"世界是平的"这一观点的有力佐证。

毋庸置疑，信息传播技术革命还远未结束，互联网技术将会有更大发展，人类社会将会有更惊人的变化。可以预言，由于信息技术的迅猛发展，世界的经济格局与政治格局将会发生巨大的变化，世界最不发达的国家和最发达的国家之间再也不会让人有天壤之别的感觉，非洲大陆将会成为另一个北美。同样也可以预言，由于中国信息技术发展迅猛，中国和世界一样，也会从立体变为平面，中国东西部之间的经济鸿沟将被填平，中国西部的崛起指日可待。

一 论证结构

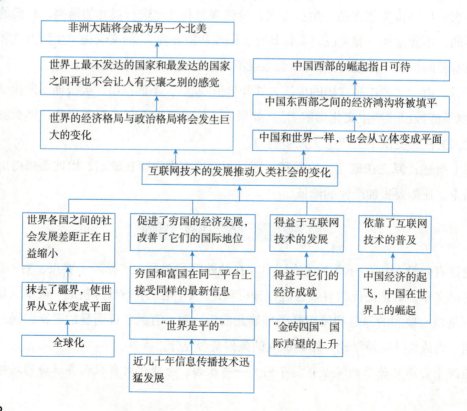

论证分析

● 第一组论证

美国学者弗里德曼的《世界是平的》一书认为，全球化对当代人类社会的思想、经济、政治和文化等领域产生了深刻影响。全球化抹去了各国的疆界，使世界从立体变成平面，也就是说，世界各国之间的社会发展差距正在日益缩小。

● 找错析错

①由弗里德曼的《世界是平的》一书推不出"世界各国之间的社会发展差距正在日益缩小"。著作仅是一家之言，有可能会存在片面之处，所以没有足够的说服力来证明这个世界就像书中所写的一样。

②全球化并未抹去国与国的疆界，只是加强了沟通和交流。如果全球化真的抹去了所有的国界，就不会有贸易摩擦、反倾销、反补贴等问题了。

③即使"世界从立体变成了平面"，也不意味着"世界各国之间的社会发展差距就会缩小"。平面的世界也有可能更加方便发达国家对落后国家的劳动力、市场、自然资源进行掠夺。

● 第二组论证

"世界是平的"这一观点，是基于近几十年信息传播技术迅猛发展的状况而提出的。互联网的普及、软件的创新使海量信息迅速扩散到世界各地。由于世界是平的，穷国可以和富国一样在同一平台上接受同样的最新信息。这样就大大促进了穷国的经济发展，从而改善了它们的国际地位。

● 找错析错

①即使"互联网信息传播技术迅猛发展"和"世界是平的"为真，也不一定就能推出"各国都将在同一平台上接受信息"，因为各国都有自己的信息安全政策。为了应对霸权主义的信息侵略，各国有可能会出台防止信息外泄的信息保护措施。

②即使"各国都在同一平台上接受同样的信息"，也不一定有利于缩小穷国和富国之间的经济差距，因为经济的发展并不仅仅依靠信息这一个因素。除信息之外，还有资本、地理、资源、交通、教育、历史、人口素质、文化传统、政治体制等各种因素也会严重影响着经济的发展。所以，信息技术未必就能改变穷国和富国之间的贫富差距，甚至有可能适得其反。

● 第三组论证

事实也是如此，所谓"金砖四国"国际声望的上升，无不得益于它们的经济成就，无不得益于互联网技术的发展。特别是中国经济的起飞，中国在世界上的崛起，无疑也依靠了互联网技术的普及，同时也可作为"世界是平的"这一观点的有力佐证。

● 找错析错

"金砖四国"和中国经济的发展，不一定是互联网技术发展的结果。以中国为例，中国1994年才加入互联网，显然中国经济的腾飞在时间上远远早于中国互联网的发展。所以，将中国经济的腾飞归因于互联网技术的发展是不太科学的。

● 第四组论证

毋庸置疑，信息传播技术革命还远未结束，互联网技术将会有更大发展，人类社会将会有更惊人的变化。可以预言，由于信息技术的迅猛发展，世界的经济格局与政治格局将会发生巨大的变化，世界最不发达的国家和最发达的国家之间再也不会让人有天壤之别的感觉，非洲大陆将会成为另一个北美。同样也可以预言，由于中国信息技术发展迅猛，中国和世界一样，也会从立体变为平面，中国东西部之间的经济鸿沟将被填平，中国西部的崛起指日可待。

● 找错析错

①由"信息技术的迅猛发展"推不出"非洲大陆将会成为另一个北美"。非洲水资源匮乏，土地贫瘠，工业基础薄弱，人均受教育水平低，因此很难引入外资和科技，所以即使在互联网时代，非洲也很可能难以改变落后的面貌，更不用说一跃成为所谓的另外一个北美。

②中国国情与世界情况显然不同，说中国和世界一样，这样简单的类比是不恰当的。中国西部相对于东部地区来说，其地理条件、交通运输、文化教育等都比较落后。所以"中国东西部之间的经济鸿沟将被填平，中国西部的崛起指日可待"这样的观点显然是过于乐观了。

 参考范文

信息技术真有如此之大的作用吗

原文通过一系列论证，试图说明"世界各国之间的社会发展差距因全球化而日益缩小"这个结论成立，但是该论证存在多处缺陷或漏洞，现分析如下：

首先，由弗里德曼的《世界是平的》一书推不出"世界各国之间的社会发展差距正在日益缩小"。著作仅是一家之言，很有可能存在片面之处，所以没有足够的说服力证明世界就像书中所写的一样。而且全球化并未抹去国与国的疆界，只是加强了沟通和交流。

其次，即使"各国都在同一平台上接受同样的信息"，也不一定有利于缩小穷国和富

国之间的经济差距。除信息影响着经济的发展之外，还有资金、地理、资源等各种因素也会严重影响经济的发展。

再次，"金砖四国"和中国经济的发展，不一定是互联网技术发展的结果。以中国为例，中国1994年才加入互联网，显然中国经济的腾飞在时间上远远早于中国互联网的发展。所以，将中国经济的腾飞归因于互联网技术的发展是不太合理的。

最后，中国国情与世界情况显然不同，说中国和世界一样，这样简单的类比是不恰当的。中国西部相对于东部地区来说，其地理条件、交通运输、文化教育等都比较落后。所以认为"中国东西部之间的经济鸿沟将被填平，中国西部的崛起指日可待"这样的观点显然过于乐观。

综上所述，原文在概念、论据和论证过程等诸多方面存在缺陷，因此要想得出"世界各国之间的社会发展差距因全球化而日益缩小"这个结论，还需要更加严谨的论证。

2006年论证有效性分析真题

论证有效性分析：以下文字摘自某报的一篇报道，请分析该论证在概念、论证方法、论据及结论等方面的有效性。600字左右。（论证有效性分析的一般要点是：概念特别是核心概念的界定和使用是否准确并前后一致，有无各种明显的逻辑谬误，论证的论据是否成立并支持结论，结论成立的条件是否充分，等等。）

在全球9家航空公司的140份订单得到确认后，世界最大的民用飞机制造商之一——空中客车公司2005年10月6日宣布将在全球正式启动其全新的A350远程客机项目。中国、俄罗斯等国作为合作伙伴也被邀请参与A350飞机的研发与生产过程。其中，中国将承担A350飞机5%的设计和制造工作。

这意味着未来空中客车公司每销售100架A350飞机，就将有5架由中国制造。这表明中国经过多年艰苦的努力，民用飞机研发与制造能力得到了系统的提升，获得了国际同行的认可；这也标志着中国已经可以在航空器设计与制造领域参与全球竞争并占有一席之地。

由此可以看出，在经济全球化的时代，参与国际合作将带来双赢的结果，这也是提高我国技术水平和产业国际竞争力的必由之路。

 论证结构

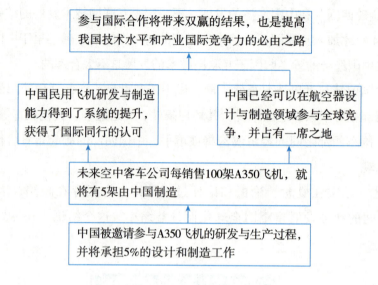

 论证分析

● 第一组论证

这意味着未来空中客车公司每销售 100 架 A350 飞机,就将有 5 架由中国制造。这表明中国经过多年艰苦的努力,民用飞机研发与制造能力得到了系统的提升,获得了国际同行的认可;这也标志着中国已经可以在航空器设计与制造领域参与全球竞争并占有一席之地。

● 找错析错

①由"承担5%的设计和制造工作"不能推出"100架飞机中有5架由中国制造"。这里的5%可能只是工作任务的比例,中国可能仅仅参与了其中极小部分的工作,可能仅仅是飞机的非关键零配件的制造。而生产5架飞机意味着有独立的设计、制造能力。

②"中国承担5%的设计和制造工作",可能只是飞机的非关键零配件的制造,这并不是重要环节和关键技术,所以不能推出中国的民用飞机研发与制造能力得到了系统的提升。

③空中客车公司邀请中国参加 A350 飞机 5% 的设计和制造工作,可能意在获得中国市场的份额,而不是因为对中国飞机设计和制造能力的认可。

④"中国承担 A350 飞机 5% 的设计和制造工作"不能推出"中国可以在航空器设计与制造领域参与全球竞争"。航空器这个概念远远大于民用飞机,两者概念不同,不能偷换,前者范围远远大于后者。

● 第二组论证

由此可以看出,在经济全球化的时代,参与国际合作将带来双赢的结果,这也是提高我国技术水平和产业国际竞争力的必由之路。

● 找错析错

①并不是所有的国际合作都会带来双赢的结果,也有可能导致两败俱伤,所以这里的观点显然过于乐观。

②提高我国技术水平和产业国际竞争力,有多种途径可供选择。参与国际合作可能只是其中一个选择,但并不一定是必由之路,自主研发也是提高我国技术水平和产业国际竞争力的重要途径。

参考范文

参与国际合作将带来双赢言之尚早

原文通过一系列论证,试图说明"参与国际合作将带来双赢的结果,也是提高我国技术水平和产业国际竞争力的必由之路"这个结论成立,但是该论证存在多处缺陷或漏洞,现分析如下:

首先,由"承担5%的设计和制造工作"不能推出"100架飞机中有5架由中国制造"。这里的5%可能只是工作任务的比例,中国可能仅参与了其中极小部分的工作,可能仅是飞机的非关键零配件的制造。而生产5架飞机则意味着有独立的设计、制造能力。

其次,由"中国将承担A350飞机5%的设计和制造工作"不能推出"中国民用飞机研发与制造能力获得了国际同行的认可"。空中客车公司邀请中国参加A350飞机5%的设计和制造工作,可能意在获得中国市场的份额,而不是因为对中国飞机设计和制造能力的认可。

再次,由"中国承担A350飞机5%的设计和制造工作"不能推出"中国可以在航空器设计与制造领域参与全球竞争"。航空器和民用飞机是两个不同的概念,航空器这个概念远远大于民用飞机,除了民用飞机,航空器还包括航天飞机、宇宙飞船、探测器等。两个概念的内涵不同,不能偷换。

最后,提高我国技术水平和产业国际竞争力,有多种途径可供选择。参与国际合作,可能只是其中一个选择,而且也并不一定是必由之路,自主研发也是提高我国技术水平和产业国际竞争力的重要途径。所以,结论的必由之路表述过于绝对。

综上所述,原文在概念、论据和论证过程等诸多方面存在缺陷,因此要想得出材料中的结论,还需要更加严谨的论证。

2005 年论证有效性分析真题

论证有效性分析：分析下述论证中存在的缺陷和漏洞，选择若干要点，写一篇 600 字左右的文章，对该论证的有效性进行分析和评论。（论证有效性分析的一般要点是：概念特别是核心概念的界定和使用是否准确并前后一致，有无各种明显的逻辑谬误，论证的论据是否成立并支持结论，结论成立的条件是否充分，等等。）

没有天生的外科医生，也没有天生的会计师。这都是专业化的工作，需要经过正规的培训，而这种培训最开始是在教室里进行的。当然，学生们必须具备使用手术刀或是操作键盘的能力，但是他们首先得接受专门的教育。领导者则不一样，天生的领导者是存在的。事实上，任何一个社会中的领导者都只能是天生的。领导和管理本身就是生活，而不是某个人能够从教室里学来的技术。教育可以帮助一个具有领导经验和生活经验的人提高到较高的层次，但是即使一个人具备管理天赋和领导潜质，教育也无法将经验灌入他的头脑。换句话说，试图向某个从未从事过管理工作的人传授管理学，不啻于试图向一个从未见过其他人类的人传授哲学。组织是一种复杂的有机体，对它们的管理是一种困难的、微妙的工作，需要的是各种各样只有在身临其境时才能得到的经验。总之，MBA 教育试图把管理传授给某个毫无实际经验的人，不仅仅是浪费时间，更糟糕的是，它是对管理的一种贬低。

一 论证结构

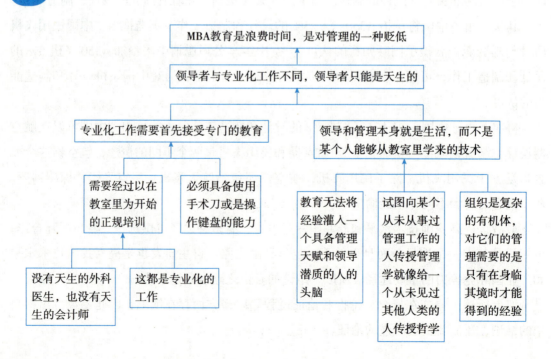

- ● 第一组论证

领导者则不一样，天生的领导者是存在的。事实上，任何一个社会中的领导者都只能是天生的。领导和管理本身就是生活，而不是某个人能够从教室里学来的技术。

- ● 找错析错

①任何一个社会中的领导者都只能是天生的，这个论据显然不成立。如果一个人生下来不接受任何教育，他连别人的言语都理解不了，那么又怎么会成为现代社会的领导者？

②"领导和管理本身就是生活，而不是某个人能够从教室里学来的技术"与"领导者都只能是天生的"显然自相矛盾。生活经验在于积累，这恰恰说明领导能力可以通过后天习得或培养。

③即使领导和管理本身就是生活，也推不出领导和管理不能从教室中学习。生活实际上也需要从教室里学习一定的技术，比如阅读、计算、思考、上网。

- ● 第二组论证

教育可以帮助一个具有领导经验和生活经验的人提高到较高的层次，但是即使一个人具备管理天赋和领导潜质，教育也无法将经验灌入他的头脑。换句话说，试图向某个从未从事过管理工作的人传授管理学，不啻于试图向一个从未见过其他人类的人传授哲学。

- ● 找错析错

①由"领导和管理不是从教室中学来的技术"，推理不出"教育无法将经验灌入人的头脑"。经验分为直接经验和间接经验。直接经验是通过实践得来的，是无法让别人通过教育来灌输进自己头脑的，但是间接经验是可以通过教育来学习和掌握的。

②将"向某个未曾从事过管理工作的人传授管理学"类比为"向一个从来没见过其他人类的人传授哲学"，这显然是不恰当的。即使没有从事过管理工作，也有在组织中工作的经验和被管理的经验，所以这与向没有参与过社会生活的人类传授哲学是有本质区别的。

- ● 第三组论证

组织是一种复杂的有机体，对它们的管理是一种困难的、微妙的工作，需要的是各种各样只有在身临其境时才能得到的经验。

- ● 找错析错

正因为组织是一种复杂的有机体，对它们的管理是一种困难的、微妙的工作，所以不能仅凭本能和感觉行事，需要对这种复杂有机体进行科学的定性和定量分析。而这些分析的方法在某种程度上是可以从课堂里学习到的。

● 第四组论证（结尾）

总之，MBA教育试图把管理传授给某个毫无实际经验的人，不仅仅是浪费时间，更糟糕的是，它是对管理的一种贬低。

● 找错析错

MBA教育把管理传授给毫无实际经验的人并不是在浪费时间，也不是对管理的贬低。首先，MBA教育要求选拔的学员都是有实际工作经验的。其次，即使从教室中无法直接培养出领导者，但是掌握了一定管理知识再去从事工作的人，很有可能在未来成为优秀的领导者。

参考范文

MBA教育真的是对管理的贬低吗

原文通过一系列论证，试图说明"MBA教育是对管理的一种贬低"这个结论成立，但是该论证存在多处缺陷或漏洞，现分析如下：

首先，任何一个社会中的领导者都只能是天生的，这个判断显然不恰当。一个不接受任何教育的人是无法与人沟通的，是不可能成为现代社会的领导者的。同时，"领导和管理本身就是生活"与"领导者都只能是天生的"显然自相矛盾，生活经验在于积累，这恰恰说明领导能力可以通过后天习得。

其次，将"向某个未曾从事过管理工作的人传授管理学"类比为"向一个从来没见过其他人类的人传授哲学"，显然是不恰当的。即使没有从事过管理工作，也有在组织中工作的经验和被管理的经验，不能与向没见过人类的人传授哲学进行比较，两者情况完全不同。

再次，正因为组织是一种复杂的有机体，对它们的管理是一种困难的、微妙的工作，所以不能仅凭本能和感觉行事，需要对这种复杂有机体进行科学的定性和定量分析。而这些分析的方法在某种程度上是可以从课堂里学习到的。

最后，MBA教育把管理传授给毫无实际经验的人并不是浪费时间，也不是对管理的贬低。首先，MBA选拔的学员均要求有实际工作经验。其次，即使从教室里无法直接培养出领导者，但是掌握了一定的管理知识再去从事管理工作，这样很可能在未来成为更加优秀的领导者。

综上所述，原文在概念、论据和论证过程等诸多方面存在缺陷，因此要想得出原文结论，还需要更加严谨的论证。

2004年论证有效性分析真题

论证有效性分析：分析下述论证中存在的缺陷和漏洞，选择若干要点，写一篇600字左右的文章，对该论证的有效性进行分析和评论。（论证有效性分析的一般要点是：概念特别是核心概念的界定和使用是否准确并前后一致，有无各种明显的逻辑谬误，论证的论据是否成立并支持结论，结论成立的条件是否充分，等等。)

目前，国内约有一千家专业公关公司。去年，规模最大的十家本土公关公司的年营业收入平均增长30%，而规模最大的十家外资公关公司的年营业收入平均增长15%；本土公关公司的利润率平均为20%，外资为15%；十大本土公关公司的平均雇员人数是十大外资公关公司的10%。可见，本土公关公司利润水平高、收益能力强、员工的工作效率高，具有明显的优势。

中国公关协会最近的调查显示，去年，中国公关市场营业额比前年增长25%，达到了25亿元，而日本约为5亿美元，人均公关费用是中国的十多倍。由此推算，在不远的将来，若中国的人均公关费用达到日本的水平，中国公关市场的营业额将从25亿元增长到300亿元，平均每家公关公司就有3 000万元左右的营业收入。这意味着一大批本土公关公司将胜过外资公司，成为世界级的公关公司。

一 论证结构

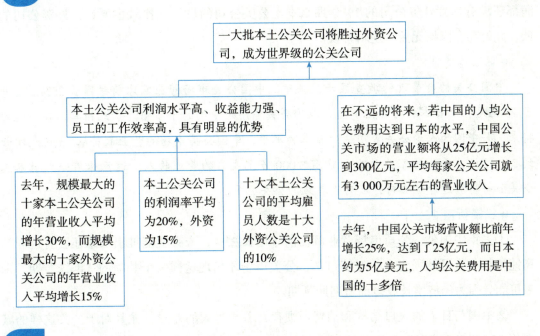

二 论证分析

● 第一组论证

目前，国内约有一千家专业公关公司。去年，规模最大的十家本土公关公司的年营业收入平均增长30%，而规模最大的十家外资公关公司的年营业收入平均增长15%；本土公关公司的利润率平均为20%，外资为15%；十大本土公关公司的平均雇员人数是十大外资公关公司的10%。可见，本土公关公司利润水平高、收益能力强、员工的工作效率高，具有明显的优势。

● 找错析错

①公司的收入增长速度和收益能力是两个不同的概念，营业收入增长率只有在增量基本相同的情况下才能说明收益能力的差异。本土公关公司与外资公关公司很可能处于不同的发展阶段，收入增长速度快其实并不意味着收益能力强。此处存在因果无关的逻辑谬误。

②公司的利润水平和平均利润率是两个不同的概念，不能根据本土公关公司的平均利润率比外资公司高，就推断出本土公司的利润水平比外资公司高。即使本土公关公司的平均利润率高，但是在总体利润水平上不一定就比外资公司高。此处存在因果无关的逻辑谬误。

③雇员规模也无法推出工作效率，因为不知道工作总量，所以无从判断。即使十大本土公关公司的平均雇员人数是十大外资公关公司的10%，但如果本土公司的收入或利润都还没有达到外资公司的1%，那么本土公关公司的员工工作效率要远比外资公司的低。此处存在因果无关的逻辑谬误。

● 第二组论证

中国公关协会最近的调查显示，去年，中国公关市场营业额比前年增长25%，达到了25亿元，而日本约为5亿美元，人均公关费用是中国的十多倍。由此推算，在不远的将来，若中国的人均公关费用达到日本的水平，中国公关市场的营业额将从25亿元增长到300亿元，平均每家公关公司就有3 000万元左右的营业收入。这意味着一大批本土公关公司将胜过外资公司，成为世界级的公关公司。

● 找错析错

①去年中国公关公司市场营业额比前年增长25%，未必就能推出未来还会有这样的高速增长。有可能因为去年经济过热，公关市场才出现这样一个井喷的"泡沫"期，未来可能会因为经济增长放缓而遭遇瓶颈期。

②中国与日本的人口结构和消费习惯存在着相当大的差异，尤其对于公关这样的城市化程度要求很高的行业而言，日本的公关市场规模并不一定可以匹配中国市场。所以，简单地将日本的人均公关费用推广到中国，是不妥当的。

③公关市场营业额的增长，极有可能伴随着公关公司数量的增长，所以即使中国公关市场的营业额将增长到300亿元，也不能由此推出将来平均每家公关公司就会有3 000万元左右的营业收入，所以这里的预测显然是过于乐观和片面的。

④即使中国公关市场的营业额将增长到 300 亿元,但也许在这其中外资公司占了绝大部分,而本土公司只占很少一部分,所以很有可能没有任何一家本土公司的营业收入达到 3 000 万元,自然也就得不出本土公司将胜过外资公司,更得不出本土公司将成为世界级的公关公司。

参考范文

本土公关公司真的胜过外资公司吗

原文通过一系列论证,试图说明"本土公关公司将胜过外资公司,成为世界级的公关公司"这个结论成立,但是该论证存在多处缺陷或漏洞,现分析如下:

首先,收入增长速度和收益能力是两个不同的概念,本土公关公司与外资公关公司很可能处于不同的发展阶段,收入增长速度快并不意味着收益能力强。利润水平和平均利润率是两个不同的概念,因此无从得出"本土公司的利润水平比外资公司高"。即使十大本土公关公司的平均雇员人数是外资公关公司的 10%,但如果本土公司的收入都还没有达到外资的 1%,那么本土公关公司的员工工作效率是要远比外资公司低的。

其次,"去年中国公关公司市场营业额比前年增长 25%",未必就能推出"未来还会有这样的高速增长"。有可能去年是因为经济过热,公关市场才出现这样一个井喷的"泡沫"期,未来可能会遇到各种增长的瓶颈。

再次,中国与日本在人口结构和消费习惯方面存在着相当大的差异,尤其对于公关这样的城市化程度要求很高的行业而言,中国未必会有如此大的市场规模。所以,简单地将日本的人均公关费用类比到中国,显然犯了类比不当的逻辑谬误。

最后,即使"中国公关市场的营业额将增长到 300 亿元",但也许外资公司就占了绝大部分,而本土公司只占很少一部分,所以很有可能没有任何一家本土公司的营业收入达到 3 000 万元,自然也就得不出"本土公司将胜过外资公司",更加得不出"本土公司将成为世界级的公关公司"。

综上所述,原文在概念、论据和论证过程等诸多方面存在缺陷,因此要想得出材料中的结论,还需要更加严谨的论证。

2005 年 10 月论证有效性分析真题

论证有效性分析:分析下述论证中存在的缺陷和漏洞,选择若干要点,写一篇 600 字左右的文章,对该论证的有效性进行分析和评论。(论证有效性分析的一般要点是:概念特别是核心概念的界定和使用是否准确并前后一致,有无各种明显的逻辑谬误,论证

的论据是否成立并支持结论，结论成立的条件是否充分，等等。）

　　某管理咨询公司最近公布了一份洋快餐行业发展情况的分析报告，对洋快餐在中国的发展趋势给出了相当乐观的预判。

　　该报告指出，过去5年中，洋快餐在大城市中的网点数每年以40%的惊人速度增长，而在中国广大的中小城市和乡镇还有广阔的市场成长空间；照此速度发展下去，预计在未来10年，洋快餐在中国饮食行业的市场占有率将超过20%，成为中国百姓饮食的重要选择。

　　饮食行业的某些人士认为，从营养角度看，长期食用洋快餐对人体健康不利，洋快餐的快速增长会因此受到制约。但该报告指出，洋快餐在中国受到广大消费者，特别是少年儿童消费群体的喜爱。显然，那些认为洋快餐不利健康的观点是站不住脚的。

　　该公司去年在100家洋快餐店内进行了大量问卷调查，结果显示，超过90%的中国消费者认为食用洋快餐对于个人的营养均衡有帮助。而当已经喜爱上洋快餐的未成年人在未来成为更有消费能力的成年群体之后，洋快餐的市场需求将会大幅度跃升。洋快餐长期稳定的产品组合以及产品和服务的标准化迎合了消费者希望获得无差异食品和服务的需要，这也是洋快餐快速发展的重要优势。

　　该报告预测，如果中国式快餐在未来没有较大幅度的发展，洋快餐一定会成为中国饮食行业的霸主。

论证结构

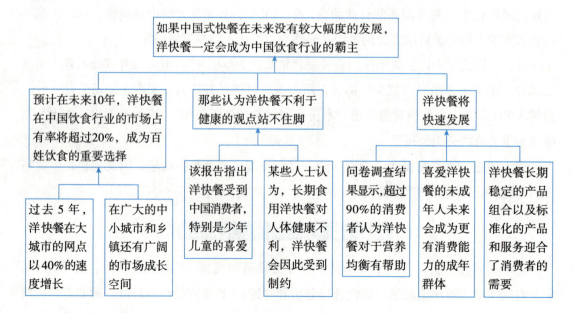

二 论证分析

● 第一组论证

该报告指出，过去 5 年中，洋快餐在大城市中的网点数每年以 40% 的惊人速度增长，而在中国广大的中小城市和乡镇还有广阔的市场成长空间；照此速度发展下去，预计在未来 10 年，洋快餐在中国饮食行业的市场占有率将超过 20%，成为中国百姓饮食的重要选择。

● 找错析错

①过去 5 年，洋快餐在大城市中的网点数的增长速度，并不一定在未来 10 年仍能保持，很可能经过几年的高速增长期之后，现在的网点数已经日趋饱和了。

②洋快餐在大城市中的发展速度快，推不出它将来在中国广大的中小城市和乡镇也会有同样快的发展速度，也许快餐只适合生活节奏很快的大城市，而中小城市的人们更愿意享受中餐。

③仅仅根据"网点数"的增加，难以必然推出"市场占有率"的规模。没有基数的比率是毫无意义的。也许在洋快餐以惊人速度增长的同时，中餐也在高速增长。

● 第二组论证

饮食行业的某些人士认为，从营养角度看，长期食用洋快餐对人体健康不利，洋快餐的快速增长会因此受到制约。但该报告指出，洋快餐在中国受到广大消费者，特别是少年儿童消费群体的喜爱。显然，那些认为洋快餐不利健康的观点是站不住脚的。

● 找错析错

即使洋快餐在中国受到少年儿童消费群体的喜爱，也不足以推出"洋快餐不利健康的观点是站不住脚的"。少年儿童消费群体可能缺乏足够的判断能力，即便出于口味喜欢洋快餐，也并不代表他们认为洋快餐有利于健康。

● 第三组论证

该公司去年在 100 家洋快餐店内进行了大量问卷调查，结果显示，超过 90% 的中国消费者认为食用洋快餐对于个人的营养均衡有帮助。而当已经喜爱上洋快餐的未成年人在未来成为更有消费能力的成年群体之后，洋快餐的市场需求将会大幅度跃升。洋快餐长期稳定的产品组合以及产品和服务的标准化迎合了消费者希望获得无差异食品和服务的需要，这也是洋快餐快速发展的重要优势。

● 找错析错

①在洋快餐店内进行问卷调查很可能会存在严重偏差，因为在洋快餐店内的消费者大多是认同洋快餐的，而那些从不去或很少进洋快餐店的消费者对洋快餐的看法如何是

无从得知的，可能占人群更大比例的后者认为洋快餐不利于人体健康，所以这个统计论证的样本存在问题。

②未成年人在成年之后饮食习惯可能会发生比较大的变化，口味很可能会回归中餐，所以推不出已经喜爱上洋快餐的未成年人在未来成为更有消费能力的成年群体之后，洋快餐的市场需求就会大幅度跃升。

③洋快餐长期稳定的产品组合以及产品和服务的标准化，迎合了消费者希望获得无差异食品和服务的需要，但是也可能因此无法满足别的消费者追求新鲜感的需要。

● **第四组论证（结尾）**

该报告预测，如果中国式快餐在未来没有较大幅度的发展，洋快餐一定会成为中国饮食行业的霸主。

● **找错析错**

中式快餐与洋快餐并不是中国饮食行业的全部，甚至很可能都算不上重要的组成部分，正餐可能占饮食行业90%以上的市场份额。所以，就算洋快餐的市场份额远远超过了中式快餐，洋快餐也未必成为中国饮食行业的霸主，真正的霸主也许还是做中式正餐的商家。

参考范文

洋快餐会成为中国饮食行业的霸主吗

原文通过一系列论证，试图说明"洋快餐一定会成为中国饮食行业的霸主"这个结论成立，但是该论证存在多处缺陷或漏洞，现分析如下：

首先，洋快餐在大城市中的发展速度快，不能推出"它将来在中国广大的中小城市和乡镇也会有同样快的发展速度"。快餐可能只适合生活节奏很快的大城市，而中小城市的人们可能更愿意享受中餐。所以，对于洋快餐在中小城市和乡镇的未来发展状况不能轻易下结论。

其次，在洋快餐店内进行问卷调查，这样的调查样本很可能会存在严重偏差，因为在洋快餐店内的消费者大多是认同洋快餐的，而那些从不去或很少进洋快餐店的消费者对洋快餐的看法如何无从得知，很有可能占人群更大比例的后者认为洋快餐不利于人体健康，所以这个统计论证的理由不具有说服力。

再次，未成年人在成年之后，饮食习惯可能会发生比较大的变化，口味很可能会回归中餐，这是很有可能会发生的。同时，洋快餐可能迎合了消费者希望获得无差异食品和服务的需要，但是也可能因此无法满足别的消费者追求新鲜感的需要。

最后，中式快餐与洋快餐并不是中国饮食行业的全部，甚至很可能都算不上重要的组成部分，正餐可能占饮食行业 90% 以上的市场份额。所以，即使洋快餐的市场份额远远超过了中式快餐，洋快餐也未必能成为中国饮食行业的霸主，真正的霸主也许还是做中式正餐的商家。

综上所述，原文在概念、论据和论证过程等诸多方面存在缺陷，因此要想得出材料中的结论，还需要更加严谨的论证。

2004 年 10 月论证有效性分析真题

论证有效性分析：分析下述论证中存在的缺陷和漏洞，选择若干要点，写一篇 600 字左右的文章，对该论证的有效性进行分析和评论。（论证有效性分析的一般要点是：概念特别是核心概念的界定和使用是否准确并前后一致，有无各种明显的逻辑谬误，论证的论据是否成立并支持结论，结论成立的条件是否充分，等等。）

有两个人在山间打猎，遇到一只凶猛的老虎。其中一个人扔下行囊，撒腿就跑，另一人朝他喊："跑有什么用，你跑得过老虎吗？"头一个人边跑边说："我不需要跑赢老虎，我只要跑赢你就够了！"

这个故事告诉我们，企业经营首先要考虑的是如何战胜竞争对手，因为顾客不是选择你，就是选择你的竞争者，所以只要在满足顾客需求方面比竞争者快一点，你就能够脱颖而出，战胜对手。想要跑得比老虎快，是企业战略幼稚的表现，追求过高的竞争目标会白白浪费企业的大量资源。

一 论证结构

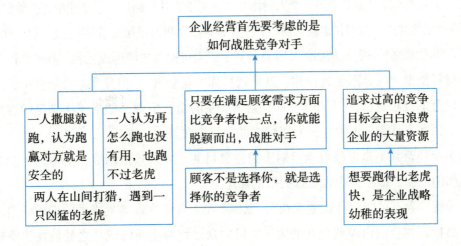

二 论证分析

● **第一组论证**

有两个人在山间打猎,遇到一只凶猛的老虎。其中一个人扔下行囊,撒腿就跑,另一人朝他喊:"跑有什么用,你跑得过老虎吗?"头一个人边跑边说:"我不需要跑赢老虎,我只要跑赢你就够了!"

● **找错析错**

①人在山间遇到老虎,未必就要逃跑。说不准这只老虎并不想伤害人或并不饥饿,所以可能并不需要逃跑。

②即使这只老虎想要吃人,它不一定就不吃那个跑得快的人。可能后面的人爬到树上躲过一劫,而老虎则去追逐前面在地上奔跑的人。

● **第二组论证**

这个故事告诉我们,企业经营首先要考虑的是如何战胜竞争对手,因为顾客不是选择你,就是选择你的竞争者,所以只要在满足顾客需求方面比竞争者快一点,你就能够脱颖而出,战胜对手。想要跑得比老虎快,是企业战略幼稚的表现,追求过高的竞争目标会白白浪费企业的大量资源。

● **找错析错**

①把现实的商业竞争类比为只有两个猎人在进行逃命竞赛,因此推出只有两个企业在展开单一的速度方面的竞争,这是典型的机械类比。在当今社会,企业所进行的竞争是多维度的竞争,涉及价格、质量、服务等多个方面,所以仅仅在满足顾客需求方面比竞争者快一点,未必就可以脱颖而出。

②一个人也不是一定要把另一个人看作是竞争对手,并且超过对手才能生存。他们完全可以通过合作的方式来一起对付老虎。所以,企业和企业之间的相互关系并不必然只有竞争关系,所以首先要考虑的不一定就是如何战胜竞争对手,而可能是如何形成互利共赢的合作关系。

③材料指出"顾客不是选择你,就是选择你的竞争者",但是在企业经营中,这并不是顾客仅有的两种选择。对于两个具有竞争关系的企业来说,如果无法满足顾客提出来的需求,顾客有可能都不选择,所以顾客并非只能在其中二选一。

④企业经营并不是以战胜竞争对手为主要目的,如果只强调战胜对手,可能会造成两败俱伤的局面,最终企业也难逃失败的命运。

⑤即使"人不可能跑得比老虎快",也推不出企业走在顾客需求的前面就是追求过高的竞争目标,就会白白浪费企业的大量资源。众多优秀企业的成功之处就在于发现并满足顾客的潜在需求。

 **参考范文**

想要跑得比老虎快真的幼稚吗

原文通过一系列论证，试图说明"企业经营首先要考虑的是如何战胜竞争对手"这个结论成立，但是该论证存在多处缺陷或漏洞，现分析如下：

首先，一个人并非要把另外一个人看作是竞争对手，并且只有超过他才能生存。他们完全可以通过合作的方式来一起对付老虎。而且，即使这只老虎想要吃人，它不一定就不吃那个跑得快的人。可能后面的人爬到树上躲过一劫，而老虎则去追逐前面在地上奔跑的人。

其次，把现实的商业竞争类比成只有两个猎人在进行逃命竞赛，因此推出只有两个企业在展开单一的速度方面的竞争，这是典型的机械类比。在当今社会，企业竞争是多维度的竞争，涉及价格、质量、服务等方面。所以，仅仅在满足顾客需求方面比竞争者快一点，未必就能脱颖而出。

再次，材料指出"顾客不是选择你，就是选择你的竞争者"，但是在企业经营中，这并不是顾客仅有的两种选择。对于有竞争关系的两个企业来说，如果无法满足顾客提出来的需求，顾客有可能都不选择，所以顾客并非只能在其中二选一。

最后，即使"人不可能跑得比老虎快"，也推不出"企业走在顾客需求的前面就是追求过高的竞争目标，就会白白浪费企业的大量资源"。众多优秀企业的成功之处就在于发现并满足顾客的潜在需求，比如腾讯推出的微信、滴滴推出的打车软件。

综上所述，原文在概念、论据和论证过程等诸多方面存在缺陷，因此要想得出材料中的结论，还需要更加严谨的论证。

第二节 中阶真题精讲

2019 年论证有效性分析真题

论证有效性分析：分析下述论证中存在的缺陷和漏洞，选择若干要点，写一篇600字左右的文章，对该论证的有效性进行分析和评论。（论证有效性分析的一般要点是：概念特别是核心概念的界定和使用是否准确并前后一致，有无各种明显的逻辑谬误，论证的论据是否成立并支持结论，结论成立的条件是否充分，等等。）

有人认为选择越多越快乐。其理由是：人的选择越多就越自由，其自主性就越高，就越感到幸福和满足，所以就越快乐。其实，选择越多可能会越痛苦。

常言道："知足常乐。"一个人知足了才会感到快乐。世界上的事物是无穷的，所以选择也是无穷的。所谓"选择越多越快乐"，意味着只有无穷的选择才能使人感到最快乐。而追求无穷的选择就是不知足，不知足者就不会感到快乐，那就只会感到痛苦。

再说，在做出每一选择时，首先需要我们对各个选项进行考察分析，然后再进行判断决策。选择越多，我们在考察分析选项时势必付出更多的精力，也就势必带来更多的烦恼和痛苦。事实也正是如此。我们在做考卷中的选择题时，选项越多选择起来就越麻烦，也就越感到痛苦。

还有，选择越多，选择时产生失误的概率就越高，由于选择失误而产生的后悔就越多，因而产生的痛苦也就越多。有人因为飞机晚点而后悔没选坐高铁，就是因为可选交通工具多样而造成的。如果没有高铁可选，就不会有这种后悔和痛苦。

退一步说，即使其选择没有绝对的对错之分，也肯定有优劣之分。人们做出某一选择后，可能会觉得自己的选择并非最优而产生懊悔。从这种意义上说，选择越多，懊悔的概率就越大，也就越痛苦。很多股民懊悔自己没有选好股票而未赚到更多的钱，从而痛苦不已，无疑是因为可选购的股票太多造成的。

一 论证结构

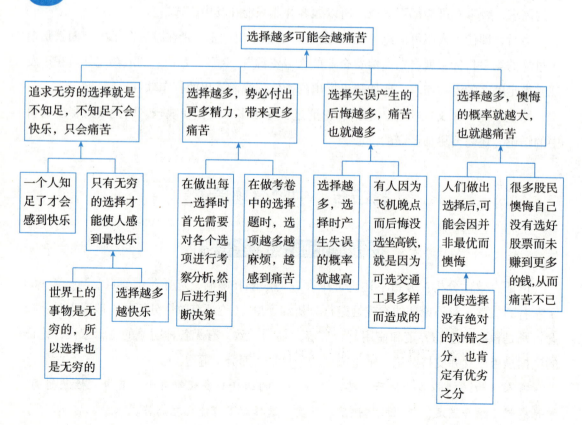

# 论证分析

● **第一组论证**

常言道："知足常乐。"一个人知足了才会感到快乐。世界上的事物是无穷的，所以选择也是无穷的。所谓"选择越多越快乐"，意味着只有无穷的选择才能使人感到最快乐。而追求无穷的选择就是不知足，不知足者就不会感到快乐，那就只会感到痛苦。

● **找错析错**

①"选择越多越快乐"，但选择再多也是有限的，所以并没有题目中所说的"无穷的选择"。

②不感到快乐，未必感到痛苦。快乐与痛苦并不是排他性的矛盾关系，还存在其他的情绪，比如平淡。

● **第二组论证**

在做出每一选择时，首先需要我们对各个选项进行考察分析，然后再进行判断决策。选择越多，我们在考察分析选项时势必付出更多的精力，也就势必带来更多的烦恼和痛苦。事实也正是如此。我们在做考卷中的选择题时，选项越多选择起来就越麻烦，也就越感到痛苦。

● **找错析错**

①在考察分析选项时付出更多的努力，未必带来更多的烦恼和痛苦，也可能带来探索的乐趣。而且，很有可能因为付出的精力足够多，从而化解了选择带来的烦恼和痛苦。

②以在考卷中做选择题来举例并不恰当。做考卷时的痛苦源于对成绩过关的追求，是担心自己的成绩，这就与考察分析选项有很大不同。

● **第三组论证**

选择越多，选择时产生失误的概率就越高，由于选择失误而产生的后悔就越多，因而产生的痛苦也就越多。有人因为飞机晚点而后悔没选坐高铁，就是因为可选交通工具多样而造成的。如果没有高铁可选，就不会有这种后悔和痛苦。

● **找错析错**

①选择越多并不意味失误概率越高，也不意味产生的后悔越多，选择的多少与失误率并不存在正比关系，人们的多种选择可能都是合适的。

②因"飞机晚点而感到后悔和痛苦"的真正原因是"飞机晚点"，而非"可选的交通工具多样"。

● 第四组论证

即使其选择没有绝对的对错之分，也肯定有优劣之分。人们做出某一选择后，可能会觉得自己的选择并非最优而产生懊悔。从这种意义上说，选择越多，懊悔的概率就越大，也就越痛苦。很多股民懊悔自己没有选好股票而未赚到更多的钱，从而痛苦不已，无疑是因为可选购的股票太多造成的。

● 找错析错

①可能人们在经过了多个选择之后，可以从中找到较好的选择，那么并不一定会像题干中所说"觉得自己的选择并非最优而产生懊悔"。

②"股民懊悔没有选好股票而未赚到更多的钱"与"可选购的股票太多"并不构成直接的因果关系。能否在股市赚钱是由市场基本面、公司运营状况、交易时机、股民的专业知识及运气等诸多因素决定的。

 参考范文

选择越多真的越痛苦吗

上述论证通过一系列分析，试图论证"选择越多可能越痛苦"。但是，该论证在论证方法上和推理过程中都存在诸多不妥之处，分析如下：

首先，"选择越多越快乐"，但事实上选择再多也是有限的，所以并没有"无穷的选择"。因此，选择者不可能去追求无穷的选择，也就不足以推出"不知足"。况且，虽然"知足常乐"，但不知足者不见得一定就"只会感到痛苦"。快乐和痛苦并不是非黑即白的关系，人可能有别的情绪。

其次，考察分析更多的选项时，虽然要付出更多的精力，但也可能带来探索的乐趣，所以未必带来更多的烦恼和痛苦。而且，将日常生活中的选择与考试中的选择题作比较并不恰当。考试中的选择题是有标准答案的，而生活中的选择可能有优劣之分，但很多时候并无对错之别，甚至不可能完美。

再次，人们的多种选择可能都是合适的，选择的多少与失误率并不存在正比关系，所以未必能推出"选择越多，选择时产生失误的概率就越高"。此外，因"飞机晚点而感到后悔和痛苦"的真正原因是飞机晚点，而非"可选的交通工具多样"。

最后，"股民懊悔没有选好股票而未赚到更多的钱"与"可选购的股票太多"并不构成直接的因果关系。能否在股市赚钱是由市场基本面、公司运营状况、交易时机、股民的专业知识及运气等诸多因素决定的。因此，不能由该论证推出"选择越多，懊悔的概率越大"。

综上所述，原文在概念、论据和论证过程等诸多方面存在缺陷，因此要想得出材料中的结论，还需要更加严谨的论证。

2017年论证有效性分析真题

论证有效性分析：分析下述论证中存在的缺陷和漏洞，选择若干要点，写一篇600字左右的文章，对该论证的有效性进行分析和评论。（论证有效性分析的一般要点是：概念特别是核心概念的界定和使用是否准确并前后一致，有无各种明显的逻辑谬误，论证的论据是否成立并支持结论，结论成立的条件是否充分，等等。）

如果我们把古代荀子、商鞅、韩非等人的一些主张归纳起来，可以得出如下一套理论：

人的本性是"好荣恶辱，好利恶害"的。所以人们都会追求奖赏，逃避刑罚。因此拥有足够权力的国君只要利用赏罚就可以把臣民治理好了。

既然人的本性是好利恶害的，那么在选拔官员时，既没有可能也没有必要去寻求那些不求私利的廉洁之士，因为世界上根本不存在这样的人。廉政建设的关键其实只在于任用官员之后有效地防止他们以权谋私。

怎样防止官员以权谋私呢？国君通常依靠设置监察官的方法，这种方法其实是不合理的。因为监察官也是人，也是好利恶害的。所以依靠监察官去制止其他官吏以权谋私就是让一部分以权谋私者去制止另一部分人以权谋私，结果只能使他们共谋私利。

既然依靠设置监察官的方法不合理，那么依靠什么呢？可以利用赏罚的方法来促使臣民去监督。谁揭发官员的以权谋私就奖赏谁，谁不揭发官员的以权谋私就惩罚谁，臣民出于好利恶害的本性就会揭发官员的以权谋私。这样，以权谋私的罪恶行为就无法藏身，就是最贪婪的人也不敢以权谋私了。

一 论证结构

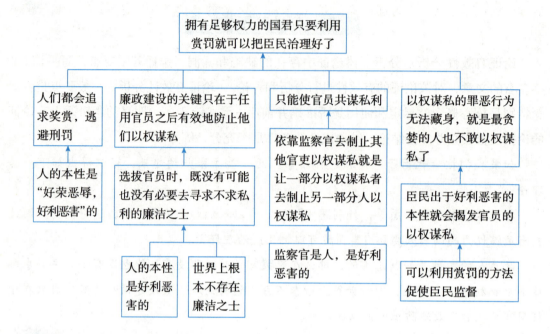

二 论证分析

● 第一组论证

人的本性是"好荣恶辱,好利恶害"的。所以人们都会追求奖赏,逃避刑罚。因此拥有足够权力的国君只要利用赏罚就可以把臣民治理好了。

● 找错析错

①人的本性是"好荣恶辱,好利恶害"的,但人的本性并不能等同于人的行为,不必然推出任何人在任何时候都会追求奖赏、逃避刑罚。

②国君仅利用赏罚不足以把臣民治理好,臣民治理还需要公民教育、宣传引导、法律法规等措施。

● 第二组论证

既然人的本性是好利恶害的,那么在选拔官员时,既没有可能也没有必要去寻求那些不求私利的廉洁之士,因为世界上根本不存在这样的人。廉政建设的关键其实只在于任用官员之后有效地防止他们以权谋私。

● 找错析错

①"世界上根本不存在廉洁之士"这个判断不准确,中国历史上的狄仁杰、包拯、

海瑞等就是廉洁之士。

②"廉政建设的关键只在于任用官员之后有效地防止他们以权谋私",这个判断太过绝对,也不能成立,因为这直接否定了最初选拔环节的价值。在选拔官员时,对于官员道德的甄别也是很重要的。

● 第三组论证

怎样防止官员以权谋私呢?国君通常依靠设置监察官的方法,这种方法其实是不合理的。因为监察官也是人,也是好利恶害的。所以依靠监察官去制止其他官吏以权谋私就是让一部分以权谋私者去制止另一部分人以权谋私,结果只能使他们共谋私利。

● 找错析错

①"监察官是好利恶害的"不等同于"监察官是以权谋私者",好利恶害和以权谋私是两个具有不同内涵的概念。好利恶害是喜好利益、厌恶危害,是中性词;以权谋私是以公权谋私利,是犯罪行为,是贬义词。

②"监察官是好利恶害的"不必然推出"监察官与其他官吏共谋私利",监察官有可能和官员串谋,但这只是可能而已,而不是必然的,而试题材料却错误地把可能性当成必然性。

● 第四组论证

既然依靠设置监察官的方法不合理,那么依靠什么呢?可以利用赏罚的方法来促使臣民去监督。谁揭发官员的以权谋私就奖赏谁,谁不揭发官员的以权谋私就惩罚谁,臣民出于好利恶害的本性就会揭发官员的以权谋私。这样,以权谋私的罪恶行为就无法藏身,就是最贪婪的人也不敢以权谋私了。

● 找错析错

①"设置监察官的方法不合理"不必然推出"利用赏罚的方法来促使臣民去监督"这种方法合理,因为臣民与官员之间也有可能会相互包庇,而且还有其他监督措施,比如检举箱、制定相关法律法规等措施。

②利用臣民监督的措施不足以根治官员的以权谋私,臣民因其信息获取量不足和监察专业度不够,难以有效监督官员,这个判断放大了臣民揭发的作用,单有此法并不能产生根治以权谋私的效果。

③即使以权谋私的罪恶行为无法藏身,但如果贪官污吏不受到严厉的惩罚或犯罪成本很低,那么这些人还会以权谋私。

 参考范文

赏罚就可以治理好臣民吗

原文通过一系列论证，试图说明"只要利用赏罚就可以把臣民治理好"这个结论成立，但是该论证存在多处缺陷或漏洞，现分析如下：

首先，人的本性是"好荣恶辱，好利恶害"的，不必然推出都会追求奖赏、逃避刑罚。人的本性不能等同于行为，由于后天的教育或环境影响，人们未必"都"会追求奖赏、逃避刑罚。此外，国君利用赏罚不足以把臣民治理好，臣民治理还需要公民教育、法律法规等措施。

其次，由于法律和道德的约束，廉洁之士是存在的，不能由"人的本性好利恶害"推出没有可能找到廉洁之士。此外，"廉政建设的关键只在于任用官员之后有效地防止他们以权谋私"，这个判断太过绝对，选拔官员时，对于官员好坏的甄别也是很重要的。

再次，"监察官是好利恶害的"不等同于"监察官是以权谋私者"。监察官即使欲利，但由于本身职责的限制，加上和其他官员共谋私利也要具备一定的条件，所以未必会和其他官员共谋私利，说"只能使他们共谋私利"的判断过于绝对，更不能据此来否定设置监察官的合理性。

最后，"利用赏罚的方法"未必就能使以权谋私的罪恶行为无法藏身，因为揭发的前提是对其以权谋私的事实都了解，而臣民未必都了解。而且，即使以权谋私的罪恶行为无法藏身，但如果不受到严厉的惩罚或犯罪成本很低，那么这些人还是会以权谋私。

综上所述，原文在概念、论据和论证过程等诸多方面存在缺陷，因此要想得出"只要利用赏罚就可以把臣民治理好"这个结论，还需要更加严谨的论证。

2011年论证有效性分析真题

论证有效性分析：分析下述论证中存在的缺陷和漏洞，选择若干要点，写一篇600字左右的文章，对该论证的有效性进行分析和评论。（论证有效性分析的一般要点是：概念特别是核心概念的界定和使用是否准确并前后一致，有无各种明显的逻辑谬误，论证的论据是否成立并支持结论，结论成立的条件是否充分，等等。）

如果你要从股市中赚钱，就必须低价买进股票，高价卖出股票，这是人人都明白的基本道理。但是问题的关键在于如何判断股价的高低。只有正确地判断股价的高低，上述的基本道理才有意义，否则就毫无实用价值。

股价的高低是一个相对的概念，只有通过比较才能显现。一般来说，要正确判断某

一股票的价格高低，唯一的途径就是看它的历史表现。但是有人在判断当前某一股价的高低时，不注重股票的历史表现，而只注重股票今后的走势，这是一种危险的行为，因为股票的历史表现是一种客观事实，客观事实具有无可争辩的确定性；股票的今后走势只是一种主观预测，主观预测具有极大的不确定性。我们怎么可以只凭主观预测而不顾客观事实呢？

再说，股价的未来走势充满各种变数，它的涨和跌不是必然的，而是或然的。我们只能借助概率进行预测。假如宏观经济、市场态势和个股表现均好，它的上涨概率就大；假如宏观经济、市场态势和个股表现均不好，它的上涨概率就小；假如宏观经济、市场态势和个股表现不相一致，它的上涨概率就需要酌情而定。

由此可见，要从股市获取利益，第一是要掌握股价涨跌的概率；第二还是要掌握股价涨跌的概率；第三也还是要掌握股价涨跌的概率。掌握了股价涨跌的概率，你就能赚钱；否则，你就会赔钱。

一 论证结构

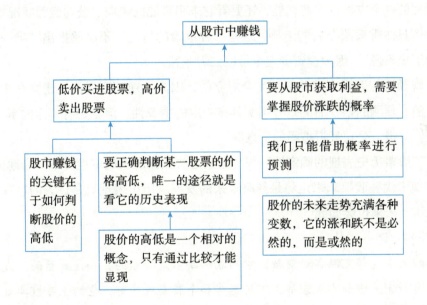

二 论证分析

● 第一组论证

如果你要从股市中赚钱，就必须低价买进股票，高价卖出股票，这是人人都明白的基本道理。但是问题的关键在于如何判断股价的高低。只有正确地判断股价的高低，上述的基本道理才有意义，否则就毫无实用价值。

● 找错析错

①低价买进、高价卖出需要掌握股价的涨跌，股价高低与股价涨跌是两个不同的概念，不能以股价高低代替股价涨跌。

②从股市中赚钱并非必须低价买进股票，高价卖出股票。股票分红也是股票赚钱的途径之一。

● 第二组论证

股价的高低是一个相对的概念，只有通过比较才能显现。一般来说，要正确判断某一股票的价格高低，唯一的途径就是看它的历史表现。但是有人在判断当前某一股价的高低时，不注重股票的历史表现，而只注重股票今后的走势，这是一种危险的行为，因为股票的历史表现是一种客观事实，客观事实具有无可争辩的确定性；股票的今后走势只是一种主观预测，主观预测具有极大的不确定性。我们怎么可以只凭主观预测而不顾客观事实呢？

● 找错析错

①正确判断某一股票的价格高低的途径并非只有看它的历史表现这一条。历史表现只是个股研究的一个方面，除此之外，还要看它未来可能的走向、公司经营状况等因素。

②由"只注重股票今后的走势，这是一种危险的行为"不必然推出"唯一的途径就是看它的历史表现"，因为投资者完全可以二者兼顾。

③主观预测与客观事实并不是完全对立的，因为主观预测往往是建立在相应的客观事实之上的。预测股票今后的走势确实具有一定的主观性，但也是有一定的事实依据的，比如年报、月报、公司最近披露的信息等。

④将"股票历史表现的确定性"与"股票走势预测的不确定性"不恰当地进行比较，以历史表现来代替股票未来走势是忽略未来的发展。历史表现只是过去的客观事实，不能简单地认为未来也会如此。

● 第三组论证

股价的未来走势充满各种变数，它的涨和跌不是必然的，而是或然的。我们只能借助概率进行预测。假如宏观经济、市场态势和个股表现均好，它的上涨概率就大；假如宏观经济、市场态势和个股表现均不好，它的上涨概率就小；假如宏观经济、市场态势和个股表现不相一致，它的上涨概率就需要酌情而定。

● 找错析错

①材料前文说"正确判断某一股票的价格高低，唯一的途径是看它的历史表现"，然而后文又说"只能借助概率对股价未来的走势进行预测"，显然自相矛盾。

②"宏观经济、市场态势和个股表现"只是决定股票价格的部分因素，与股票价

格并不是简单的线性关系，判断股票价格的涨跌还需要考虑其他因素，比如公司经营状况。

● 第四组论证

要从股市获取利益，第一是要掌握股价涨跌的概率；第二还是要掌握股价涨跌的概率；第三也还是要掌握股价涨跌的概率。掌握了股价涨跌的概率，你就能赚钱；否则，你就会赔钱。

● 找错析错

材料前文说"股价的涨和跌不是必然的，而是或然的"，然而后文又说"掌握了股价涨跌的概率，你就能赚钱；否则，你就会赔钱"。一件事情有概率发生，不等于这件事必然发生，因此不能通过概率确定股价的涨跌。所以，前后表述显然自相矛盾。

三 参考范文

掌握股价涨跌概率就能赚钱有待商榷

原文通过一系列论证，试图说明"掌握了股价涨跌的概率就能赚钱"这个结论成立，但是该论证存在多处缺陷或漏洞，现分析如下：

首先，低价买进、高价卖出需要掌握股价的涨跌，股价高低与股价涨跌是两个不同的概念，不能以股价高低代替股价涨跌。此外，从股市中赚钱并非必须低价买进股票，高价卖出股票。股票分红也是股票赚钱的途径之一。

其次，正确判断某一股票的价格高低的途径并非只有看它的历史表现这一条。作者忽视了其他条件。历史表现只是个股研究的一个方面，除此之外，还要看它未来可能的走向、自身的价值以及该公司现在的经营状况、未来资产重组等各种因素。

再次，材料前文说"正确判断某一股票的价格高低，唯一的途径是看它的历史表现"，然而后文又说"只能借助概率对股价未来的走势进行预测"，显然自相矛盾。同时，对于股价的未来走势，也并不是"只能借助概率进行预测"，还需要结合公司经营状况、社会经济环境、国家宏观政策等多方面因素进行考虑。

最后，材料前文说"股价的涨和跌不是必然的，而是或然的"，然而后文又说"掌握了股价涨跌的概率，你就能赚钱；否则，你就会赔钱"。一件事情有概率发生，不等于这件事必然发生，因此不能通过概率确定股价的涨跌。所以，前后表述显然自相矛盾。

综上所述，原文在概念、论据和论证过程等诸多方面存在缺陷，因此要想得出"掌握了股价涨跌的概率就能赚钱"这个结论，还需要更加严谨的论证。

2009年论证有效性分析真题

论证有效性分析：分析下述论证中存在的缺陷和漏洞，选择若干要点，写一篇600字左右的文章，对该论证的有效性进行分析和评论。（论证有效性分析的一般要点是：概念特别是核心概念的界定和使用是否准确并前后一致，有无各种明显的逻辑谬误，论证的论据是否成立并支持结论，结论成立的条件是否充分，等等。）

1 000是100的十倍，但是当分母大到上百亿的时候，作为分子的这两个数的差别就失去了意义。在知识经济时代，任何人所掌握的知识，都只是沧海一粟，这使得在培养与选拔人才时，知识尺度已变得毫无意义。

现代网络技术可以使你在最短的时间里查询到你所需要的任何知识信息，有的大学毕业生因此感叹何必要为学习各种知识数年寒窗，这并非无道理。传授知识不应当成为教育，特别是高等教育的功能。学习知识需要记忆。记忆能力，是浅层次的大脑功能。人们在思维方面的差异，不在于能记住什么，而在于能提出什么。教育的真正目标，是培养批判性思维与创造性思维能力。知识与此种能力之间并没有实质性联系，否则难以解释，与爱因斯坦具有相同知识背景的人多的是，为什么唯独他发现了相对论。硕士、博士等知识头衔的实际价值正在遭受有识之士的质疑，就是这个道理。

"知识就是力量"这个曾经号召了几代人的口号，正在成为空洞的历史回声，这其实是时代的进步。

一 论证结构

二 论证分析

● 第一组论证

1 000 是 100 的十倍，但是当分母大到上百亿的时候，作为分子的这两个数的差别就失去了意义。在知识经济时代，任何人所掌握的知识，都只是沧海一粟，这使得在培养与选拔人才时，知识尺度已变得毫无意义。

● 找错析错

①材料列举数字的例子与掌握知识的事情不应该进行简单类比。数字差异在扩大后失去意义并不意味着知识信息爆炸后掌握知识没有意义，两者没有任何类比的基础，所以无法做出推断。

②任何人所掌握的知识，都只是沧海一粟，这并不意味着知识尺度毫无意义。因为绝大部分问题的解决不需要人类所有的知识，而只需要某些特定领域的知识，所以知识尺度还是有意义的。

● 第二组论证

现代网络技术可以使你在最短的时间里查询到你所需要的任何知识信息，有的大学毕业生因此感叹何必要为学习各种知识数年寒窗，这并非无道理。传授知识不应当成为教育，特别是高等教育的功能。学习知识需要记忆。记忆能力，是浅层次的大脑功能。人们在思维方面的差异，不在于能记住什么，而在于能提出什么。

● 找错析错

①现代网络技术的发达推不出大学毕业生不必学习各种知识。因为查询、甄别、选择我们所需要的信息，这本身就需要一定的知识为前提，而且学习各种知识不只是为了死记硬背这些知识，学习的过程也是训练自己理解能力和思维能力的过程。

②由"记忆是浅层次的大脑功能"推不出"人们在思维方面的差异，不在于能记住什么，而在于能提出什么"。因为毫无记忆和知识的人显然提不出任何有价值的东西，记忆是思维的基础。

● 第三组论证

教育的真正目标，是培养批判性思维与创造性思维能力。知识与此种能力之间并没有实质性联系，否则难以解释，与爱因斯坦具有相同知识背景的人多的是，为什么唯独他发现了相对论。硕士、博士等知识头衔的实际价值正在遭受有识之士的质疑，就是这个道理。

● 找错析错

①爱因斯坦的例子只能说明知识并不是批判性思维与创造性思维能力的充分条

件，推不出它们之间没有实质性联系。如果爱因斯坦没有知识，那么他根本不可能发现相对论。

②硕士、博士等知识头衔的实际价值受到有识之士的质疑，推不出知识与能力没有实质性联系。知识头衔受到质疑，质疑的是硕士、博士的培养体制，质疑的是求学浮躁、缺乏扎实的学术研究精神，而不是质疑知识与能力之间的关系。

● **第四组论证（结尾）**

"知识就是力量"这个曾经号召了几代人的口号，正在成为空洞的历史回声，这其实是时代的进步。

● **找错析错**

论证偏题，前文论证只是针对像"培养与选拔人才"这样的具体场景，并不涉及知识对于人类社会与时代发展的价值判断，因此不足以推出"知识就是力量"正在成为空洞的历史回声。

参考范文

"知识就是力量"成为历史回声了吗

原文通过一系列论证，试图说明"'知识就是力量'正在成为历史回声"这个结论成立，但是该论证存在多处缺陷或漏洞，现分析如下：

首先，材料中列举数字的例子与掌握知识的事情不应进行简单的类比。两者适用范围不同，数字差异在扩大后失去意义，并不意味着知识信息爆炸后掌握的知识就没有意义，两者没有任何类比的基础，所以无法做出推断。

其次，"现代网络技术的发达"推不出"大学毕业生不必学习各种知识"。因为查询、甄别、选择我们所需要的信息，这本身就需要一定的知识作为前提，而且学习各种知识不只是为了死记硬背，而是为了在学习知识的基础上进行运用和创新，投入知识的实践之中。

再次，爱因斯坦的例子只能说明知识并不是培养批判性思维与创造性思维能力的充分条件，但推不出"知识与此种能力之间没有实质性联系"。如果爱因斯坦没有知识，那么他根本不可能发现相对论。相对论作为一个颠覆传统的物理科学原理，它的发现需要雄厚的物理学知识作理论支撑。

最后，硕士、博士等知识头衔的实际价值正在遭受有识之士的质疑，推不出"知识与能力没有实质性联系"。知识头衔受到质疑，质疑的是硕士、博士的培养体制，质疑的是求学浮躁、缺乏扎实的学术研究精神，而不是质疑知识与能力之间的关系。

综上所述，原文在概念、论据和论证过程等诸多方面存在缺陷，因此要想得出"'知识就是力量'正在成为历史回声"这个结论，还需要更加严谨的论证。

2008年论证有效性分析真题

论证有效性分析：分析下述论证中存在的缺陷和漏洞，选择若干要点，写一篇600字左右的文章，对该论证的有效性进行分析和评论。（论证有效性分析的一般要点是：概念特别是核心概念的界定和使用是否准确并前后一致，有无各种明显的逻辑谬误，论证的论据是否成立并支持结论，结论成立的条件是否充分，等等。）

甲：有人以中医不能被西方人普遍接受为理由，否定中医的科学性，我不赞同。西方人不能普遍接受中医是因为他们不理解中国的传统文化。

乙：世界上有不同的文化，但科学标准是相同的。科学研究的对象是普适的自然规律，因此，科学没有国界，科学的发展不受民族或文化因素的影响。将中医的科学地位不为西方科学界认可归咎于西方人不了解中国文化，是荒唐的。

甲："科学无国界"是广为流传的谬误，如果科学真的无国界，为什么外国制药公司会诉讼中国企业侵犯其知识产权？

乙：从科学角度看，现代医学以生物学为基础，而生物学又建立在物理、化学等学科的基础之上。但中医不以这些学科为基础，因此，它与科学不兼容，这样的东西只能是伪科学。

甲：中医有几千年的历史了，治好了那么多人，怎么可能是伪科学？人们为什么崇尚科学？是因为科学对人类有用。既然中医对人类有用，凭什么说它不是科学？西医自然有长于中医的地方，但中医同样有长于西医之处。中医体现了对人体完整系统的把握，强调整体观念、系统思维，这是西医所欠缺的。

乙：我去医院看西医，人家用现代科技手段从头到脚给我检查一遍，怎么能说没有整体观念、系统思维呢？中医在中国居于主导地位的时候，中国人的平均寿命在古代和近代都只有三十岁左右；现代中国人的平均寿命提高到七十岁左右，完全拜现代医学所赐。

一 论证结构

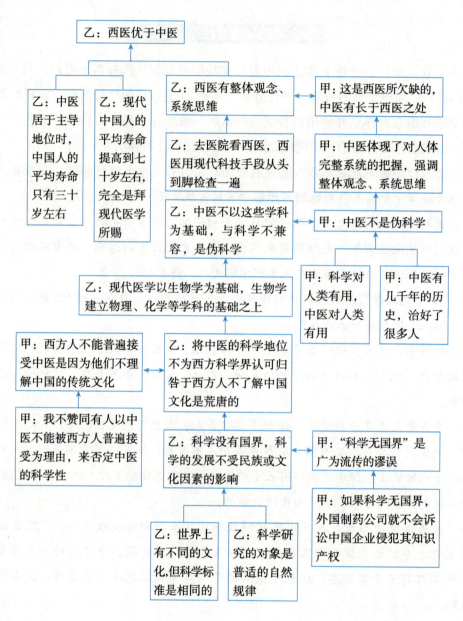

二 论证分析

● 第一组论证

甲：有人以中医不能被西方人普遍接受为理由，否定中医的科学性，我不赞同。西方人不能普遍接受中医是因为他们不理解中国的传统文化。

乙：世界上有不同的文化，但科学标准是相同的。科学研究的对象是普适的自然规律，因此，科学没有国界，科学的发展不受民族或文化因素的影响。将中医的科学地位不为西方科学界认可归咎于西方人不了解中国文化，是荒唐的。

● 找错析错

①由"西方人不理解中国传统文化"不足以推出"西方人不能普遍接受中医"。西方人不能普遍接受中医，可能是由很多原因共同导致的，比如不符合西方人的传统认知、与西方现在的科学体系不相容。

②由"科学研究的对象是普适的自然规律"推不出"科学的发展不受民族或文化因素的影响"。研究对象是普适的，但是作为研究主体的人类毕竟受到不同文化和信仰的影响，任何科学研究者毫无疑问都会被打上自己民族和文化的烙印。

● 第二组论证

甲："科学无国界"是广为流传的谬误，如果科学真的无国界，为什么外国制药公司会诉讼中国企业侵犯其知识产权？

乙：从科学角度看，现代医学以生物学为基础，而生物学又建立在物理、化学等学科的基础之上。但中医不以这些学科为基础，因此，它与科学不兼容，这样的东西只能是伪科学。

● 找错析错

①甲根据外国制药公司诉讼中国企业侵犯其知识产权，来反驳乙说的"科学无国界"，存在概念混淆的逻辑谬误。因为乙说的是"科学标准"无国界，而不是科学的"知识产权"无国界，这是两个不同的概念。

②由"现代医学以生物学为基础，而生物学又建立在物理、化学等学科的基础之上"无法推出"不以这些学科为基础就与科学不兼容"，只能说明与现代医学不兼容，而非与科学不兼容。材料只说到了"从科学角度看"，从未提到"只有以这些学科为基础的才是科学"。

③即便中医与现代科学不兼容，也不能推出它是伪科学。科学与伪科学的关系不是非此即彼的矛盾关系，世界上还有大量的非科学领域，比如音乐、文学、宗教。

● 第三组论证

甲：中医有几千年的历史了，治好了那么多人，怎么可能是伪科学？人们为什么崇尚科学？是因为科学对人类有用。既然中医对人类有用，凭什么说它不是科学？西医自然有长于中医的地方，但中医同样有长于西医之处。中医体现了对人体完整系统的把握，强调整体观念、系统思维，这是西医所欠缺的。

乙：我去医院看西医，人家用现代科技手段从头到脚给我检查一遍，怎么能说没整体观念、系统思维呢？中医在中国居于主导地位的时候，中国人的平均寿命在古代和近代都只有三十岁左右；现代中国人的平均寿命提高到七十岁左右，完全拜现代医学所赐。

● 找错析错

①科学对人类有用，中医也对人类有用，但是仅凭这个共同点说明不了两者的关系，无法推出中医就是科学。

②西医用现代科技手段对病人做全身检查不一定就能推出西医也有整体观念和系统思维。因为系统绝不是各个部分简单、机械地相加，而是由相互作用的若干组成部分结合而成的，是具有特定功能的有机整体。

③根据中国人的平均寿命过去短、现在长，推不出西医比中医科学。中国人的平均寿命提高除了有西医的原因，也有战争减少、粮食增产、医疗水平提高等原因。

参考范文

有待商榷的中医科学性

原文甲、乙双方通过一系列论证，试图证明自己的观点正确，但是双方的论证均存在多处缺陷或漏洞，具体分析如下：

首先，由"科学研究的对象是普适的自然规律"推不出"科学的发展不受民族或文化因素的影响"。研究对象是普适的，但是作为研究主体的人类毕竟受到不同文化和信仰的影响，任何科学研究者毫无疑问都会被打上自己民族和文化的烙印，所以科学研究者会受民族或文化因素的影响。

其次，甲根据外国制药公司诉讼中国企业侵犯其知识产权，来反驳乙说的"科学无国界"，存在概念混淆的逻辑谬误。因为乙说的是"科学标准"无国界，而不是科学的"知识产权"无国界，这是两个不同的概念，内涵有很大的差异性。所以，甲不能由此得出"'科学无国界'是广为流传的谬误"。

再次，即使中医与现代科学不兼容，也不能推出它是伪科学。科学与伪科学的关系不是非此即彼的矛盾关系，世界上还有大量的非科学领域，比如音乐、文学、宗教。不能因为中医不以生物学、物理、化学等这些学科为基础，就推出"中医与科学不兼容，中医只能是伪科学"。

最后，"西医用现代科技手段对病人做全身检查"不一定就能推出"西医也有整体观念、系统思维"。因为系统绝不是各个部分简单、机械地相加，而是由相互作用、相互依赖的若干组成部分结合而成的，是具有特定功能的有机整体。所以，西医并不具有中医的整体观念和系统思维。

综上所述，原文在概念、论据和论证过程等诸多方面均存在缺陷，甲乙双方若想证明自己所提观点正确，还需要更加严谨的论证。

2003年10月论证有效性分析真题

论证有效性分析：分析下述论证中存在的缺陷和漏洞，选择若干要点，写一篇600字左右的文章，对该论证的有效性进行分析和评论。（论证有效性分析的一般要点是：概念特别是核心概念的界定和使用是否准确并前后一致，有无各种明显的逻辑谬误，论证的论据是否成立并支持结论，结论成立的条件是否充分，等等。）

把蜜蜂和苍蝇放进一只平放的玻璃瓶，使瓶底对着光亮处，瓶口对着暗处。结果，有目标地朝着光亮拼命扑腾的蜜蜂最终衰竭而死，而无目的地乱窜的苍蝇竟都溜出细口瓶颈逃生。是什么葬送了蜜蜂？是它对既定方向的执着，是它对趋光习性这一规则的遵循。

当今企业面临的最大挑战是经营环境的模糊性与不确定性。对于高科技企业来说，哪怕只预测几个月后的技术趋势都是件浪费时间的徒劳之举，就像蜜蜂或苍蝇一样，企业经常面临一个像玻璃瓶那样的不可思议的环境。蜜蜂实验告诉我们，在充满不确定性的经营环境中，企业需要的不是朝着既定方向的执着努力，而是在随机试错的过程中寻求生路，不是对规则的遵循而是对规则的突破。在一个经常变化的世界里，混乱的行动所得到的结果比有序的努力所导致的衰亡要好得多。

一 论证结构

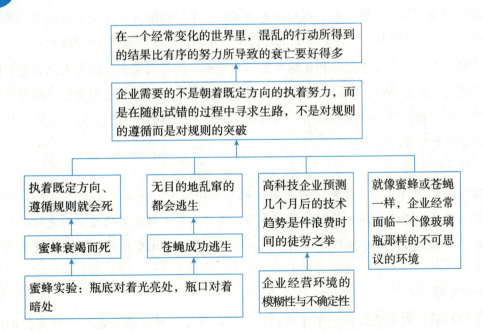

二 论证分析

● 第一组论证

把蜜蜂和苍蝇放进一只平放的玻璃瓶，使瓶底对着光亮处，瓶口对着暗处。结果，有目标地朝着光亮拼命扑腾的蜜蜂最终衰竭而死，而无目的地乱窜的苍蝇竟都溜出细口瓶颈逃生。是什么葬送了蜜蜂？是它对既定方向的执着，是它对趋光习性这一规则的遵循。

● 找错析错

仅仅根据特定环境下的一次实验就试图推出一个普遍的结论，有些妄加评判。假设一开始瓶口就对着光亮处，那么遵循"对着光亮处飞"这种规则的蜜蜂就很有可能要比无规则乱飞的苍蝇更早地逃生。

● 第二组论证

当今企业面临的最大挑战是经营环境的模糊性与不确定性。对于高科技企业来说，哪怕只预测几个月后的技术趋势都是件浪费时间的徒劳之举，就像蜜蜂或苍蝇一样，企业经常面临一个像玻璃瓶那样的不可思议的环境。

● 找错析错

①环境变化确实会导致某种程度的模糊性与不确定性，但运动和变化不是杂乱无章的，而是遵循一定因果关系和客观规律的。所以基于客观规律之上的理性预测，对企业的成功经营是有一定的指导意义的。

②技术预测具有不确定性，不意味着技术趋势不可预测，因此也不能说进行预测是件浪费时间的徒劳之举。可预测时间的长短不能作为否定预测必要性的根据。

③将企业简单地比作蜜蜂和苍蝇，犯了类比不当的逻辑谬误，因为人具有它们所不具有的理性。凭借理性，人既不会像蜜蜂那样机械地遵循规则，也不会像苍蝇那样毫无规则地乱撞，而是会不断地在某些传统规则的基础上，打破过时的无效的规则，从而可以更好地找到解决问题的办法。

● 第三组论证

蜜蜂实验告诉我们，在充满不确定性的经营环境中，企业需要的不是朝着既定方向的执着努力，而是在随机试错的过程中寻求生路，不是对规则的遵循而是对规则的突破。在一个经常变化的世界里，混乱的行动所得到的结果比有序的努力所导致的衰亡要好得多。

● 找错析错

①材料前文说企业面临一个像玻璃瓶一样的环境，玻璃瓶的瓶口和光亮处的位置

是确定不变的,但材料后文又说企业面临的经营环境是充满不确定性的,显然前后互相否定。

②在具有模糊性与不确定性的经营环境中,虽然企业用随机试错的方法有可能取得成功,但企业基于经济、技术发展规律而做出的理性决策,其成功的概率更大。而且在充满不确定性的经营环境中,企业需要根据环境的变化调整方向,但方向的调整需要理性分析而不是随机试错,更不能否定企业朝着既定方向做出的执着努力。

③对规则的突破不意味着不遵循任何规则。在突破旧规则的同时,要创建并遵循新的规则。企业面对经营环境的不确定性时不能机械地遵循规则,这个正确的观点被偷换为企业面对经营环境的不确定性时不遵循任何规则。

④在一个经常变化的世界里,混乱的行动和有序的衰亡并不是两种仅有的选择。没有理由因为反对有序的衰亡而提倡混乱的行动,两者不是排他性的矛盾关系,而是存在其他可能性的反对关系。

 参考范文

企业经营不需要遵循任何规则吗

原文通过一系列论证,试图说明"企业需要的不是对规则的遵循而是对规则的突破"这个结论成立,但是该论证存在多处缺陷或漏洞,现分析如下:

首先,仅仅根据特定环境下的一次实验,就试图推出一个普遍的结论,实际上并不具有说服力。假设一开始瓶口就对着光亮处,那么遵循"对着光亮处飞"这种规则的蜜蜂就很有可能要比无规则乱飞的苍蝇更早地逃生。

其次,将企业简单地比作蜜蜂和苍蝇,这个类比并不恰当,因为人具有它们所不具有的理性。凭借着理性,人既不会像蜜蜂那样机械地遵循规则,也不会像苍蝇那样毫无规则地乱撞,而是会在某些传统规则的基础上,打破过时的、无效的规则,从而可以更好地找到解决问题的办法。

再次,在具有模糊性与不确定性的经营环境中,虽然企业用随机试错的方法有可能取得成功,但企业基于规律做出的理性决策,其成功的概率将会更大。而且在充满不确定性的经营环境中,企业需要根据环境的变化调整方向,但方向的调整需要理性分析而不是随机试错,更不能否定企业朝着既定方向做出的执着努力。

最后,"对规则的突破"不意味着"不遵循任何规则"。在突破旧规则的同时,要创建并遵循新的规则。企业面对经营环境的不确定性时不能机械地遵循规则,这个正确的观点被偷换为企业面对经营环境的不确定性时不遵循任何规则。

综上所述，原文在概念、论据和论证过程等诸多方面存在缺陷，因此要想得出"企业需要的不是对规则的遵循而是对规则的突破"这个结论，还需要更加严谨的论证。

2012年10月论证有效性分析真题

论证有效性分析：分析下述论证中存在的缺陷和漏洞，选择若干要点，写一篇600字左右的文章，对该论证的有效性进行分析和评论。（论证有效性分析的一般要点是：概念特别是核心概念的界定和使用是否准确并前后一致，有无各种明显的逻辑谬误，论证的论据是否成立并支持结论，结论成立的条件是否充分，等等。）

某县县长在任职四年后的述职大会上说："'不偷懒、不贪钱、不贪色、不整人'，今天可以坦然地说，我兑现了四年前在人大会上的承诺。"接着，他总结了四年工作的主要成绩与存在的问题。报告持续了一个多小时。

几天后，关于"四不"的承诺在网上传开，引起多人热烈讨论，赞赏和质疑的观点互不相让。主要的质疑有以下几种。

质疑之一："不偷懒、不贪钱、不贪色、不整人"是普通公务员都要坚持的职业底线，何以成为官员的公开承诺？如果那样，"不偷、不抢、喝酒不开车、开车不闯红灯"都应该属于承诺之列了？！

质疑之二：不管是承诺"四不"还是"八不"，承诺本身就值得怀疑。俗话说"会说话的不如会干的""事实胜于雄辩"。有本事就干出个样子让群众看看，还没有干就先来一番承诺，有作秀之嫌。有很多被揭发的贪官，在任时说的比唱的都好听。

质疑之三：作为一个县长，即使真正做到了"四不"，也不能证明他是一个好干部。衡量县长、县委书记这一级的领导是否称职，主要看他是否能把下面的干部带好。如果只是自己洁身自好，下面的干部风气不正，老百姓也要遭罪。

质疑之四：县长的总结是捡了芝麻，丢了西瓜。他说的"四不"全是小节，没有高度。一个县的领导应该有大局观、时代感、战略眼光、工作魄力，仅仅做到"四不"是难以担当县长大任的。

一 论证结构

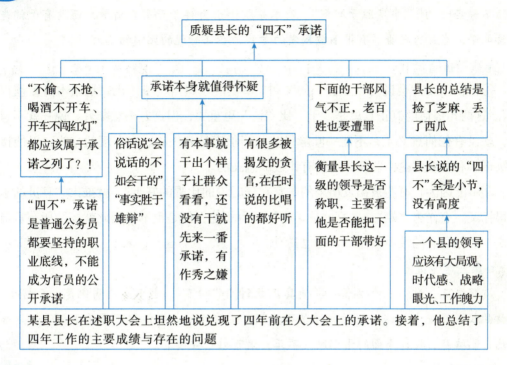

二 论证分析

● 第一组论证

质疑之一:"不偷懒、不贪钱、不贪色、不整人"是普通公务员都要坚持的职业底线,何以成为官员的公开承诺?如果那样,"不偷、不抢、喝酒不开车、开车不闯红灯"都应该属于承诺之列了?!

● 找错析错

①即使"不偷懒、不贪钱、不贪色、不整人"是普通公务员都要坚持的职业底线,可是要做到这些,干部需要对自己提出长期的严格要求,普通公务员未必就能真的做到这些。所以,县长把它作为自己的承诺和努力的目标,还是有意义的。

②将"不偷懒、不贪钱、不贪色、不整人"与"不偷、不抢、喝酒不开车、开车不闯红灯"并列,犯了类比不当的逻辑谬误。前面的"四不"对于干部来说更有针对性,因为县长有"贪钱、贪色"的机会,也有"整人"的权力。所以,"不偷懒、不贪钱、不贪色、不整人"不能等同于普通人的"不偷、不抢、喝酒不开车、开车不闯红灯",前面的"四不"对领导干部来说是需要践行的。

● 第二组论证

质疑之二：不管是承诺"四不"还是"八不"，承诺本身就值得怀疑。俗话说"会说话的不如会干的""事实胜于雄辩"。有本事就干出个样子让群众看看，还没有干就先来一番承诺，有作秀之嫌。有很多被揭发的贪官，在任时说的比唱的都好听。

● 找错析错

①根据俗话"会说的不如会干的"和"事实胜于雄辩"推不出"承诺本身就值得怀疑"。这两句俗话的真正意思是"干"比"说"更重要，但这并不意味着"说"就不重要了，就没有任何意义了，不能一叶障目。公开承诺是表决心、表态度的方式，以便接受下级干部和群众舆论的监督，还是有积极的意义的。

②不能因为"有些被揭发出来的贪官在任时说的比唱的好听"，就推出"官员的承诺值得怀疑，有作秀之嫌"。贪官的承诺本不值得相信，但是也不能因此就怀疑所有官员的承诺，部分具有的性质整体不一定也具有。

● 第三组论证

质疑之三：作为一个县长，即使真正做到了"四不"，也不能证明他是一个好干部。衡量县长、县委书记这一级的领导是否称职，主要看他是否能把下面的干部带好。如果只是自己洁身自好，下面的干部风气不正，老百姓也要遭罪。

● 找错析错

将县长做到"四不"与带好班子、带好队伍割裂开来，认为做到"四不"只是洁身自好，并不代表称职。但是作为领导，洁身自好形象的树立是有助于带好队伍的，虽然这不是充分条件，但还是有必要性和意义的。

● 第四组论证

质疑之四：县长的总结是捡了芝麻，丢了西瓜。他说的"四不"全是小节，没有高度。一个县的领导应该有大局观、时代感、战略眼光、工作魄力，仅仅做到"四不"是难以担当县长大任的。

● 找错析错

①仅仅抓住县长一个多小时的述职报告中的"四不"承诺就说县长的总结是"捡了芝麻，丢了西瓜，全是小节，没有高度"，显然是妄加评判。可能县长后面总结的主要成绩和存在的问题对于该县的发展具有重大的意义。

②"大局观、时代感、战略眼光、工作魄力"主要指领导干部的"才能"。"才能"诚然重要，但不能因此就否定"德"的重要性。

 参考范文

"四不"承诺真的没有价值吗

原文通过四个质疑,试图说明"县长的'四不'承诺没有价值"这个结论成立,但是该论证存在多处缺陷或漏洞,现分析如下:

首先,即使"不偷懒、不贪钱、不贪色、不整人"是普通公务员都要坚持的职业底线,可是要做到这些,干部需要对自己提出长期的严格要求,普通公务员未必就能真的做到这些。所以,县长把它作为自己的承诺和努力的目标,还是有意义的。

其次,将"不偷懒、不贪钱、不贪色、不整人"与"不偷、不抢、喝酒不开车、开车不闯红灯"进行类比并不恰当。前面的"四不"对于干部来说更有针对性,因为县长有"贪钱、贪色"的机会,也有"整人"的权力。所以,"不偷懒、不贪钱、不贪色、不整人"不能等同于普通人的"不偷、不抢、喝酒不开车、开车不闯红灯",前面的"四不"对领导干部来说更值得承诺。

再次,不能因为"有些被揭发出来的贪官在任时说的比唱的好听",就推出"官员的承诺值得怀疑,有作秀之嫌"。贪官的承诺本不值得相信,但是也不能因此就怀疑所有官员的承诺,部分具有的性质整体不一定也具有。一般来说,官员的承诺还是有价值的,是可以稳定民心的。

最后,"大局观、时代感、战略眼光、工作魄力"主要指领导干部的"才能"。"才能"诚然重要,但不能因此就否定"德"的重要性,一个有能力但缺失德行的干部给老百姓带来的危害更大。

综上所述,原文在概念、论据和论证过程等诸多方面存在缺陷,因此要想得出令人信服的质疑,还需要更加严谨的论证。

2010 年 10 月论证有效性分析真题

论证有效性分析:分析下述论证中存在的缺陷和漏洞,选择若干要点,写一篇 600 字左右的文章,对该论证的有效性进行分析和评论。(论证有效性分析的一般要点是:概念特别是核心概念的界定和使用是否准确并前后一致,有无各种明显的逻辑谬误,论证的论据是否成立并支持结论,结论成立的条件是否充分,等等。)

科学家在一个孤岛上的猴群中做了一个实验。将一种新口味的糖让猴群中地位最低的猴子品尝,等它认可之后再让猴群其他成员品尝,花了大约 20 天,整个猴群才接受了这种糖。将另一种新口味的糖让猴群中地位最高的猴王品尝,等它认可后再让猴群其他

成员品尝，两天之内，整个猴群就都接受了该种糖。看来，猴群中存在着权威，而权威对于新鲜事物的态度直接影响群体接受新鲜事物的进程。

市场营销也是如此，如果希望推动人们接受某种新商品，应当首先影响引领时尚的文化明星。如果位于时尚高端的消费者对于某种新商品不接受，该商品一定会遭遇失败。

这个实验对于企业组织的变革也有指导意义。如果希望变革能够迅速取得成功，应当自上而下展开，这样做遭遇的阻力较小，容易得到组织成员的支持。当然，猴群乐于接受糖这种好吃的东西。如果给猴王品尝苦涩的黄连，即使猴王希望其他猴子接受，猴群也不会干。因此，如果组织变革使某些组织成员吃尽苦头，组织领导者再努力也只能以失败而告终。

  论证结构

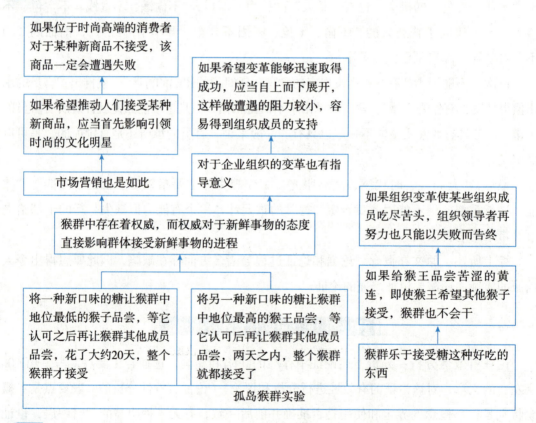

  论证分析

● 第一组论证

科学家在一个孤岛上的猴群中做了一个实验。将一种新口味的糖让猴群中地位最低的猴子品尝，等它认可之后再让猴群其他成员品尝，花了大约20天，整个猴群才接受了这种糖。将另一种新口味的糖让猴群中地位最高的猴王品尝，等它认可后再让猴群其他成员品尝，两天之内，整个猴群就都接受了该种糖。看来，猴群中存在着权威，而权威对于新鲜事物的态度直接影响群体接受新鲜事物的进程。

● 找错析错

①如何判断猴子地位的高低？如果无法准确判断，或者科学家不过是根据自己的主观标准而错误地判断了猴子地位的高低，那么又怎么能准确地得出"权威对于新鲜事物的态度直接影响群体接受新鲜事物的进程"？

②材料前文说猴子的"地位"，后文又说猴子的"权威"。但是"地位"和"权威"并不是同一个概念。地位是等级，而权威则是影响力。地位高未必权威就高，地位低未必权威就低。

③前后两种糖的口味不同，被猴群接受的速度快慢不一定和猴子的地位或权威有关。可能真正的原因是前一种口味的糖本来就很难吃，所以猴群难以接受；而后一种口味的糖是猴群很喜欢的，所以接受起来就更快些。

④一次实验就推出一个普遍的结论，显然妄加评判。可能改变一下实验条件，就会得出不一样的实验结果，所以论据不具有很强的说服力和应用性。

● 第二组论证

市场营销也是如此，如果希望推动人们接受某种新商品，应当首先影响引领时尚的文化明星。如果位于时尚高端的消费者对于某种新商品不接受，该商品一定会遭遇失败。

● 找错析错

①将猴群实验与市场营销进行类比，显然是不恰当的。市场营销所具有的复杂程度是猴群实验难以比拟的，消费者行为与猴群行为也是不能简单类比的，两者不具有类比的基础。

②即使猴群实验得出的结论是正确的，权威对人们接受某项新东西有一定的影响，但问题是权威有很多种，比如学术权威、行业权威、区域权威。那么在市场营销中，为什么首先选择文化明星，而不选择相应专业领域的学术权威呢？而且文化明星的影响力还是需要进一步验证的。

③由"位于时尚高端的消费者对于某种新商品不接受"推不出"该商品一定会遭遇失败"。不同层次的消费者喜好是不同的，高端消费者不喜欢的，普通消费者不一定也不喜欢。部分所具有某种性质，不代表其他部分也具有相同的性质。

● 第三组论证

这个实验对于企业组织的变革也有指导意义。如果希望变革能够迅速取得成功，应当自上而下展开，这样做遭遇的阻力较小，容易得到组织成员的支持。

● 找错析错

从猴群实验到组织变革，两者的类比推理跳跃太大，两者之间存在着本质的差异。企业组织是错综复杂的，存在许多的利益相关方，即使部分的利益既得者赞同，但是很有可能因为其他成员的反对而变革失败。

● 第四组论证

当然，猴群乐于接受糖这种好吃的东西。如果给猴王品尝苦涩的黄连，即使猴王希望其他猴子接受，猴群也不会干。因此，如果组织变革使某些组织成员吃尽苦头，组织领导者再努力也只能以失败而告终。

● 找错析错

组织变革总是会伤害到一些人的利益的，但不能就此推出，这样的变革肯定会以失败而告终。如果受伤害的只是极少数成员，绝大部分成员是受益的，那么这样的组织变革也未必会失败。

 参考范文

变革应当自上而下展开吗

原文通过一系列论证，试图说明"如果希望变革能够迅速取得成功，应当自上而下展开，这样做遭遇的阻力较小，容易得到组织成员的支持"这个结论成立，但是该论证存在多处缺陷或漏洞，现分析如下：

首先，材料前文说猴子的"地位"，后文又说猴子的"权威"。但是"地位"和"权威"并不是同一个概念。地位是等级，而权威则是影响力。地位高未必权威就高，地位低未必权威就低。两个概念的内涵不同，不能混淆。

其次，即使猴群实验得出的结论是正确的，权威对人们接受某项新东西有一定的影响，但问题是在我们人类社会中，权威有很多种，比如学术权威、行业权威、区域权威等。那么在市场营销中，为什么首先选择文化明星，而不选择相应专业领域的学术权威呢？

再次，从猴群实验到组织变革，两者之间的类比推理跳跃太大，类比的对象有着本质的差异。企业组织是错综复杂的，存在许多的利益相关方，即使部分的利益既得者赞同，但是很有可能因为其他成员的反对而变革失败。所以不能简单地将猴群实验的场景机械地照搬到企业组织的变革中。

最后，组织变革总是会伤害到一些人的利益的，但不能就此推出这样的变革肯定会以失败而告终。如果受损失的只是极少数成员，绝大部分成员是受益的，那么这样的组织变革也未必会失败。所以，不能对于组织变革的结果妄自推测。

综上所述，原文在概念、论据和论证过程等诸多方面存在缺陷，因此要想得出材料中的结论，还需要更加严谨的论证。

2006 年 10 月论证有效性分析真题

论证有效性分析：分析下述论证中存在的缺陷和漏洞，选择若干要点，写一篇 600 字左右的文章，对该论证的有效性进行分析和评论。（论证有效性分析的一般要点是：概念特别是核心概念的界定和使用是否准确并前后一致，有无各种明显的逻辑谬误，论证的论据是否成立并支持结论，结论成立的条件是否充分，等等。）

美国是世界上经济最发达的国家，曝光的企业丑闻数量却比发展中国家多得多，这充分说明经济的发展不一定带来道德的进步。企业作为社会财富最重要的创造者之一，也应该为整个社会道德水准的提升做出积极的贡献。如果因为丑闻迭出而导致社会道德风气的败坏，那么我们完全有理由怀疑企业这种组织的存在对于整个社会的意义。当公司的高管们坐着商务飞机在全球遨游时，股东们根本无从知晓管理层是否在滥用自己的权力。媒体上频频出现的企业丑闻也让我们有足够的理由怀疑是否该给大公司高管们支付那么高的报酬。企业高管拿高薪是因为他们的决策对企业的生存与发展至关重要，然而，当公司业绩下滑甚至亏损时，他们却不必支付罚金。正是这种无效的激励机制使得公司高管们朝着错误的方向越滑越远。因此，只有建立有效的激励机制，才能杜绝企业丑闻的发生。

一 论证结构

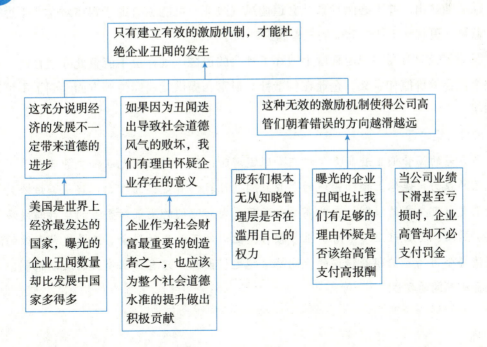

二 论证分析

● 第一组论证

美国是世界上经济最发达的国家，曝光的企业丑闻数量却比发展中国家多得多，这充分说明经济的发展不一定带来道德的进步。企业作为社会财富最重要的创造者之一，也应该为整个社会道德水准的提升做出积极的贡献。如果因为丑闻迭出而导致社会道德风气的败坏，那么我们完全有理由怀疑企业这种组织的存在对于整个社会的意义。

● 找错析错

①美国比发展中国家曝光的企业丑闻更多，并不必然意味着其实际企业丑闻的数量比发展中国家更多，这一结果可能是由不同国家的媒体曝光程度不同而造成的。因此，也就无法由此推断出"经济的发展不一定带来道德水准的提升"这一结论。

②即使美国的企业丑闻数量真的比发展中国家多得多，也不能因此以偏概全地得出"经济的发展不一定带来道德的进步"这个结论，可能欧洲很多国家经济很发达，但企业丑闻很少。

③要想客观科学地评价经济发展对社会道德风气的影响，不能只简单地看一个国家企业丑闻数量的多少，而应该看一个国家的企业丑闻和企业数量的比例，可能美国等经济发达国家的这个比例要远远低于经济落后的国家。所以，不能妄自推出结论"经济发展败坏了社会道德风气"。

④丑闻迭出，并不必然导致社会道德风气败坏，可能更有助于媒体对企业不道德行为的监督，更有利于社会道德的完善和提升。

⑤即使企业丑闻在一定程度上败坏了社会的道德风气，也不能就此完全否定企业对于整个社会的价值和意义。企业在创造社会财富、提供就业岗位等方面起到了不可替代的作用。

● 第二组论证

当公司的高管们坐着商务飞机在全球遨游时，股东们根本无从知晓管理层是否在滥用自己的权力。媒体上频频出现的企业丑闻也让我们有足够的理由怀疑是否该给大公司高管们支付那么高的报酬。企业高管拿高薪是因为他们的决策对企业的生存与发展至关重要，然而，当公司业绩下滑甚至亏损时，他们却不必支付罚金。正是这种无效的激励机制使得公司高管们朝着错误的方向越滑越远。因此，只有建立有效的激励机制，才能杜绝企业丑闻的发生。

● 找错析错

①由"公司的高管们坐着商务飞机在全球遨游"并不能推出"管理层在滥用自己的权力"。也许作为全球化公司，公司高管需要乘坐飞机去处理全球各地的工作事宜，这是在为公司发展而四处奔波，所以不能妄自评判。

②导致企业业绩下滑甚至亏损的原因很可能和公司高管无关，真正的原因也许在于市场竞争的加剧、消费习惯的转变、公司治理结构的缺失等，所以不能简单地将责任归于企业高管。

③即使因为公司高管的错误决策而造成业绩下滑，也不一定必须支付罚金，否则公司高管就成了企业风险的实际承担者，这就将职业经理人的角色与股东的角色混为一谈了。而且，如果企业业绩下滑或亏损时要由高管来支付罚金，这可能会导致他们不择手段地赚钱或贪污腐败，从而滋生更多的不道德行为。

④再有效的措施也只能减少企业丑闻的发生，"杜绝企业丑闻的发生"这样的结论过于绝对，可能只是理想的状态。

激励机制真能杜绝企业丑闻吗

原文通过一系列论证，试图说明"只有建立有效的激励机制，才能杜绝企业丑闻的发生"这个结论成立，但是该论证存在多处缺陷或漏洞，现分析如下：

首先，美国比发展中国家曝光的企业丑闻更多，并不意味着其实际企业丑闻的数量比发展中国家更多，这一结果可能是由不同国家的媒体曝光程度不同造成的。可能是因为美国媒体曝光度和自由度很高，所以曝光的企业丑闻比较多。所以，无法由此推断出"经济的发展不一定带来道德水准的提升"这一结论。

其次，即使美国的企业丑闻数量真的比发展中国家多得多，也不能因此以偏概全地得出结论"经济的发展不一定带来道德的进步"。可能欧洲很多国家经济很发达，但是这些国家的企业丑闻也很少。经济发展与道德进步并不是亦步亦趋的。

再次，即使企业丑闻在一定程度上败坏了社会的道德风气，也不能就此完全否定企业对于整个社会的价值和意义。企业在创造社会财富、提供就业岗位等方面起到了不可替代的作用。企业的作用和价值不能因为一些企业丑闻而遭到全面的否定。

最后，即使因为公司高管的错误决策而造成业绩下滑，也不一定必须支付罚金，否则公司高管就成了企业风险的实际承担者，这就将职业经理人的角色与股东的角色混为一谈了。而且，如果企业业绩下滑或亏损时要由高管来支付罚金，这可能会导致他们不择手段地经营或贪污腐败，从而滋生更多的不道德行为。

综上所述，原文在概念、论据和论证过程等诸多方面存在缺陷，因此要想得出材料中的结论，还需要更加严谨的论证。

第三节 高阶真题精讲

2018年论证有效性分析真题

论证有效性分析：分析下述论证中存在的缺陷和漏洞，选择若干要点，写一篇600字左右的文章，对该论证的有效性进行分析和评论。（论证有效性分析的一般要点是：概念特别是核心概念的界定和使用是否准确并前后一致，有无各种明显的逻辑谬误，论证的论据是否成立并支持结论，结论成立的条件是否充分，等等。）

哈佛大学教授本杰明·史华慈（Benjamin I. Schwartz）在二十世纪末指出，开始席卷一切的物质主义潮流将极大地冲击人类社会固有的价值观念，造成人类精神世界的空虚。这一论点值得商榷。

首先，按照唯物主义物质决定精神的基本原理，精神是物质在人类头脑中的反映。因此，物质丰富只会充实精神世界，物质主义潮流不可能造成人类精神世界的空虚。

其次，后物质主义理论认为：个人基本的物质生活一旦得到满足，就会把注意点转移到非物质方面。物质生活丰裕的人，往往会更注重精神生活，追求社会公平、个人尊严等。

还有，最近一项对某高校大学生的抽样调查表明，有69%的人认为物质生活丰富可以丰富人的精神生活，有22%的人认为物质生活和精神生活没有什么关系，只有9%的人认为物质生活丰富反而会降低人的精神追求。

总之，物质决定精神，社会物质生活水平的提高会促进人类精神世界的发展，担心物质生活的丰富会冲击人类的精神世界，只是杞人忧天罢了。

一 论证结构

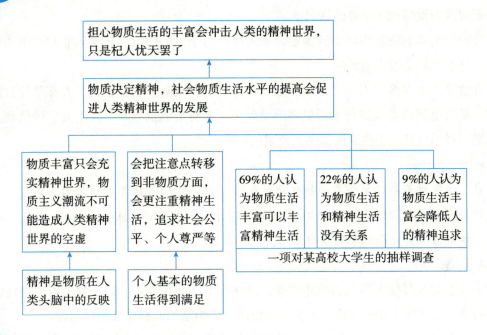

二 论证分析

● 第一组论证

按照唯物主义物质决定精神的基本原理，精神是物质在人类头脑中的反映。因此，物质丰富只会充实精神世界，物质主义潮流不可能造成人类精神世界的空虚。

● 找错析错

①"物质丰富"不等于"物质主义潮流"的兴盛，作者有偷换概念之嫌。"物质丰富"多指社会生产生活要素日益丰盈，而"物质主义潮流"则多指在一定地域、时间内盛行的思想潮流，两者不可一概而论。

②物质的丰富未必只会充实精神世界，倘若处理不当，也极有可能对人们的精神世界产生消极的负面的影响。

③物质主义潮流未必"不可能"造成人类精神世界的空虚，作者论断过于绝对。要得出精神世界是否空虚，还需综合衡量人们对物质和精神的态度偏好、认知程度、处理方式等方面的具体情况。

● 第二组论证

后物质主义理论认为：个人基本的物质生活一旦得到满足，就会把注意点转移到非物质方面。物质生活丰裕的人，往往会更注重精神生活，追求社会公平、个人尊严等。

● 找错析错

①后物质主义只是国外某个学派所提出的观点，这种观点能否普遍地说明社会问题，还需要实践的检验和学术界的认同。

②即便基本的物质生活得到满足，也未必会将个人的注意力转移到非物质生活，注意力的侧重本就是因人而异的。

③物质生活丰裕之人不必然更加重视精神生活乃至对社会公平、个人尊严等方面的追求。是否重视或追求精神生活更多地受到每个人自身的世界观、人生观、价值观、生活际遇、兴趣焦点、关注热度等多元要素的影响。

● 第三组论证

最近一项对某高校大学生的抽样调查表明，有 69% 的人认为物质生活丰富可以丰富人的精神生活，有 22% 的人认为物质生活和精神生活没有什么关系，只有 9% 的人认为物质生活丰富反而会降低人的精神追求。

● 找错析错

①关于此次高校大学生的抽样调查，抽样范围、调查方式、样本数量等关键性信息均不明确，实属样本偏差，显然会在一定程度上影响结论的科学性与严谨性。

②调查中仅以大学生为对象，不足以充分代表所有社会成员的真实态度，得出的结论难免以偏概全。

● 第四组论证

物质决定精神，社会物质生活水平的提高会促进人类精神世界的发展，担心物质生活的丰富会冲击人类的精神世界，只是杞人忧天罢了。

● 找错析错

首段指出物质主义潮流将极大地冲击人类社会固有的价值观念，此处将"物质生活的丰富"偷换为"物质主义潮流"，两者概念不同，不能混淆。退一步说，即使"物质生活的丰富"不会"冲击人类的精神世界"，也不能用来否定"物质主义潮流将极大地冲击人类社会固有的价值观念"这一命题。

参考范文

物质主义潮流不会冲击精神世界吗

原文通过一系列论证，试图说明"物质主义潮流真的不会冲击人类的精神世界"这个结论成立，但是该论证存在多处缺陷或漏洞，现分析如下：

首先，哲学上的"物质"和物质生活的"物质"不是同一个概念。前者是指独立于人们的意识之外，又能为人的意识所反映的客观实在；后者是指社会中的物质资料。同时，物质生活和精神生活之间不存在简单的正比关系，物质主义潮流也有可能造成人类精神世界的空虚。

其次，后物质主义只是国外某个学派所提出的观点，这种观点能否普遍地说明社会问题，还需要实践的检验和学术界的认同。此外，物质生活丰裕的人，不一定会更注重精神生活，因为存在一些人只沉溺于物质享受而忽略精神追求的情况。

再次，以"高校大学生的抽样调查"作为论据论证"物质生活丰富可以丰富人的精神生活"是有失偏颇的。统计论证以高校大学生为调查样本，并不具有代表性，而且调查样本的数量是否足够，文章也没有加以说明。因此，这一论据缺乏说服力。

最后，"物质生活的丰富"和"物质主义潮流"概念不同，不能混淆。退一步说，"物质生活的丰富"即使不会"冲击人类的精神世界"，也不能用来否定"物质主义潮流将极大地冲击人类社会固有的价值观念"这一命题。因此，这一论证并不恰当。

综上所述，原文在概念、论据和论证过程等诸多方面存在缺陷，因此要想得出原文结论，还需要更加严谨的论证。

2015 年论证有效性分析真题

论证有效性分析：分析下述论证中存在的缺陷和漏洞，选择若干要点，写一篇 600 字左右的文章，对该论证的有效性进行分析和评论。（论证有效性分析的一般要点是：概念特别是核心概念的界定和使用是否准确并前后一致，有无各种明显的逻辑谬误，论证的论据是否成立并支持结论，结论成立的条件是否充分，等等。）

有一段时间，我国部分行业出现了生产过剩现象。一些经济学家对此忧心忡忡，建议政府采取措施加以应对，以免造成资源浪费，影响国民经济正常运行。这种建议看似有理，其实未必正确。

首先，我国部分行业出现的生产过剩并不是真正的生产过剩。道理很简单，在市场经济条件下，生产过剩实际上只是一种假象。只要生产企业开拓市场、刺激需求，就能扩大销售，生产过剩马上就会化解。退一步说，即使出现了真正的生产过剩，市场本身也会进行自动调节。

其次，经济运行是一个动态变化的过程，产品的供求不可能达到绝对的平衡状态，因而生产过剩是市场经济的常见现象。既然如此，那么生产过剩就是经济运行的客观规律。因此，如果让政府采取措施进行干预，那就违背了经济运行的客观规律。

再说，生产过剩总比生产不足好。如果政府的干预使生产过剩变成了生产不足，问题就会更大。因为生产过剩未必会造成浪费，反而可以因此增加物资储备以应对不时之需。如果生产不足，就势必造成供不应求的现象，让人们重新去过缺衣少食的日子，那就会影响社会的和谐稳定。

总之，我们应该合理定位政府在经济运行中的作用。政府要有所为，有所不为。政府应该管好民生问题。至于生产过剩或生产不足，应该让市场自动调节，政府不必干预。

论证结构

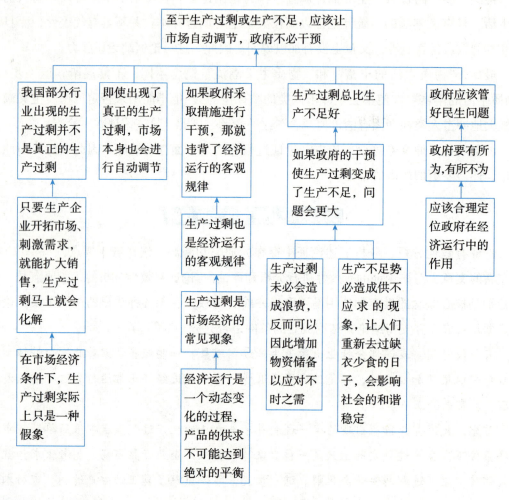

二 论证分析

● 第一组论证

我国部分行业出现的生产过剩并不是真正的生产过剩。道理很简单，在市场经济条件下，生产过剩实际上只是一种假象。只要生产企业开拓市场、刺激需求，就能扩大销售，生产过剩马上就会化解。退一步说，即使出现了真正的生产过剩，市场本身也会进行自动调节。

● 找错析错

①由"生产企业开拓市场、刺激需求"不必然推出"就能扩大销售,生产过剩马上就会化解"。企业开拓市场、刺激需求并非扩大销售的充分条件,因为企业销售的扩大还取决于市场饱和度、消费者购买力等其他因素。因此,由论证不足以推出"生产过剩马上就会化解"。

②"市场调节"与"政府干预"两者并不矛盾。市场对于生产过剩的自动调节并非完美的,可能是无序的,也可能是低效率的,甚至可能会加剧危机。因此,以市场调节来否定政府对生产过剩的干预,理由并不充分。

● 第二组论证

经济运行是一个动态变化的过程,产品的供求不可能达到绝对的平衡状态,因而生产过剩是市场经济的常见现象。既然如此,那么生产过剩就是经济运行的客观规律。因此,如果让政府采取措施进行干预,那就违背了经济运行的客观规律。

● 找错析错

①前文提到"在市场经济条件下,生产过剩实际上只是一种假象",后文又说"生产过剩是市场经济的常见现象",这样的表述自相矛盾。假象是不符合事物本质的表面现象,实质是不存在的;现象是事物表现出来的外在形式,是存在的。因此,"生产过剩是市场经济的常见现象"这一结论有待商榷。

②由"产品的供求不可能达到绝对的平衡状态"不必然推出"生产过剩是市场经济的常见现象"。产品供求情况一般有三种表现:生产过剩、生产不足、供求相对平衡。其中,供求相对平衡是市场经济的常见现象,生产过剩和生产不足都容易导致经济危机。因此,由论据不必然推出结论。

③"常见现象"不等于"客观规律",概念不同,不能混淆。常见现象是事物的外在表现,而客观规律是事物的内在本质。因此,不必然推出"生产过剩是经济运行的客观规律"。

④即使"生产过剩是经济运行的客观规律",也推不出"政府干预生产过剩就是违背经济运行的客观规律"。政府干预市场也可以遵循并利用经济运行的客观规律,不一定是非要违背经济运行的客观规律来干预生产过剩不可。

● 第三组论证

生产过剩总比生产不足好。如果政府的干预使生产过剩变成了生产不足,问题就会更大。因为生产过剩未必会造成浪费,反而可以因此增加物资储备以应对不时之需。如果生产不足,就势必造成供不应求的现象,让人们重新去过缺衣少食的日子,那就会影响社会的和谐稳定。

● 找错析错

① "政府干预"并不必然使"生产过剩变成生产不足"。实际上，政府可以运用宏观调控的财政政策和货币政策化解生产过剩，并不一定会使生产过剩变成生产不足。因此，并不会必然导致问题变得更大。

② "生产过剩"并不必然"增加物资储备"。实际上，生产过剩是指物资储备之外的产品剩余，本质上是一种资源的浪费。因此，生产过剩并不必然帮助人们应对不时之需。

③ "生产不足"不必然推出"造成供不应求的现象，让人们重新去过缺衣少食的日子，影响社会的和谐稳定"。如果只是部分企业或行业出现生产不足，由于会有替代品的出现，那么并不一定造成供不应求的现象。而且，如果涉及的行业并非民生行业，那么也不会让人们去过缺衣少食的日子，也不会影响社会的和谐稳定。

● 第四组论证（结尾）

我们应该合理定位政府在经济运行中的作用。政府要有所为，有所不为。政府应该管好民生问题。至于生产过剩或生产不足，应该让市场自动调节，政府不必干预。

● 找错析错

前文提到"政府应该管好民生问题"，后文又说"政府不必干预生产过剩或生产不足"，这样的表述自相矛盾。这是因为生产过剩或生产不足可能导致严重的民生问题，那么政府对于生产过剩或生产不足不能放任自流。因此，不必然推出"政府不必干预生产过剩或生产不足"。

参考范文

政府不必干预生产过剩吗

上述论证通过一系列分析，试图论证"政府不必干预生产过剩"。但是，该论证在论证方法上和推理过程中都存在诸多不妥之处，分析如下：

首先，由"生产企业开拓市场、刺激需求"不必然推出"扩大销售"。前者并非扩大销售的充分条件，企业销售的扩大还取决于市场饱和度、消费者购买力等其他因素。此外，市场调节并不是完美的，可能是无序的，甚至可能会加剧危机。因此，以市场调节来否定政府对生产过剩的干预的理由并不充分。

其次，由"产品的供求不可能达到绝对的平衡状态"不必然推出"生产过剩是市场经济的常见现象"。实际上，供求相对平衡是市场经济的常见现象，生产过剩和生产不足都容易导致经济危机。此外，政府干预市场也可以遵循并利用经济运行的客观规律，不一定是非要违背经济运行的客观规律来干预生产过剩。

再次，政府干预并不必然使"生产过剩变成生产不足"。实际上，政府可以运用宏观调控的财政政策和货币政策化解生产过剩。同时，由于替代品的出现，那么生产不足不一定导致供不应求，也不一定会造成缺衣少食和影响社会的和谐稳定。因此，不必然推出"生产过剩总比生产不足好"。

最后，"政府应该管好民生问题"与"政府不必干预生产过剩或生产不足"自相矛盾。因为生产过剩或生产不足可能导致严重的民生问题，那么政府对于生产过剩或生产不足就不能放任自流。因此，不必然推出"政府不必干预生产过剩或生产不足"。

综上所述，原文在概念、论据和论证过程等诸多方面存在缺陷，因此要想得出原文结论，还需要更加严谨的论证。

2014年论证有效性分析真题

论证有效性分析：分析下述论证中存在的缺陷和漏洞，选择若干要点，写一篇600字左右的文章，对该论证的有效性进行分析和评论。（论证有效性分析的一般要点是：概念特别是核心概念的界定和使用是否准确并前后一致，有无各种明显的逻辑谬误，论证的论据是否成立并支持结论，结论成立的条件是否充分，等等。）

现代企业管理制度的设计所要遵循的重要原则是权力的制衡与监督。只要有了制衡与监督，企业的成功就有了保证。

所谓制衡，指对企业的管理权进行分解，然后使被分解的权力相互制约以达到平衡，它可以使任何人不能滥用权力；至于监督，指对企业管理进行严密观察，使企业运营的各个环节处于可控范围之内。既然任何人都不能滥用权力，而且所有环节都在可控范围之内，那么企业的运营就不可能产生失误。

同时，以制衡与监督为原则所设计的企业管理制度还有一个固有特点，即能保证其实施的有效性，因为环环相扣的监督机制能确保企业内部各级管理者无法敷衍塞责。万一有人敷衍塞责，也会受这一机制的制约而得到纠正。

再者，由于制衡原则的核心是权力的平衡，而企业管理的权力又是企业运营的动力与起点，因此权力的平衡就可以使整个企业运营保持平衡。

另外，从本质上来说，权力平衡就是权力平等，因此这一制度本身蕴含着平等观念。平等观念一旦成为企业的管理理念，必将促成企业内部的和谐与稳定。

由此可见，如果将权力的制衡与监督这一管理原则付诸实践，就可以使企业的运营避免失误，确保其管理制度的有效性、日常运营的平衡以及内部的和谐与稳定，这样的企业一定能够成功。

论证结构

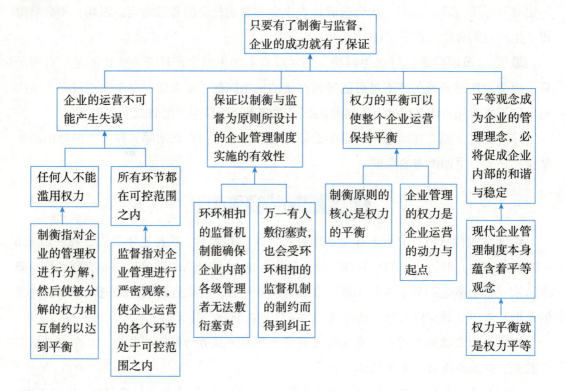

论证分析

● 第一组论证

现代企业管理制度的设计所要遵循的重要原则是权力的制衡与监督。只要有了制衡与监督，企业的成功就有了保证。

● 找错析错

制衡与监督是现代企业管理制度设计的重要原则，但是影响企业成功的因素不只有制衡与监督，还有其他重要的因素，比如绩效管理、市场机遇等。制衡与监督并不是企业成功的充分条件。

● 第二组论证

所谓制衡，指对企业的管理权进行分解，然后使被分解的权力相互制约以达到平衡，它可以使任何人不能滥用权力；至于监督，指对企业管理进行严密观察，使企业运营的各个环节处于可控范围之内。既然任何人都不能滥用权力，而且所有环节都在可控范围之内，那么企业的运营就不可能产生失误。

● 找错析错

①权力分解可以在某种程度上防止权力滥用,但不能因此以偏概全地推出"它可以使任何人不能滥用权力",因为即便权力被分解,权力的拥有者也可能相互勾结,一起滥用权力。

②"任何人不滥用权力,所有环节都在可控范围之内"可以减少企业运营的某些失误,但未必能杜绝企业运营的所有失误。而且,监督者也是人,也可能会犯错误。

● 第三组论证

以制衡与监督为原则所设计的企业管理制度还有一个固有特点,即能保证其实施的有效性,因为环环相扣的监督机制能确保企业内部各级管理者无法敷衍塞责。万一有人敷衍塞责,也会受这一机制的制约而得到纠正。

● 找错析错

①即使"各级管理者都不敷衍塞责",也推不出"权力的制衡与监督可以确保其实施的有效性",因为实施的过程和结果会受外在客观环境和条件的影响。

②材料前文说"监督机制能确保企业内部各级管理者无法敷衍塞责",后文又说"万一有人敷衍塞责",可见敷衍塞责并没有受到绝对的规避,前后表述自相矛盾。

● 第四组论证

由于制衡原则的核心是权力的平衡,而企业管理的权力又是企业运营的动力与起点,因此权力的平衡就可以使整个企业运营保持平衡。

● 找错析错

企业管理权力的平衡不足以使整个企业运营保持平衡。整个企业运营保持平衡,除要看企业管理权力平衡之外,还取决于财务平衡、人员流动平衡等。

● 第五组论证

从本质上来说,权力平衡就是权力平等,因此这一制度本身蕴含着平等观念。平等观念一旦成为企业的管理理念,必将促成企业内部的和谐与稳定。

● 找错析错

①平衡和平等概念不同,不能混淆。权力平衡不等同于权力平等,平衡是均衡、制衡,平等是相同、等同。

②即使权力制衡等同于权力平衡或权力平等,平衡或平等也未必能促成企业内部的和谐与稳定,因为平等的双方仍然可能会有冲突甚至导致分裂。

● 第六组论证

如果将权力的制衡与监督这一管理原则付诸实践,就可以使企业的运营避免失误,确保其管理制度的有效性、日常运营的平衡以及内部的和谐与稳定,这样的企业一定能够成功。

● 找错析错

"企业运营不失误、管理制度有效、日常运营平衡以及内部和谐稳定",还不足以保证"企业一定能够成功",因为企业的成功不仅取决于企业的内部因素,还取决于市场等企业的外部因素。

 参考范文

制衡监督就能保证企业成功言之尚早

原文通过一系列论证,试图说明"只要有了制衡与监督,企业的成功就有了保证"这个结论成立,但是该论证存在多处缺陷或漏洞,现分析如下:

首先,"有了制衡与监督"推不出"企业的成功就有了保证"。作者忽视了其他条件。制衡与监督只是企业成功的必要条件,但是必要条件不等于充分条件。如果其他方面不能满足,比如市场环境不好、企业内部严重缺乏人才,即使有了制衡和监督,企业也难以保证成功。

其次,"任何人不滥用权力,所有环节都在可控范围之内",可以减少企业运营的某些失误,但未必能"杜绝企业运营的所有失误"。监督者本身就是有限理性,也可能会犯错误。所以,这里的杜绝所有失误的表述过于绝对。

再次,材料前文说"监督机制能确保企业内部各级管理者无法敷衍塞责",后文又说"万一有人敷衍塞责",到底是否可能出现敷衍塞责,前后表述自相矛盾。如果企业内部各级管理者无法敷衍塞责,那么就不会出现个别人敷衍塞责的情况。

最后,"企业运营不失误、管理制度有效、日常运营平衡以及内部和谐稳定",还不足以保证"企业一定能够成功"。作者忽视了其他条件。企业的成功不仅取决于企业的内部因素,还取决于市场等企业的外部因素。内部稳定的企业遇到不稳定的外部环境,这个企业是否可以取得成功,还有待市场的检验。

综上所述,原文在概念、论据和论证过程等诸多方面存在缺陷,因此要想得出"只要有了制衡与监督,企业的成功就有了保证"这个结论,还需要更加严谨的论证。

2012 年论证有效性分析真题

论证有效性分析:分析下述论证中存在的缺陷和漏洞,选择若干要点,写一篇 600 字左右的文章,对该论证的有效性进行分析和评论。(论证有效性分析的一般要点是:概念特别是核心概念的界定和使用是否准确并前后一致,有无各种明显的逻辑谬误,论证的论据是否成立并支持结论,结论成立的条件是否充分,等等。)

地球的气候变化已经成为当代世界关注的热点。这一问题看似复杂，其实简单。只要我们运用科学原理——如爱因斯坦的相对论——去对待，也许就会找到解决这一问题的方法。

众所周知，爱因斯坦提出的相对论颠覆了人类关于宇宙和自然的常识性观念。不管是狭义相对论还是广义相对论，都揭示了宇宙间事物运动中普遍存在的相对性。既然宇宙间万物的运动都是相对的，那么我们观察问题时也应该采用相对的方法，如变换视角。

假如我们变换视角去看一些问题，也许会得出和一般常识完全不同的观点。例如，我们称之为灾害的那些自然现象，包括海啸、地震、台风、暴雨等，其实也是大自然本身的一般现象而已。从大自然的视角来看，无所谓灾害不灾害。只是当它损害了人类利益，危及了人类生存的时候，从人类的视角来看，我们才称之为灾害。

再变换一下视角，从一个更广泛的范围来看，我们人类自己也是大自然的一部分。既然我们的祖先是类人猿，而类人猿正像大熊猫、华南虎、藏羚羊、扬子鳄乃至银杏、水杉、五针松等一样，是整个自然生态中的有机组成部分，那为什么我们自己就不是了呢？

由此可见，人类的问题就是大自然的问题，即使人类在某一时刻部分地改变了气候，也还是整个大自然系统中的一个自然问题，自然问题自然会解决，人类不必过于干涉。

一 论证结构

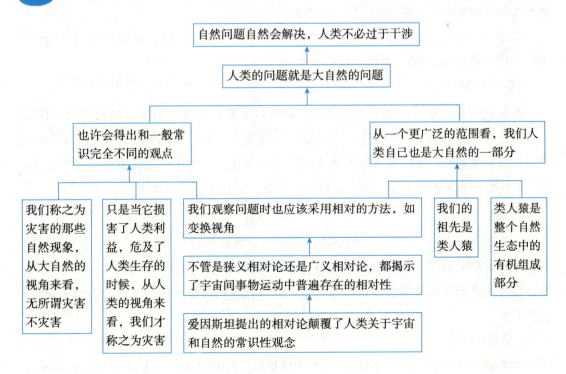

二 论证分析

● 第一组论证

地球的气候变化已经成为当代世界关注的热点。这一问题看似复杂，其实简单。只要我们运用科学原理——如爱因斯坦的相对论——去对待，也许就会找到解决这一问题的方法。

● 找错析错

①爱因斯坦的相对论只是无数科学原理中的一种，相对论也只是爱因斯坦自己提出的许多科学理论中的一种，不能偷换概念，将它们完全等同起来。也许换一种科学原理，就会得出一个与之不同的结论。

②爱因斯坦的相对论指的是物理学意义上的时空具有一定的相对性，适用于物理学这个特定领域的相对论未必可以机械地套用到其他领域。

● 第二组论证

众所周知，爱因斯坦提出的相对论颠覆了人类关于宇宙和自然的常识性观念。不管是狭义相对论还是广义相对论，都揭示了宇宙间事物运动中普遍存在的相对性。既然宇宙间万物的运动都是相对的，那么我们观察问题时也应该采用相对的方法，如变换视角。

● 找错析错

①爱因斯坦的相对论只是改变了人类在物理学领域的某些常识性观念，不能以偏概全地推出"它颠覆了人类关于宇宙和自然的常识性观念"。

②由"宇宙间万物的运动都是相对的"推不出"观察问题时也应该采用相对的方法"。两者适用领域不同，不能机械地类比。

● 第三组论证

假如我们变换视角去看一些问题，也许会得出和一般常识完全不同的观点。例如，我们称之为灾害的那些自然现象，包括海啸、地震、台风、暴雨等，其实也是大自然本身的一般现象而已。从大自然的视角来看，无所谓灾害不灾害。只是当它损害了人类利益，危及了人类生存的时候，从人类的视角来看，我们才称之为灾害。

● 找错析错

由"灾害是大自然本身的一般现象"推不出"灾害对于自然来说不是灾害"。自然灾害不是抽象地对自然说的，而是对生活在自然中的某种或某些生物来说的。如果不正常的自然灾害造成某种或某些生物濒临灭绝，那么这样的自然变化对于这些生物来说就是自然灾害。

● 第四组论证

再变换一下视角，从一个更广泛的范围来看，我们人类自己也是大自然的一部分。

既然我们的祖先是类人猿，而类人猿正像大熊猫、华南虎、藏羚羊、扬子鳄乃至银杏、水杉、五针松等一样，是整个自然生态中的有机组成部分，那为什么我们自己就不是了呢？

● 找错析错

人类的祖先是类人猿，并不意味着人类现在还是类人猿。祖先类人猿具有的性质，作为后代的人类不一定也具有。在行动方面，人类就不像类人猿一样消极被动。

● 第五组论证

由此可见，人类的问题就是大自然的问题，即使人类在某一时刻部分地改变了气候，也还是整个大自然系统中的一个自然问题，自然问题自然会解决，人类不必过于干涉。

● 找错析错

①由"人类自己也是大自然的一部分"推不出"人类的问题就是大自然的问题"。第一句话中，人类与自然是归属关系；但是第二句话中，两者是等同关系。部分具备的性质，整体未必具备。

②材料前文说"人类是自然生态中的有机组成部分"，那么人类作为自然的成员就应该参与自然问题的解决，而后文又说"自然问题自然会解决，人类不必过于干涉"。材料前后表述存在自相矛盾之处。

三 参考范文

人类真的不必干涉自然问题吗

原文通过一系列论证，试图说明"自然问题自然会解决，人类不必过于干涉"这个结论成立，但是该论证存在多处缺陷或漏洞，现分析如下：

首先，爱因斯坦的相对论只是无数科学原理中的一种，相对论也只是爱因斯坦自己提出的许多科学理论中的一种，不能混淆概念，将科学原理和爱因斯坦的相对论完全等同起来。对于地球的气候变化问题，也许换一种科学原理，就会得出一个与之不同的结论。

其次，爱因斯坦的相对论只是改变了人类在物理学领域的某些常识性观念，不能以偏概全地推出"它颠覆了人类关于宇宙和自然的常识性观念"。某些正确的常识性观念，比如水往低处流、登高望远，并没有因为爱因斯坦的相对论而发生颠覆。

再次，由"灾害是大自然本身的一般现象"推不出"灾害对于自然来说不是灾害"。自然灾害并不是抽象地对自然说的，而是对某种或某些生物来说的。如果不正常的自然灾害造成某种或多种生物濒临灭绝，那么这样的自然变化对于这些生物来说就是自然灾害，所以对于自然来说，对人而言的灾害也是自然的灾害。

最后，材料前文说"人类是自然生态中的有机组成部分"，那么人类作为自然的成员就应该参与自然问题的解决，而后文又说"自然问题自然会解决，人类不必过于干涉"。材料前后表述存在自相矛盾之处，所以推不出"人类不必过于干涉自然问题"这个结论。

综上所述，原文在概念、论据和论证过程等诸多方面存在缺陷，因此要想得出"自然问题自然会解决，人类不必过于干涉"这个结论，还需要更加严谨的论证。

2007年论证有效性分析真题

论证有效性分析：分析下述论证中存在的缺陷和漏洞，选择若干要点，写一篇600字左右的文章，对该论证的有效性进行分析和评论。（论证有效性分析的一般要点是：概念特别是核心概念的界定和使用是否准确并前后一致，有无各种明显的逻辑谬误，论证的论据是否成立并支持结论，结论成立的条件是否充分，等等。）

每年的诺贝尔奖，特别是诺贝尔经济学奖公布后，都会在中国引起很大反响。诺贝尔经济学奖的得主是当之无愧的真正的经济学家。他们的研究成果都经过了实践的检验，为人类社会发展，特别是经济发展做出了杰出的贡献。

每当看到诺贝尔经济学奖被西方人包揽，很多国人在羡慕之余，更期盼中国人有朝一日能够得到这一奖项。然而，我们不得不面对的现状却是，中国的经济学还远远没有走到经济科学的门口，中国真正意义上的经济学家，最多不超过五个。

真正的经济学家需要坚持理性的精神。马克思·韦伯说：现代化的核心精神就是理性化，没有理性主义就不可能有现代化。中国的经济学要向现代科学方向发展，必须把理性主义作为基本的框架。而中国经济学界太热闹了，什么人都可以说自己是个经济学家，什么问题他们都敢谈。有的经济学家今天评股市，明天讲汇率，争论不休，莫衷一是。有的经济学家热衷于担任一些大型公司的董事，或在电视上频频上镜，怎么可能做严肃的经济学研究？

经济学和物理学、数学一样，所讨论的都是非常专业化的问题。只有远离现实的诱惑，潜心于书斋，认真钻研学问，才可能成为真正意义上的经济学家，中国经济学家离这个境界太远了。在中国的经济学家中，你能找到为不同产业代言的人，西方从事经济学研究最优秀的人不是这样的，这样的人在西方只能受投资银行的雇佣，从事产业经济学的研究。

一个真正的经济学家，首先要把经济学当作一门科学来对待，必须保证学术研究的独立性和严肃性，必须保持与"官场"和"商场"的距离，否则，不可能在经济学领域做出独立的研究成果。

说"中国真正意义上的经济学家，最多不超过五个"，听起来刻薄，但只要去看一看国际上经济学界那些最重要的学术刊物，有多少文章是来自中国国内的经济学家，就会知道这还是比较客观和宽容的一种评价。

一 论证结构

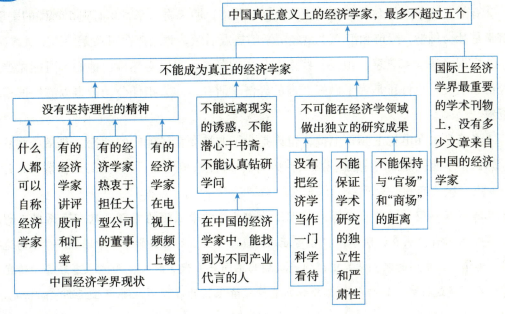

二 论证分析

● 第一组论证

每当看到诺贝尔经济学奖被西方人包揽，很多国人在羡慕之余，更期盼中国人有朝一日能够得到这一奖项。然而，我们不得不面对的现状却是，中国的经济学还远远没有走到经济科学的门口，中国真正意义上的经济学家，最多不超过五个。

● 找错析错

诺贝尔经济学奖的得主是真正的经济学家，并不意味着没有得诺贝尔经济学奖的就不是真正的经济学家，这里偷换了诺贝尔经济学奖得主和真正的经济学家两个概念。

● 第二组论证

真正的经济学家需要坚持理性的精神。马克思·韦伯说：现代化的核心精神就是理性化，没有理性主义就不可能有现代化。中国的经济学要向现代科学方向发展，必须把理性主义作为基本的框架。而中国经济学界太热闹了，什么人都可以说自己是个经济学家，什么问题他们都敢谈。有的经济学家今天评股市，明天讲汇率，争论不休，莫衷一是。有的经济学家热衷于担任一些大型公司的董事，或在电视上频频上镜，怎么可能做严肃的经济学研究？

● 找错析错

①经济学家确实需要坚持理性精神，但中国经济学界太热闹了并不等于中国经济学

家不理性。也许中国经济学家正在就某一经济问题进行热烈的辩论和研讨。热闹是对行为的评价，而理性是对思维的评价。

②有的经济学家什么话题都敢谈，今天评股市，明天讲汇率，未必是不理性的表现。经济学是社会科学，股市和汇率正是经济学的热点话题。此处存在因果无关的逻辑谬误。

③根据经济学家热衷于担任一些大型公司的董事，难以必然推出他们不可能做严肃的经济学研究。也许正是为了做好严肃的经济学研究，才去担任公司董事以方便搜集相关资料。

④经济学家在电视上频频上镜，也许是为了向社会宣扬他们的理论，向民众普及经济学知识，不能就此推出他们这样的行为不符合理性精神。

● 第三组论证

经济学和物理学、数学一样，所讨论的都是非常专业化的问题。只有远离现实的诱惑，潜心于书斋，认真钻研学问，才可能成为真正意义上的经济学家，中国经济学家离这个境界太远了。在中国的经济学家中，你能找到为不同产业代言的人，西方从事经济学研究最优秀的人不是这样的，这样的人在西方只能受投资银行的雇佣，从事产业经济学的研究。

● 找错析错

①真正意义上的经济学家并不必须远离现实的诱惑，潜心于书斋，认真钻研学问。经济学是社会科学，经济学家需要从社会实践出发，接触社会进行研究，这样才能有所收获。

②中国经济学家为不同产业代言，并不意味着中国经济学家都丧失了学术研究的独立性和严肃性。可能他们正是深切地认识到，经济学不同于数学、物理学这样纯理论的学科，所以为了更好地寻找研究课题或收集第一手信息，才不得不走出书斋，走向现实的经济生活。

③材料前文说诺贝尔经济学奖的得主获奖是因为他们的研究成果都经过了实践的检验，为人类社会发展，特别是经济发展做出了杰出的贡献。由这里可知，经济学是致用之学，真正的经济学家的研究不能脱离实际。而后文又说真正的经济学家应该远离现实诱惑，潜心于书斋，显然自相矛盾。

● 第四组论证

一个真正的经济学家，首先要把经济学当作一门科学来对待，必须保证学术研究的独立性和严肃性，必须保持与"官场"和"商场"的距离，否则，不可能在经济学领域做出独立的研究成果。

● 找错析错

"保证学术研究的独立性和严肃性"并不必然需要"保持与'官场'和'商场'的距离"。如果"官场"是指政策环境，"商场"是指市场经济环境，那么真正的经济学家不能脱离它们做独立的科学研究。

● 第五组论证

说"中国真正意义上的经济学家,最多不超过五个",听起来刻薄,但只要去看一看国际上经济学界那些最重要的学术刊物,有多少文章是来自中国国内的经济学家,就会知道这还是比较客观和宽容的一种评价。

● 找错析错

①真正的经济学家的界定标准在材料中前后不一致。开头说研究成果都经过了实践的检验,为人类社会发展,特别是经济发展做出了杰出的贡献。后文又说坚持理性的精神,认真钻研学问,把经济学当作一门科学来对待,保证学术研究的独立性和严肃性。结尾又说在国际上经济学界最重要的学术刊物发表多少文章。显然,这个核心概念的界定前后不一致,十分混乱。

②在国际上经济学界最重要的学术刊物上,中国经济学家发布的文章数量少,推不出中国真正意义上的经济学家最多不超过五个。文章数量并不是衡量经济学家水平的唯一标准,而且数量多不一定代表质量好、贡献大。

中国真正意义上的经济学家不超过五个吗

原文通过一系列论证,试图说明"中国真正意义上的经济学家,最多不超过五个"这个结论成立,但是该论证存在多处缺陷或漏洞,现分析如下:

首先,经济学家确实需要坚持理性精神,但中国经济学界太热闹了并不等于中国经济学家不理性。也许中国经济学家正在就某一经济问题进行热烈的辩论和研讨。热闹是对行为的评价,而理性是对思维的评价。

其次,中国经济学家为不同产业代言,并不意味着"中国经济学家都丧失了学术研究的独立性和严肃性"。也许他们正是深切地认识到,经济学不同于数学、物理学这样纯理论的学科,所以为了更好地寻找研究课题或收集第一手信息,才不得不走出书斋,走向现实的经济生活。

再次,材料前文说"诺贝尔经济学奖的得主获奖是因为他们的研究成果都经过了实践的检验"。因此,经济学是致用之学,真正的经济学家不能脱离实际。而后文又说"真正的经济学家应该远离现实诱惑,潜心于书斋",显然自相矛盾。

最后,真正的经济学家的界定标准在材料中前后不一致。开头说研究成果经过了实践的检验,为人类社会和经济发展做出了杰出的贡献。后文又说坚持理性的精神,保证学术研究的独立性和严肃性。结尾又说在国际上经济学界最重要的学术刊物发表多少文章。显然，这个核心概念的界定前后不一致，十分混乱。

综上所述，原文在概念、论据和论证过程等诸多方面存在缺陷，因此要想得出"中国真正意义上的经济学家，最多不超过五个"这个结论，还需要更加严谨的论证。

2013 年 10 月论证有效性分析真题

论证有效性分析：分析下述论证中存在的缺陷和漏洞，选择若干要点，写一篇 600 字左右的文章，对该论证的有效性进行分析和评论。（论证有效性分析的一般要点是：概念特别是核心概念的界定和使用是否准确并前后一致，有无各种明显的逻辑谬误，论证的论据是否成立并支持结论，结论成立的条件是否充分，等等。）

"勤俭节约"是中国人民的优良传统，也是近百年流传下来的革命传统。在新中国成立后的建设时期，尤其是 20 世纪 50 年代，国家百废待兴，就是靠全国人民发扬勤俭持家、勤俭建国的艰苦奋斗精神，才在一穷二白的基础上打下了工业化的基础。

时代车轮开进了 21 世纪，中国加入了世贸组织，实现了全面开放。与 30 年前相比，我们面对的国际形势已经发生了天翻地覆的变化，形势在变，任务在变。人的观念也要适应这种变化，也要与时俱进。比如，"勤俭节约"的观念就到了需要改变的时候了。

我们可以从个人、家庭、国家三个层面对"勤俭节约"的观念进行分析。

先从个人的角度谈起，一个人如果过分强调勤俭节约，就会过度关注"节流"，而不重视"开源"。"开源"就是要动脑筋，花气力，最大限度发挥自己的能力合法赚钱。个人的财富不是省出来的，只靠节省，财富的积累是有限的；靠开源，财富才可能会滚滚而来。试想，比尔·盖茨的财富是省出来的吗？

再从家庭的角度分析，一个家庭如果过分强调勤俭节约，也就是秉持"勤俭持家"，对于上了年纪的老人，还是应该的，因为他们已经不能出去挣钱了；但对于尚在工作年龄的人，尤其是青年人，提倡勤俭持家有害无益。为了家庭的长远利益，缺钱的时候还可以去借钱，去抵押贷款。为了勤俭持家，能上的学不上，学费是省了，可孩子的前途就耽误了。即使是学费之外的学习费用，也不能一味节俭。试想，如果郎朗的家长当年不买钢琴，能有现在的国际钢琴大师吗？

最后从国家的角度审视，提倡"勤俭节约"弊远大于利。2008 年以来的金融危机演变为世界性经济危机，至今还没有完全走出低谷。2008 年之前，中国的高速发展靠投资拉动。而今，发达国家一个个囊中羞涩，减少进口，甚至还要"再工业化"，把已经转移到发展中国家的企业再招回去，而且时常举起贸易保护主义的大旗。中国经济已经不能靠出口拉动了，怎么办？投资率已经过高了，只能依靠内需。

如何刺激内需呢？如果每个个人、家庭都秉持勤俭节约的古训，内需是绝对刺激不起来的，也就依靠不上了，结果是只能单靠投资拉动，其后果不堪设想，所以要刺激内需，必须首先揭示"勤俭节约"之弊端，树立"能挣敢花"之观念。

只要在法律的约束之下，提倡"能挣"就是提倡"奋斗"，就会给经济带来活力，就不会产生许多"啃老族"，也不会产生许多依赖救济的人，就会激励人们特别是年轻人的创新精神，国家的经济可以发展，科技也可以上去。提倡"敢花"就是鼓励消费，就能促进货币和物资流通，就不会产生大量的产品积压，从而也能解决许多企业员工的就业问题，使他们得到挣钱的机会，并进一步增加消费。试想，如果大家挣了钱，都不舍得花，会有多少人因此下岗失业啊？本来以为勤俭节约是一种美德，结果是祸害了他人。就在你为提倡节约每一度电津津乐道的时候，有多少煤矿和电厂的工人因为得不到工资而流泪？

综上所述，"勤俭节约"作为一种传统已经过时了，在经济全球化的时代，如果继续坚持"勤俭节约"的理念，对个人，对家庭，特别是对国家弊大于利，甚至有害无利。

一 论证结构

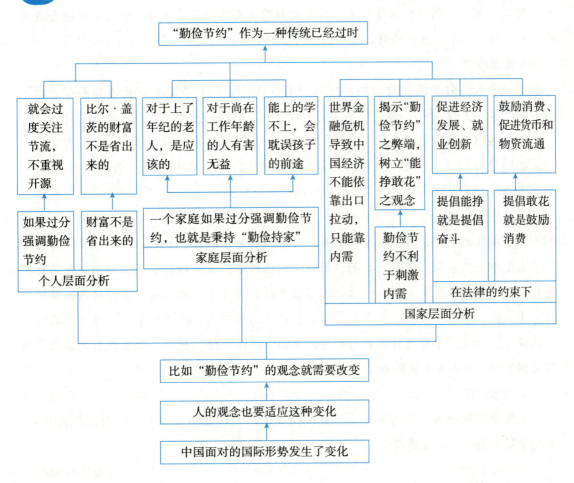

二 论证分析

- **第一组论证**

时代车轮开进了 21 世纪，中国加入了世贸组织，实现了全面开放。与 30 年前相比，我们面对的国际形势已经发生了天翻地覆的变化，形势在变，任务在变。人的观念也要适应这种变化，也要与时俱进。比如，"勤俭节约"的观念就到了需要改变的时候了。

- **找错析错**

"形势在变，任务在变，人的观念也要适应这种变化，也要与时俱进"，由此不能推出"勤俭节约的观念就到了需要改变的时候了"这个结论，因为好的传统观念是需要继续保持和发扬的，比如诚实守信。

- **第二组论证**

先从个人的角度谈起，一个人如果过分强调勤俭节约，就会过度关注"节流"，而不重视"开源"。"开源"就是要动脑筋，花气力，最大限度发挥自己的能力合法赚钱。个人的财富不是省出来的，只靠节省，财富的积累是有限的；靠开源，财富才可能会滚滚而来。试想，比尔·盖茨的财富是省出来的吗？

- **找错析错**

①一个人过分强调勤俭节约，并不一定导致过度关注"节流"，而不重视"开源"，因为勤俭节约中的"勤"，就意味着努力工作，和"开源"并不违背。

②个人财富的积累既要靠"开源"，也要靠"节流"，不能因为强调一个而否定另一个。如果花费超过"开源"得来的财富，那么财富的积累无从谈起。"开源"与"节流"不是排他性的矛盾关系，而是存在其他可能性的反对关系。

- **第三组论证**

再从家庭的角度分析，一个家庭如果过分强调勤俭节约，也就是秉持"勤俭持家"，对于上了年纪的老人，还是应该的，因为他们已经不能出去挣钱了；但对于尚在工作年龄的人，尤其是青年人，提倡勤俭持家有害无益。为了家庭的长远利益，缺钱的时候还可以去借钱，去抵押贷款。为了勤俭持家，能上的学不上，学费是省了，可孩子的前途就耽误了。即使是学费之外的学习费用，也不能一味节俭。试想，如果郎朗的家长当年不买钢琴，能有现在的国际钢琴大师吗？

- **找错析错**

勤俭持家同合理消费并不矛盾，勤俭持家并不是说要将孩子上学的费用都省下来，而是指量入为出、适度消费。

● 第四组论证

最后从国家的角度审视，提倡"勤俭节约"弊远大于利。2008年以来的金融危机演变为世界性经济危机，至今还没有完全走出低谷。2008年之前，中国的高速发展靠投资拉动。而今，发达国家一个个囊中羞涩，减少进口，甚至还要"再工业化"，把已经转移到发展中国家的企业再招回去，而且时常举起贸易保护主义的大旗。中国经济已经不能靠出口拉动了，怎么办？投资率已经过高了，只能依靠内需。

● 找错析错

"中国经济已经不能靠出口拉动"不必然推出"只能依靠内需"。一方面，出口尽管受阻，但仍然是我国重要的经济增长点；另一方面，投资率过高，不代表不再需要投资，可以在优化投资方式的前提下继续投资。

● 第五组论证

如何刺激内需呢？如果每个个人、家庭都秉持勤俭节约的古训，内需是绝对刺激不起来的，也就依靠不上了，结果是只能单靠投资拉动，其后果不堪设想，所以要刺激内需，必须首先揭示"勤俭节约"之弊端，树立"能挣敢花"之观念。

● 找错析错

要刺激内需，并非必须首先揭示"勤俭节约"之弊端，树立"能挣敢花"之观念。刺激内需的方式有多种，比如减税、降息、补贴等，材料此处强加因果关系。

● 第六组论证

只要在法律的约束之下，提倡"能挣"就是提倡"奋斗"，就会给经济带来活力，就不会产生许多"啃老族"，也不会产生许多依赖救济的人，就会激励人们特别是年轻人的创新精神，国家的经济可以发展，科技也可以上去。提倡"敢花"就是鼓励消费，就能促进货币和物资流通，就不会产生大量的产品积压，从而也能解决许多企业员工的就业问题，使他们得到挣钱的机会，并进一步增加消费。试想，如果大家挣了钱，都不舍得花，会有多少人因此下岗失业啊？本来以为勤俭节约是一种美德，结果是祸害了他人。就在你为提倡节约每一度电津津乐道的时候，有多少煤矿和电厂的工人因为得不到工资而流泪？

● 找错析错

①如果所有的企业和企业家都很敢花，从不节约企业的经营成本，这样的企业很可能快速倒闭。当众多企业都因敢花而倒闭的时候，整个社会的经济活力很可能顿然消失，失业问题恐怕会更加严重。

②对于中国经济和社会的发展来说，不可再生的资源紧缺是长期的制约因素，节约使用是十分重要的。但是如果提倡"敢花"导致了整个社会能源的巨大浪费，并因此加

速了能源的枯竭，到时候很多能源企业倒闭了，那么岂不是会有更多的煤矿和电厂的工人因为没有工作而流泪？

● 第七组论证

综上所述，"勤俭节约"作为一种传统已经过时了，在经济全球化的时代，如果继续坚持"勤俭节约"的理念，对个人，对家庭，特别是对国家弊大于利，甚至有害无利。

● 找错析错

坚持"勤俭节约"的理念，推不出"对个人，对家庭，特别是对国家弊大于利，甚至有害无利"。勤俭节约并不意味着不努力、不奋斗，财富的积累既要靠开源，也要靠节流。坚持勤俭节约，对于个人、家庭、国家都是有意义的。

参考范文

"勤俭节约"已经过时了吗

原文通过一系列论证，试图说明"勤俭节约对个人，对家庭，特别是对国家弊大于利，甚至有害无利"这个结论成立，但是该论证存在多处缺陷或漏洞，现分析如下：

首先，"形势在变，任务在变，人的观念也要适应这种变化，也要与时俱进"，由此不能推出"勤俭节约的观念就到了需要改变的时候了"这个结论，因为好的传统观念是需要继续保持和发扬的，比如诚实守信。不能因为时代改变了，就要颠覆原来所有的东西，好的东西还是应该保留和发扬的。

其次，个人财富的积累既要靠"开源"，也要靠"节流"。"开源"与"节流"并不是非黑即白的关系。不能因为强调一个，就要去否定另外一个，两者是可以兼容的。如果一个人的花费超过"开源"得来的财富，那么他的财富积累是无从谈起的。

再次，如果所有的企业和企业家都很敢花，从不节约企业的经营成本，这样的企业很可能很快倒闭。当许多企业都因敢花而纷纷倒闭的时候，整个社会的经济活力很可能顿然消失，失业问题恐怕会更加严重。所以材料中只提倡敢花的观点是经不起推敲的。

最后，对于中国经济和社会的发展来说，不可再生的资源是长期制约经济发展的因素，所以节约使用尤为重要。如果"敢花"导致了整个社会能源的巨大浪费，并因此加速了能源的枯竭，到时候会有很多能源企业倒闭，那么岂不是会有更多的煤矿和电厂的工人因为没有工作而流泪？

综上所述，原文在概念、论据和论证过程等诸多方面存在缺陷，因此要想得出材料中的结论，还需要更加严谨的论证。

2011年10月论证有效性分析真题

论证有效性分析：分析下述论证中存在的缺陷和漏洞，选择若干要点，写一篇600字左右的文章，对该论证的有效性进行分析和评论。（论证有效性分析的一般要点是：概念特别是核心概念的界定和使用是否准确并前后一致，有无各种明显的逻辑谬误，论证的论据是否成立并支持结论，结论成立的条件是否充分，等等。）

我国的个人所得税从1980年开始征收，当时起征点为800元。最近几年起征点为2 000元，个人所得税总额逐年上升，已经超过2 000亿元。随着居民基本生活开支的上涨，国家决定从2011年9月将个税起征点提高到3 500元，顺应了大多数人的意愿。

从个人短期利益上来看，提高起征点确实能减少一部分中低收入者的税收，看似有利于普通老百姓。但是，如果冷静地进行分析，其结果却正好相反。

中国实行税收累进率制度，也就是说工资越高所适用的税率也越高。请设想，如果将2 000元的个税起征点提高到10 000元。虽然，极少数月工资超过30 000元的人可能缴更多的税，但是绝大多数人的个税会减少，只是减少的数额不同。原来工资低于2 000元的，1分钱的好处也没有得到；拿2 000元工资的人只是减轻了几十元的税；而拿8 000元工资的人则减轻了几百元的税。收入越高，减少的越多，贫富差距自然会被进一步拉大了。

同时，由于税收起征点上调，国家收到的税收大幅度减少，政府就更没有能力为中低收入者提供医疗、保险、教育等公共服务，结果还是对穷人不利。

所以说，建议提高个税起征点的人，或者听到提高起征点就高兴的人，在捅破这层窗户纸以后，他们也不得不承认这一客观真理：提高个税起征点有利于富人，不利于一般老百姓。

如果不局限在经济层面讨论问题，转到从社会与政治角度考虑，问题就更清楚了。原来以2 000元起征点，有50%以上为非纳税人，如果提高到3 500元，中国的纳税人就只剩下20%了。有80%的国民不纳税，必定会引起政治权利的失衡。

纳税者只有承担了纳税义务，才能享受纳税者的权利。如果没有纳税，人们对国家就会失去主人翁的责任感，就不可能有强烈的公民意识，也就会失去或放弃监督政府部门的权利。所以，为了培养全国民众的公民意识，为了缩小贫富差距，为了建设和谐社会，我们应该适当降低个税起征点。

一 论证结构

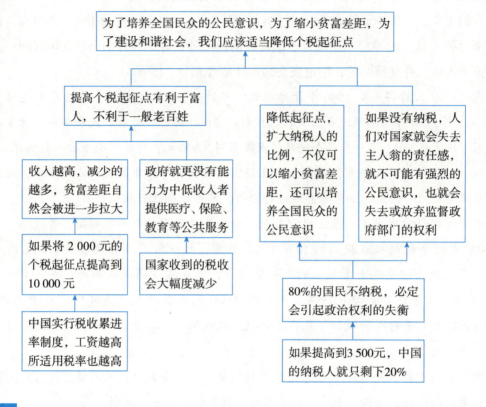

二 论证分析

● 第一组论证

中国实行税收累进率制度，也就是说工资越高所适用的税率也越高。请设想，如果将2 000元的个税起征点提高到10 000元。虽然，极少数月工资超过30 000元的人可能缴更多的税，但是绝大多数人的个税会减少，只是减少的数额不同。原来工资低于2 000元的，1分钱的好处也没有得到；拿2 000元工资的人只是减轻了几十元的税；而拿8 000元工资的人则减轻了几百元的税。收入越高，减少的越多，贫富差距自然会被进一步拉大了。

● 找错析错

①国家只是准备把个税起征点提高到3 500元，而不是10 000元，所以基于10 000元的计算是不能用来批判3 500元的，因此不能得出将3 500元作为个税起征点太高了的结论。

②由"工资越高所适用的税率也越高"推不出"收入越高，减少的越多，贫富差距自然会被进一步拉大"。材料中认为对于月工资超过30 000元的人缴的税不但不会减少，反而会

增加，这就与"收入越高，减少的越多"相矛盾，而且如果工资少于10 000元占到了90%以上，90%以上的人不用交税，那么从整个社会人数的角度看，贫富差距可能还是缩小了。

● 第二组论证

同时，由于税收起征点上调，国家收到的税收大幅度减少，政府就更没有能力为中低收入者提供医疗、保险、教育等公共服务，结果还是对穷人不利。

● 找错析错

①税收起征点上调后，国家收到的税收并不一定会大幅度减少，因为个人所得税只是国家税收中的一部分，还有其他部分，如企业增值税、关税等。所以得不出"政府就更没有能力为中低收入者提供医疗、保险、教育等公共服务，结果还是对穷人不利"这个结论。

②对于个人所得税而言，在税收起征点上调后，随着个人收入的增加和征收力度的增强，个人所得税的总量也不一定会大幅度减少。

● 第三组论证

所以说，建议提高个税起征点的人，或者听到提高起征点就高兴的人，在捅破这层窗户纸以后，他们也不得不承认这一客观真理：提高个税起征点有利于富人，不利于一般老百姓。

● 找错析错

"提高个税起征点有利于富人，不利于一般老百姓"可能只是部分人的观点，并不是客观真理。客观真理是客观存在、反映事物本质的科学道理，这与存在争议的观点是完全不同的。

● 第四组论证

如果不局限在经济层面讨论问题，转到从社会与政治角度考虑，问题就更清楚了。原来以2 000元起征点，有50%以上为非纳税人，如果提高到3 500元，中国的纳税人就只剩下20%了。有80%的国民不纳税，必定会引起政治权利的失衡。

● 找错析错

将"纳税"与"缴纳个人所得税"两个概念混淆。即使有些人按照个税起征点不缴纳个人所得税，也不能因此推断他们不纳税。他们可能需要缴纳其他的税，如企业增值税、消费税、利息税等。

● 第五组论证

纳税者只有承担了纳税义务，才能享受纳税者的权利。如果没有纳税，人们对国家就会失去主人翁的责任感，就不可能有强烈的公民意识，也就会失去或放弃监督政府部门的权利。所以，为了培养全国民众的公民意识，为了缩小贫富差距，为了建设和谐社会，我们应该适当降低个税起征点。

● 找错析错

①即使某些公民没有纳税，也推不出他们肯定就会对国家失去主人翁的责任感。国家主人翁的责任感取决于对国家的忠诚和认同，并不取决于是否纳税。

②材料认为"如果没有纳税，他们也就会失去或放弃监督政府部门的权利"，这样的推理并不妥当。中国公民监督政府部门的权利是《宪法》规定的，不是按照纳税数额分配的。

参考范文

真的应该适当降低个税起征点吗

原文通过一系列论证，试图说明"为了培养全国民众的公民意识，为了缩小贫富差距，为了建设和谐社会，应该适当降低个税起征点"这个结论成立，但是该论证存在多处缺陷或漏洞，现分析如下：

首先，由"工资越高所适用的税率也越高"推不出"收入越高，减少的越多，贫富差距自然会被进一步拉大"。材料中认为对于月工资超过 30 000 元的人缴的税不但不会减少，反而会增加，这就与"收入越高，减少的越多"相矛盾，而且如果工资少于 10 000 元占到了 90% 以上，90% 以上的人不用交税，那么从整个社会角度来看，贫富差距可能还是缩小了。

其次，国家只是准备把个税起征点提高到 3 500 元，而不是 10 000 元，所以基于 10 000 元的计算是不能用来批判 3 500 元的，因此不能得出 3 500 元作为个税起征点太高了的结论。材料中假设的论据是站不住脚的，本身不恰当的论据推不出可信的结论。

再次，税收起征点上调后，国家收到的税收并不一定会大幅度减少，因为个人所得税只是国家税收中的一部分，还有其他部分，如企业增值税、消费税、进出口关税等。所以得不出"政府就更没有能力为中低收入者提供公共服务，结果还是对穷人不利"这个结论。

最后，原文将"纳税"与"缴纳个人所得税"两个概念混淆。即使有的人按照个税起征点不缴纳个人所得税，也不能推断他们不纳税。他们可能需要缴纳其他的税，如企业增值税、消费税、利息税等。

综上所述，原文在概念、论据和论证过程等诸多方面存在缺陷，因此要想得出材料中的结论，还需要更加严谨的论证。

2009 年 10 月论证有效性分析真题

论证有效性分析：分析下述论证中存在的缺陷和漏洞，选择若干要点，写一篇 600 字左右的文章，对该论证的有效性进行分析和评论。（论证有效性分析的一般要点是：概念特别是核心概念的界定和使用是否准确并前后一致，有无各种明显的逻辑谬误，论证的论据是否成立并支持结论，结论成立的条件是否充分，等等。)

民主集中制是一种决策机制。在这种机制中，民主和集中是缺一不可的两个基本点。

民主不外乎就是体现多数人的意志。问题在于什么是集中。对此有两种解读，一种认为"集中"就是集中正确的意见；另一种认为"集中"就是集中多数人的意见。第一种解读看似有理，实际上是一种误解。

大家都知道，五四运动有两面旗帜，一面是科学，一面是民主。人们也许没有想到，这两面旗帜体现的是两种根本对立的原则。科学强调真理原则，谁对听谁的；民主强调多数原则，谁占多数听谁的。所谓"集中正确的意见"，就是强调真理原则。这样解读"集中"就会把民主集中制置于自相矛盾的境地。让我们想象一种情景：多数人的意见是错误的，少数人的意见是正确的。如果将"集中"解读为"集中正确的意见"，则不按多数人的意见办就不"民主"，按多数人的意见办就不"集中"。

毛泽东有一句话：真理往往掌握在少数人手里。把集中解释为集中正确意见，就为少数人说了算提供了依据。如果这样，民主岂不形同虚设？

什么是正确的，要靠实践检验，而判断一项决策是否正确，只能在决策实施之后的实践中检验，不可能在决策过程中完成。不知道什么是正确的，如何"集中正确意见"来做决策？既然在决策中集中正确的意见是不可能的，民主集中制的"集中"当然就应该是集中多数人的意见。

 论证结构

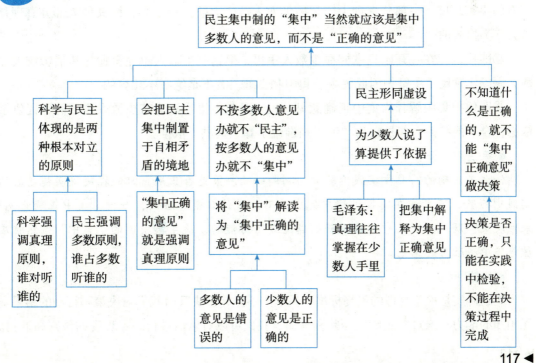

二　论证分析

● 第一组论证

　　大家都知道，五四运动有两面旗帜，一面是科学，一面是民主。人们也许没有想到，这两面旗帜体现的是两种根本对立的原则。科学强调真理原则，谁对听谁的；民主强调多数原则，谁占多数听谁的。所谓"集中正确的意见"，就是强调真理原则。这样解读"集中"就会把民主集中制置于自相矛盾的境地。让我们想象一种情景：多数人的意见是错误的，少数人的意见是正确的。如果将"集中"解读为"集中正确的意见"，则不按多数人的意见办就不"民主"，按多数人的意见办就不"集中"。

● 找错析错

　　①科学强调谁对听谁的，民主强调谁占多数听谁的，不能因此推出科学和民主是两种根本对立的原则。因为"多数"和"正确"未必就是根本对立的，很可能是统一于一体的。

　　②作者将"真理"和"多数人"绝对地对立起来，没有充分的逻辑依据。真理一旦出现，就必将传播开来，被大众所理解、接受，并成为人们思想和行动的指南，所以"真理"和"多数人"大多数时候是会统一起来的。

● 第二组论证

　　毛泽东有一句话：真理往往掌握在少数人手里。把集中解释为集中正确意见，就为少数人说了算提供了依据。如果这样，民主岂不形同虚设？

● 找错析错

　　①毛泽东所说的"真理往往掌握在少数人手里"，是有特殊历史背景的，未必适用于所有的决策环境。一部分真理由于超前性而未被广大的民众接受，而其他大部分真理是被人广为接受的。

　　②即使真理在一开始只掌握在少数人手里，但这些少数人也完全通过传播影响大多数人，以实现民主决策。因此民主、集中和真理三者不是绝对不相容的。

　　③即使把集中解释为集中正确意见，也未必就能推出这为"少数人说了算"提供了依据，合理的结论只能是它为"谁正确谁说了算"提供了依据。

● 第三组论证

　　什么是正确的，要靠实践检验，而判断一项决策是否正确，只能在决策实施之后的实践中检验，不可能在决策过程中完成。不知道什么是正确的，如何"集中正确意见"来做决策？既然在决策中集中正确的意见是不可能的，民主集中制的"集中"当然就应该是集中多数人的意见。

● 找错析错

　　实践确实是检验真理的最终标准，但这并不意味着决策时我们对决策和行动的结果毫无预知的能力。通过参照历史经验和规律，我们可以对事情进行一定程度的预判和推测。

参考范文

集中真的就是集中多数人的意见吗

原文通过一系列论证，试图说明"既然在决策中集中正确的意见是不可能的，民主集中制的'集中'当然就应该是集中多数人的意见"这个结论成立，但是该论证存在多处缺陷或漏洞，现分析如下：

首先，作者将"真理"和"多数人"绝对地对立起来，这是没有充分的逻辑依据的。真理一旦出现就必将传播开来，会被大众所理解、接受，并成为人们思想和行动的指南，所以"真理"和"多数人"最终也许是会统一起来的。所以，"真理"和"多数人"并不是完全对立的，两者不是排他性的矛盾关系，而是存在其他可能性的反对关系。

其次，毛泽东所说的"真理往往掌握在少数人手里"，是有特殊的历史背景的，未必适用于所有的决策环境。一部分真理由于超前性而未被广大的民众接受，而其他大部分真理是被人广为接受的。

再次，即使真理一开始只是掌握在少数人手里，但这些少数人也完全可以通过传播影响大多数人，然后实现民主决策。因此民主、集中和真理三者不是绝对不相容的。所以，由此论据推理不出"民主形同虚设"。

最后，实践确实是检验真理的最终标准，但这并不意味着我们对于决策和行动的结果毫无预知的能力。通过参照以往的经验和规律，我们可以对事情进行一定程度的预判和推测。因此，推理不出"民主集中制的'集中'当然就应该是集中多数人的意见"。

综上所述，原文在概念、论据和论证过程等诸多方面存在缺陷，因此要想得出材料中的结论，还需要更加严谨的论证。

2008年10月论证有效性分析真题

论证有效性分析：分析下述论证中存在的缺陷和漏洞，选择若干要点，写一篇600字左右的文章，对该论证的有效性进行分析和评论。（论证有效性分析的一般要点是：概念特别是核心概念的界定和使用是否准确并前后一致，有无各种明显的逻辑谬误，论证的论据是否成立并支持结论，结论成立的条件是否充分，等等。）

有人提出，应当把"孝"作为选拔官员的一项标准，理由是，一个没有孝心、连自己父母都不孝顺的人，怎么能忠诚地为国家和社会尽职尽责呢？我不赞同这种观点。现在已经是21世纪了，我们的思想意识怎么能停留在封建时代呢？

选拔官员要考查其"德、勤、能、绩"，我赞同应当把"德"作为首要标准。然而，对一个官员来说最重要的是公德而不是私德。"孝"只是一种私德而已。选拔和评价官员，偏重私德而忽视公德，显然是舍本逐末。

什么是公德？一言以蔽之，就是忠诚职守，在封建社会是忠于君主，现在则是忠于国家。自古道："忠孝难以两全。"岳飞抗击金兵，常年征战沙场，未能在母亲膝下尽孝，却成了千古传颂的英雄。反观《二十四孝》里的那些孝子，有哪个成就了名垂青史的功业？孔繁森撇下老母，远离家乡，公而忘私，殉职边疆，显然未尽孝道，但你能指责他是个不合格的官员吗？

俗话说"人无完人"，如果在选拔官员中拘泥于小节而不注意大局，就会把许多胸怀鸿鹄之志的精英拒之门外，而让那些守望燕雀小巢的庸才占据领导岗位。

一 论证结构

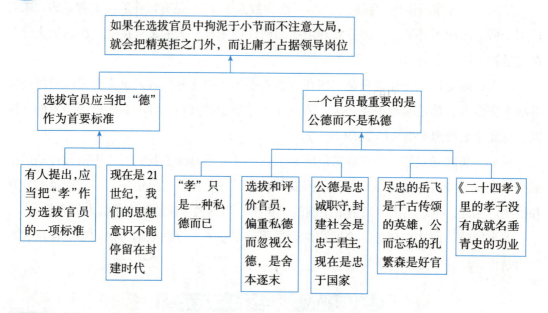

二 论证分析

● 第一组论证

有人提出，应当把"孝"作为选拔官员的一项标准，理由是，一个没有孝心、连自己父母都不孝顺的人，怎么能忠诚地为国家和社会尽职尽责呢？我不赞同这种观点。现在已经是21世纪了，我们的思想意识怎么能停留在封建时代呢？

● 找错析错

主张"应当把'孝'作为选拔官员的一项标准"，这并不意味着"思想意识停留在封建时代"，孝不是封建时代独有的行为规范，它也是适合于当今时代的。

● **第二组论证**

选拔官员要考查其"德、勤、能、绩",我赞同应当把"德"作为首要标准。然而,对一个官员来说最重要的是公德而不是私德。"孝"只是一种私德而已。选拔和评价官员,偏重私德而忽视公德,显然是舍本逐末。

● **找错析错**

主张"应当把'孝'作为选拔官员的一项标准",这并不意味着"偏重私德而忽视公德"。私德和公德在选拔官员上并不是矛盾的。把私德作为选拔官员的一个标准,并不排斥把公德作为另外一个更重要的标准。

● **第三组论证**

什么是公德?一言以蔽之,就是忠诚职守,在封建社会是忠于君主,现在则是忠于国家。自古道:"忠孝难以两全。"岳飞抗击金兵,常年征战沙场,未能在母亲膝下尽孝,却成了千古传颂的英雄。反观《二十四孝》里的那些孝子,有哪个成就了名垂青史的功业?孔繁森撇下老母,远离家乡,公而忘私,殉职边疆,显然未尽孝道,但你能指责他是个不合格的官员吗?

● **找错析错**

①材料前文说"我们的思想意识不能停留在封建时代",后文又说"自古道:'忠孝难两全'",显然自相矛盾。

②岳飞的例子已经把选拔官员的概念混淆为判定英雄的概念。而且《二十四孝》里的那些孝子名垂青史的问题也不是选拔官员需要关注的问题。

③《二十四孝》里的孝子的孝行是众人皆知的,反问"有哪个成就了名垂青史的功业",是把"孝"作为选拔干部的必要条件歪曲为充分条件,再加以"批驳"。

④《二十四孝》作为一本宣扬孝行的书籍,搜集、介绍的是那些孝子,而不是那些为国家做出巨大贡献的人。从《二十四孝》里得出所有的孝子都不可能成就名垂青史的"功业",未免是以偏概全了。

⑤"孝"不仅指"孝行",也指"孝心"。岳飞因征战沙场、孔繁森因工作远离家乡未能在母亲膝下尽孝,没有孝行不等于没有孝心,不能推出不孝。

● **第四组论证**

俗话说"人无完人",如果在选拔官员中拘泥于小节而不注意大局,就会把许多胸怀鸿鹄之志的精英拒之门外,而让那些守望燕雀小巢的庸才占据领导岗位。

● **找错析错**

由"忠孝难两全"不能推出"将'孝'作为选拔标准,就会把许多鸿鹄之志的精英拒之门外,而让守望燕雀小巢的庸才占据领导岗位"。拥有鸿鹄之志的精英并不都是不孝的,守望燕雀小巢的庸才并不都是孝顺的。

 参考范文

孝不应该作为选拔官员的标准吗

原文通过一系列论证，试图说明"孝不应该作为选拔官员的标准"这个结论成立，但是该论证存在多处缺陷或漏洞，现分析如下：

首先，主张应当把"孝"作为选拔官员的一项标准，这并不意味着"偏重私德而忽视公德"。私德和公德在选拔官员上并不是矛盾的，并不是非黑即白的排他性关系。把私德作为选拔官员的一个标准，并不排斥把公德作为另外一个更重要的标准。

其次，岳飞的例子已经把选拔官员的概念混淆为判定英雄的概念，而且《二十四孝》里的那些孝子名垂青史的问题也不是选拔官员需要关注的问题。选拔官员是选拔可以为人民服务的官员，而不是选拔千古传颂的英雄，两者概念不同，不能混淆。而且选拔官员是选出来做当下事的，而不是为了名垂青史。

再次，《二十四孝》作为一本宣扬孝行的书籍，搜集、介绍的是那些孝子，而不是那些为国家做出巨大贡献的人。从《二十四孝》里得出所有的孝子都不可能成就名垂青史的"功业"，未免是以偏概全了。所以，以《二十四孝》中的孝子举例，不足以论证"选拔和评价官员，偏重私德而忽视公德，显然是舍本逐末"。

最后，由"忠孝难两全"不能推出"将'孝'作为选拔标准，就会把许多鸿鹄之志的精英拒之门外，而让守望燕雀小巢的庸才占据领导岗位"。拥有鸿鹄之志的精英并不都是不孝的，守望燕雀小巢的庸才并不都是孝顺的。

综上所述，原文在概念、论据和论证过程等诸多方面存在缺陷，因此要想得出"孝不应该作为选拔官员的标准"这个结论，还需要更加严谨的论证。

2007年10月论证有效性分析真题

论证有效性分析：分析下述论证中存在的缺陷和漏洞，选择若干要点，写一篇600字左右的文章，对该论证的有效性进行分析和评论。（论证有效性分析的一般要点是：概念特别是核心概念的界定和使用是否准确并前后一致，有无各种明显的逻辑谬误，论证的论据是否成立并支持结论，结论成立的条件是否充分，等等。）

在中国改革开放的字典里，"终身制"和"铁饭碗"作为指称弊端的概念，是贬义词。其实，这里存在误解。

在现代企业理论里，有一个"期界问题（horizon problem）"，是指由于雇佣关系很短而导致职工的种种短视行为，以及此类行为对企业造成的伤害。当雇员面对短期的雇

佣关系，首先他不会为提高自己的专业技能投资，因为他在甲企业中培育的专业技能对他在乙企业中的发展可能毫无意义；其次，作为一个匆匆过客，他不会关注企业的竞争力，因为这和他的长期收入没有多大关系；最后，只要有机会，他会为了个人的短期收入最大化而损害企业利益，例如过度地使用机器设备，等等。

为了解决"期界问题"，日本和德国的企业对那些专业技能要求很高的岗位上的员工，一般都实行终身雇佣制；而终身雇佣制也为日本和德国企业建立与保持国际竞争力提供了保障。这证明了"终身制"和"铁饭碗"不见得不好，也说明，中国的劳动关系应该向着建立长期雇佣关系的方向发展。

在现代社会，企业和劳动者个人都面临着不断变化的市场环境，而变化的环境必然导致机会主义行为。在各行各业，控制机会主义行为的唯一途径，就是在企业内部培养员工对公司的忠诚感。而培养忠诚感，需要建立员工和企业之间的长期雇佣关系，要给员工提供"铁饭碗"，使员工形成长远预期。

因此，在企业管理的字典里，"终身制"和"铁饭碗"应该是褒义词。不少国家、包括美国，不是都有终身教授吗？既然允许有捧着"铁饭碗"的教授，为什么不允许有捧着"铁饭碗"的工人呢？

一 论证结构

二 论证分析

● 第一组论证

在现代企业理论里,有一个"期界问题(horizon problem)",是指由于雇佣关系很短而导致职工的种种短视行为,以及此类行为对企业造成的伤害。当雇员面对短期的雇佣关系,首先他不会为提高自己的专业技能投资,因为他在甲企业中培育的专业技能对他在乙企业中的发展可能毫无意义;其次,作为一个匆匆过客,他不会关注企业的竞争力,因为这和他的长期收入没有多大关系;最后,只要有机会,他会为了个人的短期收入最大化而损害企业利益,例如过度地使用机器设备,等等。

● 找错析错

①不采用终身雇佣制不意味着所有的员工和企业之间的雇佣关系都是很短的雇佣关系。企业不实行终身雇佣制只是企业不向某个员工许诺终身雇佣他,员工可以通过自己的努力工作赢得企业的认同而在一个企业一直干到自己退休。所以,"期界问题"所引起的所谓的伤害企业的短视行为不一定真的会发生。

②较短的雇佣关系不必然推出员工不会为提高自己的专业技能投资。即使是短期雇佣,员工也很有可能为提升自己的职业竞争力而努力提升自己的专业技能。

③即使员工是短期雇佣的,也推不出员工肯定不会关心企业的竞争力。员工的薪水是和企业的经营状况有关联的,员工出于对自身利益的关心还是会关注企业竞争力的。

④即使员工是短期雇佣的,也推不出员工为了个人短期收入的最大化而必然损害企业利益。导致员工损害企业利益的真正原因很可能是某些企业管理制度的不完善。

● 第二组论证

为了解决"期界问题",日本和德国的企业对那些专业技能要求很高的岗位上的员工,一般都实行终身雇佣制;而终身雇佣制也为日本和德国企业建立与保持国际竞争力提供了保障。这证明了"终身制"和"铁饭碗"不见得不好,也说明,中国的劳动关系应该向着建立长期雇佣关系的方向发展。

● 找错析错

①由日本、德国实行终身雇佣制推不出"终身制"和"铁饭碗"本身就是好的。日本和德国的企业之所以能建立与保持国际竞争力,很可能不是因为他们实行了终身雇佣制,而是因为他们重视对员工职业技能和职业素养的培养,或是他们各自独特的民族文化特别适合当时的工业化生产方式。每个国家的具体国情不同,如果中国实行终身雇佣制,很可能就会因此导致人浮于事的低效率局面。

②即使历史说明实行终身雇佣制对日本、德国的企业来说是好的,但这也不能必然

推出这种制度在未来对企业来说就是利大于弊的，因为时代不同了，过去的成功经验很可能会成为现在进步的绊脚石。

③日本和德国只是对那些"专业技能要求很高的岗位上的员工"实行终身雇佣制，而不是对所有的员工实行终身雇佣制。所以，并不能就此推出对技能要求低、人力市场上供过于求的岗位上的员工也要实行同样的终身雇佣制。

● 第三组论证

在现代社会，企业和劳动者个人都面临着不断变化的市场环境，而变化的环境必然导致机会主义行为。在各行各业，控制机会主义行为的唯一途径，就是在企业内部培养员工对公司的忠诚感。而培养忠诚感，需要建立员工和企业之间的长期雇佣关系，要给员工提供"铁饭碗"，使员工形成长远预期。

● 找错析错

①在企业内部培养员工对公司的忠诚感并不是控制机会主义行为的唯一途径。虽然市场环境是变化的，但变化也是有规律可循的，所以作为理性的人和企业，只要能认识和掌握这些变化的客观规律，就可以发现更长远的利益，而不是采取"只顾眼前利益，牺牲更长远的利益"的机会主义行为。

②即使培养员工对公司的忠诚感是控制机会主义的唯一途径，也不能就此推出中国需要采用终身雇佣制，要给员工提供"铁饭碗"，使员工形成长远预期。因为可能其他的方法，比如进行职业道德的教育、提高员工的待遇、营造一种良好的企业文化，这些都比采用终身雇佣制更能有效地培养员工的忠诚感。

③材料前文指出，在现代社会，企业和劳动者个人面临不断变化的市场环境，然后就此推出企业应该对员工实行终身雇佣制。这里是存在前后矛盾的，因为变化的环境需要的应该是变化的雇佣关系，而不是一成不变的"终身雇佣制"。

● 第四组论证

因此，在企业管理的字典里，"终身制"和"铁饭碗"应该是褒义词。不少国家，包括美国，不是都有终身教授吗？既然允许有捧着"铁饭碗"的教授，为什么不允许有捧着"铁饭碗"的工人呢？

● 找错析错

普通工人和终身教授并不具有真正的可比性。美国等国有终身教授，不能就此推出要对所有的工人都实行终身雇佣制。因为终身教授是对一个学者学术与知识的肯定，本身就是一种选择性的稀缺资源。而且并不是所有的教授都是终身教授，终身教授是需要经过严格的评审的，所以不能以此为类比推理出工人也应该都实行终身雇佣制。

三 参考范文

"终身制"和"铁饭碗"是褒义词吗

原文通过一系列论证，试图说明"在企业管理的字典里，'终身制'和'铁饭碗'应该是褒义词"这个结论成立，但是该论证存在多处缺陷或漏洞，现分析如下：

首先，不采用终身雇佣制不意味着所有的员工和企业之间的雇佣关系都是很短的雇佣关系。企业不实行终身雇佣制只是企业不向某个员工许诺终身雇佣，员工可以通过自己的努力工作赢得企业的认同，从而获得终身雇佣。所以，"期界问题"所引起的所谓伤害企业的短视行为不一定真的会发生。

其次，由日本、德国实行终身雇佣制不能推出"'终身制'和'铁饭碗'本身就是好的"。日本和德国的企业之所以能建立与保持国际竞争力，很可能是因为他们重视员工职业技能和素养的培养。每个国家的具体国情不同，如果中国实行终身雇佣制，那么很可能会导致人浮于事。

再次，日本和德国只是对那些"专业技能要求很高的岗位上的员工"实行终身雇佣制，而不是对所有的员工实行终身雇佣制。企业可能对某些专业技能要求很高的岗位上的员工实行终身雇佣制，但是并不能就此推出对技术水平低、没有竞争力的员工也要实行终身雇佣制。

最后，材料指出，在现代社会，企业和劳动者个人面临不断变化的市场环境，然后就此推出企业应该对员工实行终身雇佣制。这里是前后矛盾的，因为变化的环境需要的应该是变化的雇佣关系，而不是一成不变的"终身雇佣制"。

综上所述，原文在概念、论据和论证过程等诸多方面存在缺陷，因此要想得出材料中的结论，还需要更加严谨的论证。

第四节　经济类联考精选真题精讲

2016年经济类联考论证有效性分析真题

论证有效性分析：分析下述论证中存在的缺陷和漏洞，选择若干要点，写一篇600字左右的文章，对该论证的有效性进行分析和评述。（论证有效性分析的一般要点是：概念及主要概念界定和使用的准确性及前后是否互相矛盾，有无各种明显的逻辑谬误，论据是否支持结论，论据的成立条件是否充分。还要注意逻辑结构和语言运用。）

在我们国家，大多数证书都是有有效期的。不要说驾照、营业执照等年年要年审的证书了，连身份证也是有个十年或二十年到期更换的规定，然而我们的结婚证书，都是不需要年审、不需要换证的。

我认为结婚证书也应有有效期。新领的，有效期7年；到期后，需去民政部门办理续存手续，续存十年，十年之后，就可不用办存数手续了。为什么呢？

首先，男女双方能定期审视自己的婚姻生活。通过办理证书续存手续，男女双方能够有机会好好审视一下双方结婚以来的得与失，从而问一下自己：我还爱对方吗？对方还爱我吗？自己的婚姻有没有必要再延续呢？通过审视，就能很好发现自己在上个婚期内有没有亏待过对方，这对今后的婚姻无疑大有益处。

其次，让双方再说一遍"我愿意"，提高夫妻各自的责任感。从热恋的激情甜蜜到婚姻中的熟悉平淡，这似乎是大多数情感的必经过程，然而疲惫的情感却容易使婚姻进入"瓶颈"。经过一段时期的婚期考验后，在办理婚姻二次手续时再向对方说一声"我愿意"，无疑更显真诚、更显实在、更多理性、更能感动对方，即使以前在共同生活中有很多磕磕绊绊，但一句"我愿意"相信可以消除掉许多误会和猜疑；新婚时说的"我愿意"，有太多的理想感伤，而七年后再说"我愿意"，不光更具真情实意，更重要的是还具有更强的责任感；你不对我负责，我到期就跟你说再见。

再次，让一些垂死的婚姻自然死亡，减少许多名存实亡的婚姻的存在，降低离婚成本。现在很多家庭，即使双方已经彻底破裂，却因多种原因而维系着，维系的最主要原因就是不愿去法院打官司，而通过这种婚姻到期续存，就没必要一定要通过办理离婚手续才可离婚，只要有一方说"我不愿意"，就没有婚姻关系了，这样将使更多对婚姻抱着"好死不如赖活着"想法的人，能够轻松获得解脱。

● 参考范文

有必要给结婚证书设定有效期吗

上文通过一系列列成问题的推理试图推出"结婚证书也应有有效期"这一观点。这样的推理看似新颖，实则毫无道理，难以成立。

首先，文中以"驾照、营业执照、身份证等证书有有效期"类比推出"结婚证书也应该需要更换"，这里存在概念界定不清的问题。驾照、营业执照都是资格类证书，须定期审查资质；身份证的有效期是针对证件本身而言的有效期；而结婚证书与以上两类证书在性质上都不一样，结婚证书承载的是男女双方的契约关系，结婚自愿、离婚自由，双方有权决定婚姻关系是否维持。所以，结婚证书有效期一说并无根据。

其次，文中写道"双方通过办理证书续存手续可以有机会审视结婚的得与失"，对于婚姻关系的审视并不一定要通过办证的形式，夫妻双方可以坐下来通过沟通去审视和判断。理由与结论并不存在必然的因果关系，由这个理由不足以推出结论。

再次，文中类似"让双方再说一遍'我愿意'，提高夫妻各自的责任感"的论述过于绝对，一句"我愿意"并不一定可以提高责任感，可能只是一种徒有其表的仪式。而且办理结婚证书续存手续势必会增加政府的行政负担。

最后，文中提到"让一些垂死的婚姻自然死亡，减少许多名存实亡的婚姻的存在，降低离婚成本"，事实上离婚成本是由多种因素构成的，并不会因为结婚证的更换而降低。而且，增加换证流程反而会增加政府的行政成本。

综上所述，由于上文在推理论证中存在诸如此类的逻辑漏洞，所以，其论证的有效性以及由此得出的结论都是值得进一步商榷的。

2015年经济类联考论证有效性分析真题

论证有效性分析：分析下述论证中存在的缺陷和漏洞，选择若干要点，写一篇600字左右的文章，对该论证的有效性进行分析和评述。（论证有效性分析的一般要点是：概念及主要概念界定和使用的准确性及前后是否互相矛盾，有无各种明显的逻辑谬误，论据是否支持结论，论据的成立条件是否充分。还要注意逻辑结构和语言运用。）

如何解决网络假货问题？

2014年11月，中国互联网大会，阿里巴巴集团董事局主席马云和京东集团创始人刘强东，围绕网络假货问题各自发表了看法。

刘强东已多次指责淘宝"假货"和"逃税"问题，在大会开幕前接受媒体采访时，也直言不讳：中国互联网假货流行已严重影响消费者网购信心，这是整个电子商务行业最重要的"瓶颈"。目前，网络售卖假货、水货的大多是大型的、有组织化的，动辄千万、几个亿规模的公司。

马云说："你想想，25块钱买一个劳力士表，这是不可能的，原因是你自己太贪。"他指出：卖假货的商家害怕在淘宝上卖假货，阿里巴巴很容易查出谁在卖。近一两年中国电商发展迅猛，若靠假货，每天的交易额不可能达到六七十亿。阿里巴巴每年支出逾1 610万美元用来打击假货，打假行动也获得了国际上的认可，所以，美国贸易代表将淘宝从2012年恶名市场名单中移除。

刘强东指出解决网络假货问题要依靠行业合作、政府监管。他建议一方面要在整个电子商务行业推广使用电子发票；另一方面，推动卖家进行电子工商注册。政府各部门联合起来加强跨平台联合监管，共同打击有组织有规模的假货公司。此外，他认为解决互联网假货问题要从征税根源问题上进行，一方面要提高电商营业额起征点到

100万元；另一方面，日常营运人数达百人以上的大商家要注册电子工商营业执照，并规定使用电子发票。

马云认为，解决网络假货问题要依靠生态系统和大数据。互联网技术为保护知识产权和打击制售假冒伪劣商品提供了便利条件。生态系统建设和大数据技术能够快速找出假货问题，在信用体系中弘扬正能量，从而有效地解决假货问题。马云还补充说，阿里巴巴集团正在建设一个互联网生态系统，该系统对保护知识产权和解决假货问题最有效。

（该篇改自《火药味！两个大佬互联网大会上互掐》——广州日报2014年11月21日）

● 参考范文

一场强词夺理的争论

京东刘强东与阿里巴巴马云围绕"如何解决网络假货问题"都站在自身的角度提出了相应的观点。但是，这样的观点看似新颖，实际是毫无理论根据的，现分析如下：

刘强东的观点是有失偏颇的：

第一，刘强东认为目前网络假货大多是大型的、有组织化的公司所为，与现实不符，这违背了常理。在现实生活中，大量的假货、水货大部分是来自小规模的组织或企业，大规模的公司很少能够靠卖假货和水货生存、发展和壮大。

第二，刘强东建议"在整个电子商务行业推广使用电子发票，卖家进行电子工商注册"，但这是控制假货的必要条件，而非充分条件。文中误把必要条件当作充分条件使用。而且刘强东的建议只是针对规模较大的公司，但漏掉了大多数制假、售假的小规模公司，因而不能全面解决互联网假货问题。

马云的观点是漏洞百出的：

第一，马云关于"阿里巴巴很容易就可以查出谁在卖假货，以及美国贸易代表将淘宝从2012年恶名市场名单中移除"的观点，是在为阿里巴巴辩护，转移了话题。此外，这些论据也不足以证明阿里巴巴没有网络假货问题，因为能查出假货并不代表可以阻止假货。

第二，马云认为"生态系统建设和大数据技术能够快速找出假货问题，在信用体系中弘扬正能量，从而有效地解决假货问题"。事实上，只靠大数据可能会发现假货问题，但是惩处和监管还要依靠现实中的具体措施。所以，马云的这个观点还是有些以偏概全，并不足以解决互联网假货问题。

综上所述，由于两人的观点都存在诸如此类的逻辑漏洞，所以，其论证的有效性以及由此得出的结论都是值得商榷的。

2014年经济类联考论证有效性分析真题

论证有效性分析：分析下述论证中存在的缺陷和漏洞，选择若干要点，写一篇600字左右的文章，对该论证的有效性进行分析和评述。（论证有效性分析的一般要点是：概念及主要概念界定和使用的准确性及前后是否互相矛盾，有无各种明显的逻辑谬误，论据是否支持结论，论据的成立条件是否充分。还要注意逻辑结构和语言运用。）

如何看待高考英语改革？

2013年10月，北京市教育委员会公布的《2014—2016年高考高招改革框架方案》（征求意见稿）显示，从2016年起该市高考语文由150分增至180分，数学仍为150分；英语由150分减为100分，其中听力占30分，阅读、写作等占70分。这一举措引发了各方对高考改革的热烈讨论。

支持者的理由如下：第一，语文高出英语分值80分，有助于强化母语教育，因为不少学生对外语所投入的时间、精力和金钱远远超过语文。第二，母语是学习的基础，只有学好母语才能学好包括英语在内的其他科目。第三，很多中国人从幼儿园就开始学习英语，但除了升学、求职、升职经常需要考英语，普通人在工作、生活中很少用到外语。第四，此举可以改变现有的"哑巴式英语"教学的状况，突出英语作为语言的实际应用作用。

反对者的理由如下：第一，没必要那么重视语文，因为我们就生活在汉语环境中，平时说的、看的都是汉语，喊着"救救汉语"的人实在是杞人忧天。第二，普通人学习英语时不可能像学习母语时那样"耳濡目染"，若还要在学校里弱化英语教学，那么英语就更难学好了。第三，中学生的学习负担沉重并不全是因为英语，英语改革需要有周密的调研，高考改革也应从全局考虑。第四，这一举措把中小学英语教学的负担推给了大学，并没有考虑到学生今后的发展。因为学生读大学时还得参加四六级英语考试，而检验教育成果的一个重要方面就是学生以后的就业情况。

（改编自《北京高考改革方案：降低英语分值 提高语文分值》，人民网，2013年10月28日；《英语特级教师：反对高考英语改革的九点理由》，中国教育在线，2013年10月24日）

● 参考范文

切勿草率进行改革

在上文中，支持者与反对者分别对"高考英语改革"提出了自己的观点。但是，无论是支持者还是反对者，他们的论证都漏洞百出，经不起认真的推敲，现分析如下：

从支持者的角度来看：

第一，材料通过"语文高出英语分值80分"得出"有助于强化母语教育"这一结论，看似很有道理，但二者并无必然的因果关系。母语是否得到强化，更多的是看在教学过程中，授课时间的多少以及师生的重视程度，而不是简单地看考试分值的高低。

第二，题干中提到"因为不少学生对外语所投入的时间、精力和金钱远远超过语文"，但是题干中说的是高考英语的问题，而外语则是一个更大的范围，两个概念的内涵和外延不同，不能混淆。

从反对者的角度来看：

第一，文中提到"普通人学习英语时不可能'耳濡目染'，若在学校里弱化英语教学，那么英语就更难学好了"。题干前文只是说考试的分值降低了，并不能得出弱化了英语教学的结论，考试分数的高低只是衡量学习好坏的必要条件，而非充分条件。

第二，只是将高考的英语试卷的分值下降，不足以得出"把中小学英语教学的负担推给了大学"的结论。学生要想在高考中取得好成绩，还是需要努力学习英语的，总分值即便降低，学生间仍存在竞争关系，所以由此推出将教学负担推给大学是没有任何根据的。

综上所述，支持者和反对者都没有提供足够充分的论据来证明自己的观点。"高考英语改革"还须谨慎，切勿草率。

2013年经济类联考论证有效性分析真题

论证有效性分析：分析下述论证中存在的缺陷和漏洞，选择若干要点，写一篇600字左右的文章，对该论证的有效性进行分析和评述。（论证有效性分析的一般要点是：概念及主要概念界定和使用的准确性及前后是否互相矛盾，有无各种明显的逻辑谬误，论据是否支持结论，论据的成立条件是否充分。还要注意逻辑结构和语言运用。）

是否应该彻底取消"黄金周"？

1999年10月开始实行的"黄金周"休假制度，在拉动经济、为国人带来休闲度假新概念的同时，也暴露出很多问题。因此，于2006年起，陆续有人提出取消"黄金周"的建议。2008年，"五一"黄金周取消，代之以清明、端午、中秋等传统节日"小长假"。2012年"国庆黄金周"后，彻底取消"黄金周"的声音再次引起公众的注意。

支持取消者认为：第一，"黄金周"造成了景区混乱和资源调配不合理、浪费社会资源、打乱正常生活秩序，不利于经济长期可持续发展。第二，"黄金周"人为地将双休日挪在一起，使大家不得不连续休假七天，同时要连续工作七天，这在很大程度上是一种"被放假"的安排，体现了一种群众运动式的思维，是计划经济的产物，不符合自主消费的原则。第三，当初实行"黄金周"是一种阶段性的考虑，随着带薪休假制度的落实，应该彻底取消"黄金周"。

反对取消者则认为：第一，"黄金周"对旅游业的成熟和发展起到了极大的促进作用，对经济的拉动也功不可没。任何事物都有利有弊，不能只看到弊端就彻底取消。第二，随着消费者出游经验的不断丰富，旅游消费必将更加理性。错峰出游、路线选择避热趋冷等新的消费习惯会使一些现有问题得到解决。第三，目前我国可享受带薪休假的职工仅有三成，年假制度不能落实，"被放假"毕竟比"被全勤"好，实在的"黄金周"毕竟要比虚无缥缈的带薪休假更加现实。

（改编自《旅游界反对取消黄金周，新假期改革效果尚不明确》，《南方日报》2008年9月9日；《黄金周假期惹争议，最终取消是必然》，凤凰网资讯2012年10月8日；《彻底取消黄金周高估了带薪休假环境》，东方网2012年10月5日等）

● 参考范文

关于"是否取消'黄金周'"的偏颇论证

上文中，支持者与反对者分别对"黄金周"的利弊提出了自己的论证。无论是支持者还是反对者，他们的论证看似很有道理，但其实都存在诸多论证缺陷和逻辑谬误，现分析如下：

从支持取消者的角度来看：

第一，"'黄金周'造成了景区混乱、资源调配不合理等问题"不能推出"不利于经济长期可持续发展"，二者之间并不存在必然的因果关系，不能将两者强加因果。

第二，"黄金周是一种'被放假'的安排"是作者的主观臆断，并不具有逻辑上的相关性和真实性，并不能由此推出结论"体现了一种群众运动式的思维，是计划经济的产物，不符合自主消费的原则"。

从反对取消者的角度来看：

第一，由"随着消费者出游经验的不断丰富"推不出"旅游消费必将更加理性"，由"错峰出游、路线选择避热趋冷等新的消费习惯"推不出"会使一些现有问题得到解决"。论据的效果是作者的主观臆断，论据与结论并无必然的因果关系，属于过度推断。

第二，将"我国可享受带薪休假的职工仅有三成，年假制度不能落实"作为反对取消"黄金周"的论据，但除了带薪休假和年假，就必须保留黄金周吗？它们不是排他性的矛盾关系，而是存在其他可能性的反对关系，比如说病假、产假、高温假等。

综上所述，支持者和反对者都没有提供足够充分的论据来证明自己的观点。如果双方要加强各自的观点，还需要提供更为有力的证据。

论说文

- 第四章　考点精析
- 第五章　写作指南
- 第六章　真题精讲

学习建议

论说文与其说是在写文章，不如说是在创作。它不像论证有效性分析一样，是在批改命题老师的文章，而是创作一篇文章给阅卷老师批改。这里的创作不是天马行空，而是在一定范围内的充分发挥。所以，这就需要考生充分认识到自己的创作边界在哪，边界之内万物生长，边界之外危机四伏。而且，这个边界从来不是自我设定，而是在题干文字材料的字里行间中。

第四章 考点精析

第一节 文体解读与辨析

1. 论说文的本质

论说文在文体上来说，本质上就是议论文。议论文，又叫说理文，是一种剖析事物、论述事理、发表意见、提出主张的文体。作者通过摆事实、讲道理、辨是非等方法，来确定自己观点的正确性，树立自己主张的可信度。议论文是对某个问题或事件进行分析、评论，表明自己的观点、立场、态度、看法和主张的一种文体。议论文应当观点明确、论据充分、语言精练、论证合理、有严密的逻辑性。

2. 与其他文体的不同

议论文是以议论为主要表达方式，通过摆事实、讲道理等方法，直接表达作者观点和主张的常用文体。它不同于记叙文以形象生动的记叙来间接地表达作者的思想感情，也不同于说明文侧重介绍或解释事物的形状、性质、成因、功能等。概括来说，议论文是以理服人的文章，记叙文是以事感人的文章，说明文是以知授人的文章。

3. 议论文的核心

议论文的核心是论证。论证是作者通过对客观事物进行分析，然后表明自己的观点、态度和主张的表达方式，通常由论据、结论、论证方法三部分构成。论据是用来确定结论真实性的判断，它是使结论成立并让人信服的理由或根据，它所回答的是"用什么来论证"的问题。结论是作者所持的观点，在逻辑学上，结论就是需要证实真实性的判断，它是作者对所论述的问题提出的观点、态度和主张。论证方法是指论据和结论之间的联系方式，即论证过程中所采用的推理形式，它所回答的是"怎样用论据论证结论"的问题。

第二节 四种题型解读

关于论说文的考试题型，《考试大纲》规定："论说文的考试形式有两种：命题作文、基于文字材料的自由命题作文。每次考试为其中一种形式。"

从《考试大纲》来看，论说文的考试题型主要有两种：一种是"命题作文"，另一种是"基于文字材料的自由命题作文"。根据论说文历年真题的分析和试题所给的文字材料类型，可以将"基于文字材料的自由命题作文"再细分为观点分析、观点辨析、案例分析。综上所述，可以将论说文的考试题型分为四种：命题作文、观点分析、观点辨析、案例分析。

为什么要进一步具体区分这四种考试题型呢？这是因为，不同的题型对应着不同的写作要求和写作规范。所以，如果同学们将考试题型搞错，那么写出来的文章很有可能文不对题，甚至会出现严重的跑题。

以下是历年论说文考试题型归类表：

历年论说文考试题型归类

年份	考试题型	年份	考试题型	年份	考试题型
2020 年	案例分析	2010 年	案例分析	2004 年 10 月	案例分析
2019 年	观点分析	2010 年 10 月	案例分析	2003 年 10 月	观点分析
2018 年	观点辨析	2009 年	命题作文	2002 年	命题作文
2017 年	观点辨析	2009 年 10 月	案例分析	2002 年 10 月	命题作文
2016 年	观点分析	2008 年	命题作文	2001 年	案例分析
2015 年	观点分析	2008 年 10 月	案例分析	2001 年 10 月	命题作文
2014 年	案例分析	2007 年	案例分析	2000 年	观点辨析
2013 年	案例分析	2007 年 10 月	观点分析	2000 年 10 月	命题作文
2013 年 10 月	案例分析	2006 年	案例分析	1999 年	观点辨析
2012 年	观点分析	2006 年 10 月	案例分析	1999 年 10 月	命题作文
2012 年 10 月	案例分析	2005 年	案例分析	1998 年	案例分析
2011 年	观点辨析	2005 年 10 月	案例分析		
2011 年 10 月	案例分析	2004 年	观点辨析		

下面结合部分年份的真题，具体介绍这四种考试题型的写作要求和写作规范。

  命题作文

1. 什么是命题作文

命题作文是比较简单的论说文考试题型。在历年的联考论说文真题中，所有在试题的写作要求中明确规定"以……为题""以……为话题/议题"的试题，同学们都可以将其视为命题作文。

2. 历年真题中的命题作文

2009年管理类联考的论说文真题，就是一篇命题作文：

以"由三鹿奶粉事件所想到的"为题，写一篇700字左右的论说文。

3. 命题作文的应对策略

（1）如果命题材料中已经明确给出了观点，比如"论坚持的重要性""论人才的重要性""论诚信的重要性"，在这样的情况下，同学们就必须紧紧地抓住给定的观点，然后寻找充足的论据和理由，论证结论成立的合理性。

（2）如果命题材料中没有明确给定观点，而只是大体给出了一个命题作为写作范围，那么就需要同学们进一步在这个给定的命题范围内确定自己的观点和立场，并加以论证。

二 观点分析

1. 什么是观点分析

观点分析就是命题或材料给出了一个观点，要求同学们在分析之后，基于命题或材料所给观点，表明自己的观点，然后寻找论据、组织语言证明自己所提观点正确，从而写出一篇完整的论说文。

观点分析和其他题型的区分标志就在于题干中会比较明确地写出"某人说……"。所以同学们遇到这种形式的题干，可以将其视为观点分析题型，然后按照观点分析题型的解题方法一步一步作答。

2. 历年真题中的观点分析

2016年管理类联考的论说文真题，就是一篇观点分析：

论说文：根据下述材料，写一篇700字左右的论说文，题目自拟。

亚里士多德说："城邦的本质在于多样性，而不在于一致性。……无论是家庭还是城邦，它们的内部都有着一定的一致性。不然的话，它们是不可能组建起来的。但这种一致性是有一定限度的。……同一种声音无法实现和谐，同一个音阶也无法组成旋律。城邦也是如此，它是一个多面体。人们只能通过教育使存在着各种差异的公民统一起来，组成一个共同体。"

3. 观点分析的应对策略

观点分析题型的难点在于读懂观点所要真实表达的意思，这就需要同学们深入文字材料之中，对观点进行深层次的分析。这种分析不应该只停留在文字材料的表面，还应深入到观点提出的时代背景中去分析观点，这是因为每一个观点都是在为观点所生存的时代发声。

三 观点辨析

1. 什么是观点辨析

观点辨析就是命题或材料给出了两个或两个以上观点，要求同学们在分析之后，基于命题或材料所给观点，表明自己的观点，然后寻找论据、组织语言证明自己所提观点正确，从而写出一篇完整的论说文。

观点辨析和观点分析的区分标志就在于观点的数量，单一观点的分析是观点分析，多个观点的分析是观点辨析。观点辨析中的多个观点之间可能是矛盾关系、反对关系、包含关系、并列关系。

2. 历年真题中的观点辨析

2018 年管理类联考的论说文真题，就是一篇观点辨析：

根据下述材料，写一篇 700 字左右的论说文，题目自拟。

有人说，机器人的使命，应该是帮助人类做那些人类做不了的事，而不是代替人类。技术变革会夺取一些人的低端烦琐的工作岗位，最终也会创造更高端、更人性化的就业机会。例如，历史上铁路的出现抢去了很多挑夫的工作，但又增加了千百万的铁路工人。人工智能也是一种技术变革，人工智能也将促进未来人类社会的发展。有人则不以为然。

3. 观点辨析的应对策略

观点辨析题型的难点在于辨别、分析多个观点之间的关系，这就需要同学们深入文字材料之中，对多个观点进行组合式分析。这种组合式分析首先需要读懂命题老师每一个观点的本意，然后将多个观点组合起来分析观点之间的关系，最后结合与之相关的时代背景信息确定最终立意。

四 案例分析

1. 什么是案例分析

命题老师在题干中给出一个情景故事或真实案例，要求同学们以角色代入的方式深入故事或案例之中进行分析，然后以抽丝剥茧的方式厘清局中人所面对的矛盾、问题、困难，最后对局中人的行为或决策就事论事地进行剖析或评价，同学们可以做适当的思维迁移和展开，这样的考试题型就是案例分析。

2. 历年真题中的案例分析

2020 年管理类联考的论说文真题，就是一篇案例分析：

论说文：根据下述材料，写一篇 700 字左右的论说文，题目自拟。

据报道，美国航天飞机"挑战者号"采用了斯沃克公司的零配件。该公司的密封圈技术专家博易斯乔利多次向公司提醒：低温会导致橡胶密封圈脆裂而引发重大事故。但是，这一意见一直没有受到重视。1986年1月27日，佛罗里达州卡纳维拉尔角发射场的气温降到零度以下，美国宇航局再次打电话给斯沃克公司，询问其对航天飞机的发射还有没有疑虑之处。为此，斯沃克公司召开会议，博易斯乔利坚持认为不能发射。但公司高层认为他所持理由还不够充分，于是同意宇航局发射。1月28日上午，航天飞机离开发射平台，仅过了73秒，悲剧就发生了。

3. 案例分析的应对策略

案例分析因具有场景性，所以在四种论说文考试题型中是相对特殊的存在。因此，同学们遇到案例分析，需要综合多种方法和多个角度，进行深层次的分析。如果同学们忽略某些方面，很有可能导致审题立意出现较大的偏差。

下面列举六种最常用的案例分析方法：

（1）利益相关者分析法。

案例分析中往往会涉及不同人群的利益，同学们就需要用利益相关者分析法厘清错综复杂的利益关系，找到所有的利益相关者，知晓他们不同的利益诉求，以及他们的利益对整体行为或决策的影响程度，确保行为或决策可以顾及绝大部分人群的利益。

（2）决策因素分析法。

一个重大决策的制定，必定要经过深思熟虑，会考虑众多的决策影响因素，比如环境因素、组织自身因素、决策问题的性质、决策主体的因素等。如果同学们找不到这些相应的决策因素，就很有可能影响案例分析这种题型的写作思路，导致自己的文章没有内容可写。另外，如果同学们找到的只是几个无关紧要的决策因素，那么这样写出来的文章在分析层面就不会有太强的力度，就会显得很苍白无力。

（3）矛盾冲突分析法。

案例分析中的问题往往直接表现为矛盾和冲突，这种矛盾和冲突往往又是不可避免和不可调和的。所以，使用矛盾冲突分析法可以帮助同学们身临其境，将故事或案例中人物最真实的情感和想法理解得淋漓尽致，有助于同学们深入故事或案例之中，一步一步展开对故事或案例的分析，最终形成自己的写作思路。

（4）原因结果分析法。

原因结果分析法又可以具体分为原因分析法和结果分析法。原因分析法主要是指找出做出行为或制定决策的原因，由结果倒推原因，分析为什么这样做而不那样做的原因。结果分析法又可称为影响分析法，主要是指做出行为或决策之后，由行为或决策推测结果和影响，这就需要同学们综合多方面因素，找出行为或决策将会产生的利弊两方面的可能性结果。同学们使用原因分析法和结果分析法，可以从更清晰的立场厘清故事或案例发展的脉络。

（5）历史现实分析法。

历史现实分析法又可以具体分为历史现实连续分析法和历史现实断续分析法。历史现实连续分析法，即对于过去已经发生过的事实取得的效果，认定其具有可复制性，换一个时空放在当下，也应该具备同样的效果。历史现实断续分析法，即对于过去已经发生过的事实取得的效果，认定其具有历史局限性，换一个时空放在当下，不会具备同样的效果。历史现实分析法实际是建立在对事件换场景复制的正面假设和反面假设之上的。

（6）定性定量分析法。

定性定量分析法要求同学们不仅要从性质上进行分析，而且要从概率上进行分析。定性定量分析法又可以具体分为定性分析法和定量分析法。定性分析法，是对研究对象进行"质"的方面的分析，具体地说是运用归纳和演绎、分析与综合以及抽象与概括等方法，对获得的各种材料进行思维加工，从而能去粗取精、去伪存真、由此及彼、由表及里，达到认识事物本质、揭示内在规律的目的，由定性而定量。定量分析法，是从量的方面分析事物，运用数学方法研究、考察事物之间的相互联系和作用的分析方法。

第三节　审题立意定理

审题立意是论说文最为核心的内容，决定着整体文章写作的成败。那么对于审题立意，有没有一个方法可以帮助考生有效地规避偏题、跑题等问题出现，在审题立意上不跑偏、不因此失分、不因此沦为"五类卷"呢？

一　审题立意定理——CAB 定理

审题立意 CAB 定理的每个字母分别代表一个单词：C 代表 Contradiction、A 代表 Attitude、B 代表 Boundary。这三个单词意味着同学们在审题立意时需要从三个维度考虑：矛盾、态度、边界。下面以 2007 年管理类联考论说文真题为例进行审题立意定理的方法解读：

根据下面的材料，写一篇议论文，700 字左右。

电影《南极的司各脱》，描述的是英国探险家司各脱上校到南极探险的故事。司各脱历尽艰辛，终于到达南极，却在归途中不幸冻死了。在影片的开头，有人问司各脱："你为什么不能放弃探险生涯？"他回答："留下第一个脚印的魅力。"司各脱为留下第一个脚印付出了生命的代价。（2007 年真题）

1. Contradiction（矛盾）

Contradiction（矛盾）是指试题所给的文字材料中存在的矛盾、问题、困难。这些矛盾、问题、困难是围绕文字材料中核心人物或核心概念出现的，是文字材料的核心，表现为难点、痛点、取舍、利弊等，体现在核心关键词上。寻找 Contradiction（矛盾）的价值在于定位审题核心。

比如，在 2007 年真题"司各脱为南极探险付出生命"的这个事件中，核心人物司各脱遇到的矛盾是，选择探险生涯就意味着与艰难险阻相伴，而放弃探险事业就意味着丢弃人生理想。面对矛盾，司各脱选择的是不畏艰险，勇于追求人生理想。

2. Attitude（态度）

Attitude（态度）是指在试题所给的文字材料中，命题老师对于围绕核心人物或核心概念出现的 Contradiction（矛盾）的态度倾向。这个态度可能是支持，可能是反对，可能是中立；可能是直接，可能是间接；可能是明显，可能是潜在。寻找 Attitude（态度）的价值在于明确命题倾向。

比如，在 2007 年真题"司各脱为南极探险付出生命"的这个事件中，命题老师通过"历尽艰辛""终于到达""不幸"等词汇表达了对于司各脱南极探险的支持和不幸冻死的惋惜。在字里行间中，可以看出在命题老师眼中，司各脱是一位英雄，是一位斗士，正像中国最伟大的浪漫主义诗人屈原在《离骚》中写的"亦余心之所向兮，虽九死其犹未悔"。因此，如果同学们立意为"做事要量力而行"，那就是一个跑题的立意。

3. Boundary（边界）

Boundary（边界）是指在试题所给的文字材料中，可以帮助同学们明确命题老师划定的正确立意范围的边界词。边界词是区分立意正确与否的标识词。在边界词以内的立意，是正确的立意；在边界词以外的立意，是跑题的立意。寻找边界词的方法在于寻找关键的信息，这个关键信息是和核心人物或核心概念相关的，可能是一句话，也可能是比较词、转折词、关系词、时间词、频率词、联结词等。寻找 Boundary（边界）的价值在于防止立意越界。

比如，在 2007 年真题"司各脱为南极探险付出生命"的这个事件中，命题老师通过这样一句话表明了考生审题立意的边界，"在影片的开头，有人问司各脱：'你为什么不能放弃探险生涯？'他回答：'留下第一个脚印的魅力'"。之所以不能放弃探险生涯，是因为留下第一个脚印的魅力。类比到生活和事业中，之所以不能放弃理想，是因为要追求自己的人生价值。同学们如果忽视这种舍生取义、舍小为大的立意范围，那么写出来的文章，注定是跑题的文章。

二　文章立意的注意事项

立意是在确定文字材料写作主题的基础上提出自己的观点。在立意时，同学们需要将自己的写作角度确定好，避免因写作角度的偏差而跑题。希望同学们在今后的立意过程中，严格遵循下列的注意事项：

序号	注意事项	具体要求
1	立意要窄	在全面覆盖文字材料中的所有重要信息之后，将文字材料的真实客观本意表达出来，就事论事地展开中心论点，不宜过度发散
2	观点明确	明确表达自己的中心论点，明确表达自己对于文字材料的观点、态度和主张，立意不含糊、不隐藏
3	正面立论	中心论点应当写成正面、主动形态的陈述句，给人以直白的观点、态度和主张，而不是反对意味、否定意味的陈述句
4	单一论点	全文应当围绕一个中心论点展开分析和论证，从而让阅卷老师对全文内容一目了然，避免立意多中心化
5	少用修辞	修辞本义是修饰言论，这与论说文明确表达自己的中心论点有冲突，因此在立意时不建议使用修辞手段

第五章 写作指南

第一节 拟题开头结尾

 论说文拟题

论说文的标题会让阅卷老师对考生文章产生第一印象。所谓"题好一半文",就是在说标题的重要性。一个好的标题,一方面有助于考生文章思路的展开,另一方面可以给阅卷老师留下良好的印象,让阅卷老师"一见钟情"。

1. 拟题注意事项

(1) 题目通常需要自拟。

从联考论说文的历史脉络来看,基于文字材料的自由命题作文是考试的主流趋势,占到了 94% 以上,所以对于论说文题目,同学们通常需要自拟。

(2) 标题与中心论点一致。

论说文的标题一定要在内容和思想上与中心论点保持一致。这是因为,中心论点是文章行文的核心,所有的内容都要围绕中心论点展开。

(3) 漏拟题目将扣 2 分。

《考试大纲》评分标准中明确写道:"漏拟题目扣 2 分。"所以,标题在论说文考试中是要考查的,是占分数的,同学们千万不要漏写标题。

(4) 题目精简、位置居中。

标题不宜过长,过长会显得中心不明确,内容松散。同学们最好将标题的字数控制在 10 字以内,将标题在第一行居中放置。居中放置,彰显美感,整齐对称。

2. 拟题方法套路

(1) 照搬论点作标题。

中心论点是文章行文的核心,所有的内容都要围绕中心论点展开。同学们可以照搬中心论点作为标题,这样的标题可以更好地凝聚全文内容、统率全文结构。照搬中心论点作为标题有两个优点:一是简单,中心论点与文章标题合一,同学们不必自拟标题,可以节省宝贵时间;二是清晰,直接将中心论点呈现给阅卷老师,阅卷老师可以更轻松地知晓全文论点。

（2）修辞美化作标题。

标题可以通过修辞进行美化从而脱颖而出、与众不同。所谓修辞，可以有多种手法，比如比喻、拟人、反问、对偶、对比、回文、顶针等。不同的修辞手法，有不同的表达效果，同学们应根据自己对于修辞手法的掌握程度，选择最适合自己的修辞。

修辞美化作标题拟题举例

修辞手法	真题年份	写作主题	文章拟题
比喻	2013年	美国波音和麦道两家公司与欧洲空中客车之间的竞争	《同舟共济，共渡难关》
	2011年	国家发展需要人才，人才出现有拔尖、冒尖，当今拔尖的多而冒尖的少	《千里马与伯乐》
拟人	2014年	雌孔雀往往选择尾巴大而艳丽的雄孔雀作为配偶，这一选择有利有弊	《从孔雀的视角看问题》
反问	2015年	古代对"为富""为仁"的一种态度，认为"为富，不仁矣；为仁，不富矣"	《富与仁真的是矛盾吗》
	2010年	学者的崇高使命是追求真理，但部分学者的功利化倾向越来越严重	《真理岂容功利》
	2008年	"原则"就是规矩、准绳，而常见的表达方式是"原则上……，但是……"	《坚守"原则"，岂容"原则上"》
对偶	2017年	一家企业是把有限资金用于扩大生产，还是用于研发新产品	《研发新产品，赢得大未来》
	2011年	国家发展需要人才，人才出现有拔尖、冒尖，当今拔尖的多而冒尖的少	《拔尖不能少，冒尖还得多》
	2007年	司各脱为在南极留下第一个脚印而付出了生命的代价	《生命诚可贵，理想价更高》
对比	2006年	东山和尚在后院挖了口井，之后就不必再下山挑水，但西山和尚不以为然	《没有远虑，必有近忧》
	2004年	做同样一份工作的三个工人有三种不同的工作态度	《态度有好坏，未来分高低》
回文	2015年	古代对"为富""为仁"的一种态度，认为"为富，不仁矣；为仁，不富矣"	《富仁兼得，兼得富仁》
	2000年	失败是成功之母，成功也是失败之母	《失败孕育成功，成功孕育失败》
顶针	2007年	司各脱为在南极留下第一个脚印而付出了生命的代价	《人贵有志，志在为先》
	2004年	做同样一份工作的三个工人有三种不同的工作态度	《理想决定态度，态度决定未来》

二 论说文开头

论说文的开头和结尾称作引论和结论，中间内容称作本论。论说文重在说理，重在本论部分的写作，开头和结尾不需要像本论部分一样投入过多的时间和精力，但也需要花费一些功夫和心血专门进行学习。

对于论说文的开头，本节给出两种方法进行写作：第一种是直入法，开门见山，单刀直入，直击论点；第二种是曲入法，曲径幽深，婉转含蓄，颇具古风。

1. 直入法

初学入门的同学想要写好论说文的开头，更适合使用直入法进行开头的创作。直入法的优点就是能够准确地抓住材料论点，并且干净利落地切入主题。直入法由三部分组成：

- 第一部分：引述文字材料。
- 第二部分：分析文字材料。
- 第三部分：提出中心论点。

（1）引述文字材料。

引述文字材料要注意从提出中心论点的需要出发，抓住文字材料的核心，用简明的语言对文字材料进行准确的表述。引述文字材料可以简单概括文字材料，表述语言应尽量充满理性分析色彩，使文章说理向深层次发展。

（2）分析文字材料。

分析文字材料这一部分在开头中至关重要，其起到的作用是从文字材料到中心论点的过渡，是一个过渡句。这个过渡句的任务就是阐释文字材料与中心论点之间的关系，目的是告诉阅卷老师意从文生，即中心论点是从文字材料中引发出来的。

（3）提出中心论点。

提出中心论点，就是明确告诉阅卷老师自己所写文章的中心论点是什么。在引述文字材料时，尽量将中心论点的核心内容和关键概念预埋起来，为之后的提出中心论点做好伏笔。在分析文字材料时，从文字材料到中心论点的过渡需要自然、简单、明快，将预埋的伏笔一举揭发出来，从而由文字材料顺利地过渡到中心论点，达到文章破题的作用。

● 精选例题

根据以下材料，自拟题目撰写一篇700字左右的论说文。

一位旅行者在途中看到一群人在干活，他问其中一位在做什么，这个人不高兴地回答："你没有看到我在敲打石头吗？若不是为了养家糊口，我才不会在这里做这些无聊的事。"旅行者又问另外一位，他严肃地回答："我正在做工头分配给我的工作，在今天收工前我可以砌完这面墙。"旅行者问第三位，他喜悦地回答："我正在盖一座大厦。"他为旅行者描绘大厦的形状、位置和结构，最后说："再过不久，这里会出现一座宏伟的大厦，我们这个城市的居民就可以在这里聚会、购物和娱乐了。"（2004年真题）

● 开头举例

一群工人在干活，但心情各有不同，有的无聊，有的严肃，有的内心充满了喜悦。（引述文字材料）作为一名旁观者，也许我不知道谁的工作表现更加优秀，但如果让我选择，我会毫不犹豫地选择像第三位工人那样充满激情地工作。（分析文字材料）也许我们无法改变所处的环境，但我们可以改变自己，以积极向上的态度照亮未来的人生之路。（提出中心论点）

2. 曲入法

对于有一定写作功底的同学，可以使用曲入法使文章的开头更具特色和韵味，给阅卷老师留下更加深刻的印象。曲入法的优点就是可以充分展现同学们的文采，引起阅卷老师的阅读兴趣。但这就需要同学们对一些话题和素材有所储备，这样在考场上才能得心应手。曲入法由三部分组成：

- 第一部分：援引其他内容。
- 第二部分：结合文字材料。
- 第三部分：提出中心论点。

（1）援引其他内容。

援引的其他内容可以是设问、排比、比喻、诗句、名言等。援引其他内容的字数不宜太多，最好控制在40字以内，而且援引的其他内容必须是与中心论点紧密切合的，是可以为提出中心论点埋下伏笔的。

（2）结合文字材料。

在援引其他内容之后，就需要结合文字材料，自然过渡到中心论点。在这个过程中，就需要考生对援引的其他内容进行解释分析。从其他内容到文字材料，这是第一层过渡；从文字材料到中心论点，这是第二层过渡。

（3）提出中心论点。

曲入法的提出中心论点部分和直入法一样，明确告诉阅卷老师自己所写文章的中心论点是什么就可以了。

● 精选例题

根据下述材料，写一篇700字左右的论说文，题目自拟。

一个真正的学者，其崇高使命是追求真理。学者个人的名利乃至生命与之相比都微不足道，但因为其献身于真理就会变得无限伟大。一些著名大学的校训中都含有追求真理的内容。然而，近年学术界的一些状况与追求真理这一使命相去甚远，部分学者的功利化倾向越来越严重，抄袭剽窃、学术造假、自我炒作、沽名钓誉等现象时有所闻。（2010年真题）

- 开头举例

天不生仲尼，万古如长夜。千载岁月，芸芸众生，没有孔子、佛陀、苏格拉底等一大批先知学者的引导，今天的我们将仍然生活在鸿蒙蛮荒的原始社会。（援引其他内容）这些先知的创造性思维无不来自漫长的寂寞钻研，来自献身于真理，但是当下却有很多学者功利化倾向越来越严重，违背了这一原则，丧失了学术精神。（结合文字材料）对于这些功利化倾向必须坚决抵制，学者还须淡泊名利，潜心追求真理。（引出中心论点）

 论说文结尾

论说文结尾是对全文内容和论证的总结。在这里，同学们需要归纳出自己的基本观点，总结全文，回应开头，力求首尾呼应，深化文章的中心论点。论说文结尾需要像豹尾一样短促有力，使整体文章在内容、结构、论证上面富有平衡感，简洁点题，铿锵有力。

论说文结尾可以采用以下五种形式：

1. 回扣论点法

大部分论说文都是采用总结全文内容、回扣中心论点的方法进行结尾的。回扣论点，一般都会重申文章首段提出的中心论点。

- 精选例题

根据下述材料，写一篇700字左右的论说文，题目自拟。

一家企业遇到了这样的一个问题：究竟是把有限的资金用于扩大生产呢，还是用于研发新产品？有人主张投资扩大生产，因为根据市场调查，原产品还可以畅销三到五年，由此可以获得可靠而丰厚的利润。有人主张投资研发新产品，因为这样做虽然有很大的风险，但风险背后可能有数倍甚至数十倍于前者的利润。（2017年真题）

- 结尾举例

不过，如果企业现在濒临破产，处在危机的边缘，那么企业扩大生产规模、赚取可靠利润以求得企业的生存，是当务之急。但一旦企业当前并不存在这样的危机，企业生存无忧，那么我会毅然决然地把有限的资金投入研发新产品，因为只有这样，企业才能赢得未来。

2. 呼吁号召法

呼吁号召法是针对某些突出的问题，同学们可以采用号召的方法，呼吁更多的人重视问题、解决问题。

● **精选例题 1**

根据下述材料，写一篇700字左右的论说文，题目自拟。

中国现代著名哲学家熊十力先生在《十力语要》（卷一）中说："吾国学人，总好追逐风气，一时之风尚，则群起而趋其途，如海上逐臭之夫，莫名所以。曾无一刹那，风气或变，而逐臭者复如故。此等逐臭之习，有两大病：一、各人无牢固与永久不改之业，遇事无从深入，徒养成浮动性；二、大家共趋于世所矜尚之一途，则其余千途万途，一切废弃，无人过问。此两大病，都是中国学人死症。"（2012年真题）

● **结尾举例**

要想成为一个优秀的人才，最重要的就是学会专注，用脚踏实地的精神为人处世，不盲目跟风，不放任自流。为了自己更美好的明天，为了社会更美好的未来，每一个人都应该用专注的精神做好身边的每一件事。

● **精选例题 2**

根据下述材料，写一篇700字左右的论说文，题目自拟。

一个真正的学者，其崇高使命是追求真理。学者个人的名利乃至生命与之相比都微不足道，但因为其献身于真理，就会变得无限伟大。一些著名大学的校训中都含有追求真理的内容。然而，近年学术界的一些状况与追求真理这一使命相差甚远，部分学者的功利化倾向越来越严重，抄袭剽窃、学术造假、自我炒作、沽名钓誉等现象时有所闻。（2010年真题）

● **结尾举例**

面对灯红酒绿、喧嚣浮华的社会，学者要想在学术领域成就一番事业，取得瞩目的成就，就需要拒绝浮躁之态，拒绝功利之心，像埋在地下的树根一样深深地去扎根，以脚踏实地的态度追求真理。

3. 比喻结尾法

比喻可以使说理论证变得生动形象，更富感染力。所以，同学们使用比喻的形式进行收尾，可以彰显自身的文学修养和写作功底。

● **精选例题**

根据下述材料，写一篇700字左右的论说文，题目自拟。

生物学家发现雌孔雀往往选择尾巴大而艳丽的雄孔雀作为配偶，因为雄孔雀尾巴越大越艳丽表明它越有生命活力，后代的健康越能得到保证。但是，这种选择也产生了问题：孔雀尾巴越大越艳丽，越容易被天敌发现和猎获，生存反而受到威胁。（2014年真题）

● **结尾举例**

乐观者说，希望是启明星，即使摘不到，也能告诉人们曙光就在前方；悲观者说，希望是地平线，就算看得见，也永远走不到。由此可见，万事万物都有正反两面，这就需要大家用积极乐观的心态去应对事物的两面性，权衡利弊，做好选择，做出取舍。

4. 反问结尾法

反问往往具有加强论证效果的作用。同学们通过运用反问的方式，可以强调自己的观点，进而容易引起阅卷老师的共鸣。

● 精选例题

根据下述材料，写一篇700字左右的论说文，题目自拟。

中国现代著名哲学家熊十力先生在《十力语要》（卷一）中说："吾国学人，总好追逐风气，一时之风尚，则群起而趋其途，如海上逐臭之夫，莫名所以。曾无一刹那，风气或变，而逐臭者复如故。此等逐臭之习，有两大病：一、各人无牢固与永久不改之业，遇事无从深入，徒养成浮动性；二、大家共趋于世所矜尚之一途，则其余千途万途，一切废弃，无人过问。此两大病，都是中国学人死症。"（2012年真题）

● 结尾举例

真正的人才需要经受岁月的变迁和沉淀，这样才能洗尽铅华。而这个过程是需要专注和钻研才能够实现的。如果遇事浮躁、半途而废，这样的人怎么可能成为真正的人才呢？

5. 名言名句法

同学们用名言名句结尾，一方面可以佐证观点的正确性，使文章具有充足的说服力；另一方面，可以让阅卷老师看到自身的文学素养。同学们使用名言名句法，既可以加强文章观点的说服力，又可以洋溢如诗般的文学才华。

● 精选例题

根据下述材料，写一篇700字左右的论说文，题目自拟。

中国现代著名哲学家熊十力先生在《十力语要》（卷一）中说："吾国学人，总好追逐风气，一时之风尚，则群起而趋其途，如海上逐臭之夫，莫名所以。曾无一刹那，风气或变，而逐臭者复如故。此等逐臭之习，有两大病：一、各人无牢固与永久不改之业，遇事无从深入，徒养成浮动性；二、大家共趋于世所矜尚之一途，则其余千途万途，一切废弃，无人过问。此两大病，都是中国学人死症。"（2012年真题）

● 结尾举例

"夫夷以近，则游者众；险以远，则至者少。而世之奇伟瑰怪非常之观，常在于险远。"但愿我们的学者可以戒除跟风的陋习，在冷僻险远的自主创新的学术道路上，有"当今之世，舍我其谁"的英雄气概，并最终领略到学术和人生的"奇伟瑰怪非常之观"！

第二节　写作经典模板

为了方便同学们进行本论结构的搭建，刘老师在本节列出六大写作模板。这些模板有其自身不同的内容结构和对应材料，同学们切勿机械式学习。

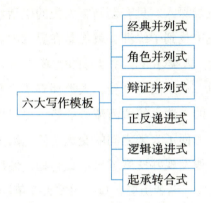

1. 经典并列式

经典并列式：展开三个或四个"结果分析"，从结果或影响的角度论述三个或四个分论点的价值和重要性，形成对中心论点"排山倒海"的支持。

经典并列式	引论	引	引述材料 + 过渡解释 + 中心论点
	本论	分论点一	XX 结果分析……
		分论点二	XX 结果分析……
		分论点三	XX 结果分析……
		分论点四	XX 结果分析……
	结论	总	总结全文 + 回归论点

● 范文赏析

创新——创造新的未来

仓颉造字，为人类之间的交流提供了便利的条件。蔡伦造纸，为人类优秀的文化遗产提供了传承的条件。爱迪生造灯，为人类在灯光下工作、学习提供了条件。可见，只有创造才能拥有美好的未来，才能成功。

<u>创新是人类进步的原因</u>。正是因为创新，所以人类的进步从未断绝。牛顿发现了微积分，创新了数学和物理问题的解决方法。孔子提出了"有教无类"的思想，才使得更多的人才得以一展抱负。普罗泰戈拉提出了"人是万物的尺度"，创新了哲学的思想。正

是因为创新，才有了物理、数学、教育、哲学方面的发展，才引领了社会的前进、人类的进步。

创新是人类自身的需求。正是因为创新，人类拥有了物质财富和精神财富。爱迪生发明了留声机，人类可以录下各种声音。诺贝尔发明了炸药，人类可以开采矿石。温特研究生长素的作用，人类可以利用生长素促进植物生长发育。范霍夫提出了碳价四面体学说，人类对化学的研究更加深入。只有创新，人类的生活水平才能不断得到提高。人类有了创新，就像是在沙漠中找到了绿洲，就像是在黑夜中点亮了火把。创新使得人类的发展更加迅速，有了创新，人类才能解除自身的疑惑。

创新是人类未来的密码。正是因为创新，人类拥有了打开未来大门的密码。大禹治水创新地使用"改堵为疏"的方法，使黄河流域的经济得以发展。贝尔发明了电话，使得人类从此可以远程通话，方便了人类之间的交流，使生活更加美好。诺贝尔获奖者黑格、白川英树、马克迪尔米德发现并发展了导电聚合物，使得塑料能够成为导体。只有创新，才会缩短与未来的距离。纵观历史，哪一次重大变革没有创新？

创新，推动了人类社会的进步，满足了人类自身的需要，为人类提供了创造未来的密码。所以，当今的中国需倾举国之力支持创新，为中华民族创造一个新的未来。

2. 角色并列式

角色并列式：根据三个或四个"怎么办"，从解决问题的角度论述三个或四个分论点，形成对事物或现象相应的解决方法或优化措施。

	引论	引	引述材料 + 过渡解释 + 中心论点
角色并列式	本论	分论点一	XX 方法分析……
		分论点二	XX 方法分析……
		分论点三	XX 方法分析……
	结论	总	总结全文 + 回归论点

● 范文赏析

战胜自己

南非前总统纳尔逊·曼德拉说，勇者不是感觉不到害怕的人，而是克服自身恐惧的人。是的，一个人最大的敌人不是别人，而是自己，在战胜别人之前，首先要战胜自己。

首先，我们要战胜自己的缺点。当你发现自己的缺点和不足的时候，一定不要回避和隐藏，而要坦然地面对和接受。霍金用能活动的手指艰难地在键盘上敲上这样的话："我的手指还能动，我的大脑还能思考，我有终生追求的理想，有我爱的亲人和朋友。对了，我还有一颗感恩的心。"轮椅上这近乎天籁的声音让台下掌声雷动，身残志坚的霍金以他的坚强和乐观感染、激励着无数年轻人不断前进。

其次，我们要战胜自己的惰性。不可否认，人的本性是懒惰的，有的人喜欢赖床不起，有的人喜欢醉生梦死，有的人喜欢混混噩噩地过日子。是的，世间哪个人愿意吃苦？但是我们知道，唯有吃得苦中苦，才能品得无上甜。达·芬奇画鸡蛋、王羲之练字、匡衡凿壁偷光、孙敬头悬梁、苏秦锥刺股，确实痛苦，但是得到的又何尝不是成功呢？

最后，我们要战胜自己的恐惧。人的一生不可能没有风风雨雨，喜怒哀乐爱恶惧，必然人人都要经历。面对突发事件和生活的许多未知性，人人都会恐惧。只有学会面对这一切，你才能战胜恐惧心理。曼德拉总统从投身政治的那一天开始，就决心为争取南非黑人的自由与民主权利而奋斗终生。为此，他一生颠沛流离、苦苦追寻，并因此失去了27年的人身自由。但这并没有使他变得恐惧和畏缩。最终，他成功了，他推动了南非种族隔离制度的终结，成为南非人民乃至全世界人民所景仰的英雄。

如果你想改变世界，那么先改变自己。如果要改变自己，那么先战胜过去的自己。

3. 辩证并列式

辩证并列式：针对两个话题的文字材料，可以使用辩证的思维对其进行并列式的平行写作，化难为易。

辩证并列式	引论	引	引述材料 + 过渡解释 + 中心论点		
			同向	反向	相向
	本论	分论点一	A 的正当性理由	A 的不可或缺性	A → B
		分论点二	B 的正当性理由	B 的不可或缺性	A ← B
		分论点三	A + B 的正当性理由	A + B 的不可或缺性	A ↔ B
	结论	总	总结全文 + 回归论点		

● 范文赏析（同向）

心有猛虎，细嗅蔷薇

"心有猛虎，细嗅蔷薇。"这是英国诗人西格里夫·萨松的名句。对于猛虎与蔷薇，我有自己的理解和看法。猛虎代表的是一种信念、一份坚持；蔷薇代表的则是一份向往、一份畅想。

<u>心有猛虎的人往往走得更远</u>。新东方创始人俞敏洪曾说："我感谢我的父母，因为他们一件东西都没留给我。"或许正如俞敏洪所说，正因为一件东西都没有，是无畏，是勇气，唤醒了他心中的猛虎，所以他才能走得更远，才敢走出属于自己的路，缔造出教

育行业的巨型航母。试问，如果一个人心中没有猛虎，又怎么能创造出如此辉煌的事业呢？正因为心有猛虎，所以前方的道路更明确。

细嗅蔷薇的人更能体味到生活的芬芳。美国某网站曾做过这样一个调查，你羡慕梭罗的生活吗？结果接近九成的网友表示羡慕。细究其原因，恐怕和蔷薇两字脱不了关系。梭罗，何许人也？一个隐居者。可为什么这么多网友羡慕他的生活呢？梭罗的开心并不在于一亩三分地，而在于他对自己理想的追求。种瓜种豆，舒适闲淡，这就是他的梦想。心里怀着这样一份愿望，再嗅出这样一点生活的芬芳，自然不是难事。

心有猛虎，细嗅蔷薇的人才能更好地适应这个世界。海子，曾经被誉为北大三诗人之一，但最后选择了用死来昭示世态的炎凉。是世界太冷酷了吗？不，是他的心还没准备好接受这个世界。心有猛虎，但却嗅不到生活的芬芳；蔷薇再好，还应有一颗观赏的心。海子最终没能做到"面朝大海，春暖花开"，但同为文人的鲁迅却选择了用笔来控诉社会的黑暗。鲁迅心中怀着为国、为民这头猛虎，最后依然嗅到了属于自己的蔷薇。海子的死源于自己对猛虎的过度执着，而鲁迅却懂得在寻找自己目标的同时在心头种上一朵蔷薇。

心有猛虎，细嗅蔷薇。在追求理想的路上少一份偏执，多一分向往。

● 范文赏析（反向）

多样性与一致性的统一

在人类历史上留下光辉一页的古希腊文明，其成功之处就在于将公民的多样性与一致性这两个截然不同的方面，在城邦之中实现了统一，从而创造了光辉璀璨的文化。而且，不仅仅在城邦，在大自然万事万物中，都需要多样性和一致性的统一。

<u>只有一致性的世界是单调而消极的</u>。如果人类失去了智慧的色彩，那么就会像木偶一般机械地生活。秦朝末年，秦二世奴役天下百姓，妄图使所有人都成为他忠实的奴隶，集天下之力只供他一人享乐。结果，天下百姓揭竿而起、反抗暴秦，大秦帝国随之土崩瓦解。可见，没有多样性的一致性是没有根基的，经不起风浪的打击，最终的结果只有灭亡。

<u>只有多样性的世界是没有秩序的世界</u>。世界上没有两片相同的叶子，这是多样性。但是这两片都是叶子，这是一致性。没有一致性，只有多样性的世界注定是无法被理解的。法国大革命之后建立的巴黎公社，充分尊重了巴黎人民的多样性，赋予了自由平等的民主权利。但忽视一致性、缺乏统一集权的领导集体，各自为政，结果很快被政府军残酷镇压。缺乏一致性的多样性，只是一盘没有力量的散沙。

<u>只有多样性与一致性实现统一,万事万物才能实现和谐发展</u>。多样性促进个体实现最

大化发展，一致性促进整体协调统一。中华文明历经千年而从未凋零，就是因为在漫漫历史长河中，中华民族充分尊重内部每一个民族的文明和习俗，让各民族在中华民族大家庭的庇护下繁衍生息。因此，各民族团结一致共同传承着光辉璀璨的中华文明。多样性与一致性相互促进，共同推动部分与整体协调发展。

多样性与一致性是对立统一的，两者只要忽视一个方面，就会产生系统性的危机，不利于部分与整体的发展。所以，需要均衡地处理多样性与一致性两者之间的关系，实现多样性与一致性的统一。

● 范文赏析（相向）

富仁兼取

在孟子的笔下，富仁不能兼取，两者只能得其一。时过境迁，富与仁的关系已不可同日而语了。在当今时代，生产力与生产资料极为丰富，社会文明高度发达，为富与为仁可以兼取。

先仁后富，以仁为先。没有仁义的财富充满了血腥，就如同西班牙殖民者在南美赚取的每一枚银币都附带一缕印第安人的冤魂，是一种肮脏的罪恶。但是，如果以仁为先、先仁后富，那么这样积累得到的财富是受人尊敬的。马云立志让天下没有难做的生意，破釜沉舟创办阿里巴巴，只为提供更多的商业机会给中国的中小企业。十八年后，阿里巴巴市值千亿美元，但无人指责和批驳其财富。以仁为先，得到的是对财富的尊重。

既仁可富，取利有道。古语有云：君子爱财，取之有道。当你以仁义之名，行仁义之事，财富自然纷至沓来。杂交水稻之父袁隆平数十年田间劳作，培育出养育十亿人的高产水稻，因此荣获国家最高科学技术奖且获得 500 万资金。袁老虽富，但无人嫉妒。华为公司坚持将每年销售额的至少 10% 投入研发，打破国外技术垄断，推动中国通信技术飞速发展，成为世界最大的通信设备供应商。华为虽强，但国人佩服。取利有道，这样的财富得之光明正大，花之理所应当。

富仁兼取，辩证统一。财富与仁义，虽有不同，但可以做到统一。财富是事业追求的目的，仁义是赚取财富的手段。中华百年老字号同仁堂，恪守"炮制虽繁必不敢省人工，品味虽贵必不敢减物力"的创业古训，以"货真价实"的营销理念享誉海内外，这是富仁兼取的典范。相反，三鹿奶粉在牛奶中掺入三聚氰胺以次充好，侵犯消费者权益，丧失仁义，终落得个企业倒闭的惨淡结局。富与仁，不能偏废，否则企业不可能走得长远。

在社会大变革的今天，需要的是富仁兼取的公民，用仁义的方式赚取财富，再用财富帮助更多的人，传递社会主义正能量，实现国富民强，实现中华民族的伟大复兴。

4. 正反递进式

正反递进式：正面论证加强中心论点的合理性，反面论证强调中心论点的必要性，一正一反突出中心论点的重要性。

正反递进式	引论	引	引述材料 + 过渡解释 + 中心论点
	本论	分论点一	原因分析（正当性理由）……
		分论点二	原因分析（不可或缺性）……
		分论点三	XX 方法分析……
		分论点四	结果分析 or 全面思考……
	结论	总	总结全文 + 回归论点

● 范文赏析

环境，不是束缚你的理由

雏鹰在鸡窝里处处"碰壁"，当它绝望地跳下悬崖之时，它已成长为真正的鹰。是什么让雏鹰绝望？是环境束缚了雏鹰在天空中自由地飞翔，同时也是环境让它振翅高飞。

<u>环境，不是束缚你的理由，在艰难困苦的环境中更能成就璀璨的人生</u>。巴尔扎克曾说："不幸，是天才的进升阶梯，信徒的洗礼之水，弱者的无底深渊。"风雨过后，眼前会是鸥翔鱼跃的天水一色；走出荆棘，前面就是铺满鲜花的康庄大道；登上山顶，脚下便是积翠如云的空蒙山色。人生要尽力度过每一关，不管遇到什么困难都不可轻言放弃。

反观之，<u>在环境中停滞不前，向环境低头的人永远不可能成功</u>。如方仲永，虽然有着比常人更高的天资，但他不思进取，只能落得个泯然于众人的地步。海子因对生活绝望，在写下《春天，十个海子》后就卧轨自杀。他们一个是在环境中不懂得进取，一个是不懂得如何面对环境。

<u>不要让环境成为束缚理想的囚笼，要让它成为理想起飞的翅膀</u>。肯德基创始人哈兰·山德士上校在 65 岁迟暮之年用 105 美元保险金创办了自己的事业，88 岁高龄时事业才大获成功。他没有被外界的环境所束缚，在经历了那么多困难之后，终于获得了成功。可想而知，环境并不是束缚我们实现理想的理由。

雏鹰如此，哈兰·山德士上校如此，我们也当如此，<u>艰苦的环境是用来征服的，而不是用来令人畏惧的</u>。当拿破仑站在阿尔卑斯山下时，他并没有被高耸的雪山吓倒，毅然决然地带领部队翻越雪山取得战争的胜利，喊出了世界最强音"我比阿尔卑斯山还高"。正是因为艰苦的环境，我们才发现自己是如此的勇敢和强大。

人生的一切都是由光明和阴影共同构成的。只有当我们摆脱了阴影，发现光明，才能获得成长。这就需要我们摆脱环境的束缚，像雏鹰那样在蓝天中自由翱翔。

5. 逻辑递进式

逻辑递进式：通过概念解释—原因分析—方法分析，从三个层面回答性质、原因、措施三个维度的问题，从而厘清事物的逻辑关系。

逻辑递进式	引论	引	引述材料 + 过渡解释 + 中心论点
	本论	分论点一	概念解释……
		分论点二	原因分析……
		分论点三	方法分析……
	结论	总	总结全文 + 回归论点

● 范文赏析

平凡，但不平庸

在我看来，一个人如果平庸，那是灵魂的死亡。而平凡，只是一件朴素但合身的外衣。人，可平凡，但不可平庸。

平凡，但不平庸，意味着不论身份地位的高低，都要有一颗奉献的心。否则，平凡之人就会变成一个平庸无用之人，一个没有价值之人，淹没在茫茫的人海之中。范仲淹的《岳阳楼记》，"居庙堂之高则忧其民，处江湖之远则忧其君"，一写心中抱负与宏愿。正是如此，世人史书记住了范文正公。位卑未敢忘忧国，用心血撒下辛勤的汗水；尚思为国戍轮台，用意志建成卫国的长城。

生命的意义，在于我们最终为这个世界留下了什么。人虽平凡，但可争宇宙之光，在世间留下自己最璀璨的时刻。但如果平庸，就注定碌碌无为，泯然于众人。陨石穿过大气层和氤氲的迷雾坠落世间，成为一颗普通的石头，没有钻石的闪耀，没有翡翠的光泽。但它划破天际的那一刻，已在天空留下了最美的身影。陨石以霎时之光芒，抵一生之黯淡，做人也当如此。

平凡须坚持到底，否则难免沦为平庸。古人云"万事开头难"，但更难的是坚持，所谓"行百里者半九十"，越到后面，放弃的可能性越大。始终如一，做平凡的事，做不平庸的自己，这是成功的阶梯。书圣王羲之的书法入木三分、灵动俊逸。然而，又有谁知道他少年时期的苦练，每一遍临摹，每一遍书写，他都一丝不苟，直至家门前水塘被洗墨之水染成"黑色"。王羲之在平凡的书写中认真积累，使不平庸的奇迹孕育其中，《兰亭集序》终以令人惊艳的姿态，摄人心魂。泰山不拒细壤，故能成其高；江海不择细流，故能就其深。

纵是石块，也可立于黄山，供世人欣赏；纵是水滴，也可缓解干渴，拯救生命；纵是流星，也可划破天际，制造浪漫。纵然平凡，也可以成为平凡中的不平凡者。平凡但不平庸，应当是每一个人的人生誓言。

6. 起承转合式

起承转合式：起（提出观点）、承（寻找理由）、转（全面思考）、合（总结提升），一步一步从内容和逻辑方面对中心论点进行深层次论证。

起承转合式	引论	引	引述材料＋过渡解释＋中心论点
	本论	分论点一	概念解释……
		分论点二	原因分析……
		分论点三	全面思考……
		分论点四	结果分析……
	结论	总	总结全文＋回归论点

● 范文赏析

多元化战略

这是一个社会信息化的时代，技术更新迅速，商业模式不断更迭，在这样的时代背景下，实施多元化战略是企业明智的选择。

多元化战略又称多角化战略，是指企业同时经营两种以上基本经济用途不同的产品或服务的一种发展战略。多元化战略是相对企业专业化经营而言的，其内容包括：产品的多元化、市场的多元化、投资区域的多元化和资本的多元化。

选择多元化战略有利于扩大业务范围、获得新的发展机会，选择多元化战略也有利于企业分散风险。今天的一项"专业化"很有可能成为明天的一个落伍于时代的技术或产品，因此任何一家企业都要随时做好"转型"或"变道"的准备。如果新、旧业务在渠道、技术、生产、人才、品牌、经验、管理等方面能彼此协同，会大大降低新产品的生产和销售成本，增加竞争力。

从联想到华为，从格力到海尔，我们所看到的几乎每一家知名企业都在走多元化路线。此外，越来越多的公司已经开始尝试"跨界"的路线。例如，百度公司已经不单单提供信息搜索业务，它还在无人驾驶技术上处于领跑地位；腾讯公司的微信产品也早已不是一款单一的信息收发工具，它的公众号功能、支付功能等已经成为我们日常生活中密不可分的部分。

当然，选择"多元化"并非没有风险，多元化的选择不能盲目和冒进。春兰进军汽车产业或娃哈哈进军童装产业的失败案例也给了我们另一方面的启示。也就是说，多元化经营战略中，企业主要业务之间的关联性非常重要，多个业务之间的协同性是多元化战略选择的关键，协同性好的新业务才能借力技术、人力资源、渠道等优势产生"1＋1＞2"的效果。

总而言之，企业的多元化发展战略体现的是企业的创新能力和应变能力，只有不断开拓新业务、新市场才能在动态竞争中立于不败之地。

第三节　论说文太极图解

前文关于审题立意环节已经给同学们介绍了审题立意 CAB 定理，那么本节将结合中国古代朴素唯物主义的太极学说，更深刻地为同学们揭示审题立意所蕴含的深刻哲理，而且以太极两仪为核心为同学们贯穿起论说文的学习思维和写作脉络。希望同学们通过本节太极图解的学习，对论说文有一个更为深刻的领悟，不仅知其形，而且领其义。

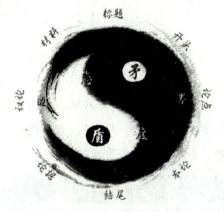

- 矛盾为太极两仪
- 态度为太极内界
- 边界为太极外界
- 标题、开头、论点、本论、结尾、论据、议论、材料为太极八维

论说文太极图解

 太极两仪

审题立意 CAB 定理的矛盾为太极的两仪，揭示题干中存在的矛盾，矛盾的作用在于定位题干审题的核心。在中国古代朴素唯物主义的太极学说里，太极的两仪是指浩瀚宇宙间的一切事物和现象都包含着阴和阳，以及表与里的两面。而它们之间既互相对立、斗争又相互依存的关系，即物质世界的一般规律，是众多事物的纲领和由来，也是事物产生与毁灭的根由所在。阴阳互体，阴阳化育，阴阳对立，阴阳同根。而题干中事物蕴藏的矛盾也是既对立又统一的辩证关系，这种关系既贯穿于题干的核心，也是审题立意的决定性线索。

 太极内界

审题立意 CAB 定理的态度为太极内界，揭示题干对于矛盾的倾向，即态度可以明确论说文的命题倾向。在太极的两仪之间，即题干的矛与盾之间，两者具体的辩证关系如

157

何：是因果关系，还是条件关系；是内外关系，还是决定关系；是共存共生关系，还是对立统一关系。作为太极内界的态度就是来回答这个问题的，它会决定两者究竟是何种关系，是更偏向于矛，还是更偏向于盾。

 太极外界

审题立意 CAB 定理的边界为太极外界，揭示题干围绕矛盾的立意范围，边界可以防止审题立意越界。太极内界的作用在于权衡矛与盾的比重关系，而太极外界的作用在于区分审题立意正确与否。在太极外界以内的立意，是立足于矛与盾之间的辩证关系，虽然仍可能有所偏差，但都是正确立意；在太极外界以外的立意，既然脱离了矛与盾的辩证关系，那么就是无中生有的跑题立意。

 太极八维

标题、开头、论点、本论、结尾、论据、议论、材料为太极八维，决定着论说文得分的高低。太极八维的作用在于向同学们指明论说文写作水平提升的八个维度。如果同学们可以在这八个维度上有针对性地提高，那么必将写出一篇优秀的文章。

太极维度	写作要点	注意事项
标题	标题是否与中心论点保持一致	同学们可以使用多种方法拟题，但是所有的拟题一定要和中心论点在内容上保持一致
开头	是否由题干材料过渡到中心论点	开头一般需要引述文字材料，分析文字材料，进而引出中心论点
论点	是否构建起层次清楚的论点体系	分论点是由中心论点切割而成，分论点应该和中心论点构成众星拱月般的结构体系
本论	是否采用一定形式的框架模板	本论部分的框架模板不是对于思维的限制，而是对于思维的规范
结尾	是否总结全文内容并且呼应开头	结尾需要做到总结全文、呼应开头，形成布局严谨、结构完整的文章形式
论据	是否使用论据素材加强论证力度	没有论据支持的观点是苍白无力的，没有论据的论说文是一潭死水
议论	是否展开对论点和论据的解释与分析	无论何时提出观点，都要对其进行解释；无论何时列举事例，都要对其进行分析
材料	是否在文章中适度结合材料	在论说文中，一般至少需要结合两次材料，一次在开头，一次在本论部分

五、太极题解

下面以 2018 年管理类联考论说文真题为例用太极图解的方法进行解读。

1. 真题举例

论说文：根据下述材料，写一篇 700 字左右的论说文，题目自拟。

有人说，机器人的使命，应该是帮助人类做那些人类做不了的事，而不是代替人类。技术变革会夺取一些人的低端烦琐的工作岗位，最终也会创造更高端、更人性化的就业机会。例如，历史上铁路的出现抢去了很多挑夫的工作，但又增加了千百万的铁路工人。人工智能也是一种技术变革，人工智能也将促进未来人类社会的发展。有人则不以为然。

2. 方法解读

题干存在的矛盾是人工智能对于人类社会的利与弊，一方面人工智能可以带来技术变革，可以促进未来人类社会的发展；另一方面人工智能也会对某些传统行业和传统观念带来巨大的冲击，这种冲击在很多时候是颠覆性的。但是，利与弊并不是完全对立的太极两仪，而是相互融合和相互转化的，利蕴含着弊，弊推动着利。人工智能引发的技术变革必然会改变这个世界，淘汰落后于时代的事物，从而在旧事物里绽放出新事物的芬芳。

题干对于人工智能的利弊这个矛盾是潜在的态度，通过使用对比分析的手法将人工智能的利刻画得淋漓尽致，而将人工智能的弊刻画得轻描淡写。所以，在这一年真题中，太极内界，即态度，倾向于矛，也就是人工智能的利。人工智能的利作为矛盾的主要方面，引领着审题立意的方向，决定了只有"人工智能为人类社会带来的利大于弊"才是正确的观点。

题干以技术变革为中心，以铁路作为举例，进一步阐述人工智能作为当代颇具代表性的技术变革，会像铁路一样创造更高端、更人性化的就业机会，会促进未来人类社会的发展。所以，人工智能对于人类社会的利与弊就是太极外界，凡是脱离这个范畴的审题立意，均是跑题的立意。

确定好太极两仪、太极内界、太极外界之后，同学们基本上已经找到了正确的审题立意。然后以此为基础，从太极的八个维度出发，构建起文章的提纲框架，最后将论点、论据和议论展开，形成一篇寓意深刻、笔下生辉的佳作。

3. 提纲框架

人工智能，智启未来

……。人工智能注定开启人类美好生活的新时代。

人工智能会给人们带来利与弊两面。……

对于人工智能的担心是没有必要的。……

人工智能促进了社会的发展和时代的进步。……

……。因此，面对人工智能技术的变革，我们不应该逃避，而应该勇于直面挑战。

第六章 真题精讲

第一节 命题作文精讲

2009 年论说文真题

以"由三鹿奶粉事件所想到的"为题,写一篇 700 字左右的论说文。

● 审题立意

审题立意思维决策过程

Contradiction 矛盾	三鹿奶粉的食品安全问题
Attitude 态度	批驳三鹿奶粉损害消费者权益的做法
Boundary 边界	以"……"为题,是命题作文
立意结果	(1)诚信经营,经商有道。 (2)健全法律法规。 (3)加强食品安全监管
立意权衡	三鹿奶粉事件在 2008 年是一个热门事件,当年的论说文相应地就考到了这个事件,可以说明论说文命题的与时俱进。三鹿奶粉事件暴露出了有些民营企业忽视食品安全,为富不仁,枉顾消费者生命安全,谋取不义之财这些问题。所以,命题老师由此圈定的立意范围就是如何防止此种事件的再次发生。考生可以从企业和政府两个角度展开进行写作,从企业角度可以立意为"诚信经营"或"经商有道",从政府角度可以立意为"健全法律法规,加强食品安全监管"。由于三鹿奶粉事件是社会问题,所以考生应当避免只从企业或政府单一角度分析,应综合分析
终得论点	企业经营需要诚信意识,更需要法律约束
补充说明	本年试题属于命题作文,试题题目已经给定,考生直接以"由三鹿奶粉事件所想到的"作为自己文章的题目,不需要自拟题目。但需要注意的是,题目和中心论点并不是一致的,中心论点仍需要考生通过对文字材料的理解提出自己的观点和见解

● 参考范文

由三鹿奶粉事件所想到的

三鹿集团为降低成本在婴幼儿奶粉中添加对人体有害的"三聚氰胺",致使无辜婴儿白白丢掉了性命，毁掉了本该幸福的家庭，也毁掉了中国奶粉行业的诚信。"三鹿奶粉事件"造成的人间悲剧发人深省，企业经营需要诚信意识，更需要法律约束。

为什么三鹿集团敢知法犯法？究其原因，无非是一个"利"字，庞大的利益蒙蔽了企业的双眼，使其快速丢弃了诚信。虽然利益最大化是企业经营的目标，但通过不法行为赚取不法利益实际上是一种"慢性自杀"，企业必定会为这些行为付出惨痛的代价。

诚信应当成为企业的道德基础与行为底线。在企业价值观的塑造中，"诚"是企业聚心之魂，"信"是企业立足之本。在现实生活中，之所以会发生像"三鹿奶粉事件"这样的事例，就是因为有些人只顾蝇头小利，对于诚信不管不顾，将他人合法利益置若罔闻。这样既违背了诚实经营的商业准则，也丧失了道德本性，注定会受到法律的惩罚。

在"三鹿奶粉事件"之后，之所以还有很多食品安全事件相继发生，究其原因还是制度监督和违法惩罚的不到位，令这些企业认为违法成本很低，违法惩罚"不痛不痒"。当掺假造假的违法成本很低但利润很高时，要求他们守住道德底线，无异于对牛弹琴。所以，不仅需要这些企业加强诚信意识，更需要社会制定更加严格的法律法规体系，对违法企业严惩不贷，令其违法成本远超违法利益，从而使其不敢触碰、践踏法律规定的高压线。

综上，单纯依靠道德与诚信的呼吁不能让所有企业合法合规经营，像三鹿集团这样的社会毒瘤更需要严格的法律法规体系和有效的社会监管使其学会敬畏，从而构筑起保卫公民合法利益的长城。

2008 年论说文真题

"原则"就是规矩，就是准绳。而在日常生活和工作中，常见的表达方式是"原则上……，但是……"。

请以"原则"与"原则上"为议题写一篇论说文，题目自拟，700 字左右。

- 审题立意

审题立意思维决策过程

Contradiction 矛盾	"原则"与"原则上"
Attitude 态度	反对"原则上"
Boundary 边界	规矩；准绳；而在日常生活和工作中；常见的表达方式
立意结果	坚守原则
立意权衡	本题正确的立意只有"坚守原则"这一个，与这个立意相悖或远离的都是跑题或偏题的立意
终得论点	坚守原则

● 参考范文

牢守"原则",拒绝"原则上"

"原则"是维护社会运行的法律法规与道德规范,是做人做事的规矩和准绳。反观"原则上",却被某些人当作违法违规的挡箭牌,当作权力寻租的遮羞布。对于此种"原则上",我们应当坚定地拒绝。

在日常生活和工作中,之所以出现了很多的"原则上",是因为人们对于"原则"失去了敬畏。如果某些人的某些行为在"原则"约束下不可行,但是这些人可以通过金钱或私交使得"原则"变为"原则上",进而从中获取了超额利益,而且并没有受到相应的惩罚,那么会诱惑着更多的人追逐"原则上"。而此时的"原则",早已被人们当成了摆设,当成了阻挡自己获利的束缚,那么人们无疑会抛弃"原则"。

但是,"原则上"看似有利于人们得到更多的利益,实际上却增加了社会的治理成本。如果社会上"原则上"之风盛行,就会使得人们心中的"原则"意识崩塌,就会使得管理者枉顾法律法规而大肆揽财,就会使得寻租者为牟取暴利而变本加厉。这不是社会的进步,而是倒退。这会导致原本人们依靠"原则"就可以办成的事情,因为"原则上"盛行而办不成,使得人们不得不也采用"原则上"的方法办事,这无疑增加了社会的治理成本,影响了社会的有序运行,助长了歪风邪气,使得社会成为腐败滋生的温床。

有鉴于此,如果放任"原则上"之风盛行,那么后果不堪设想。因此,为了推动社会信用体系建设,为了构建社会主义和谐社会,我们每一个公民都应该牢守"原则",拒绝"原则上"。同时,拒绝"原则上"也需要健全法律法规和加强监管,对于违法违规行为严惩不贷,从而堵住寻租漏洞。

正所谓,勿以恶小而为之,勿以善小而不为。我们应当牢守"原则",拒绝"原则上",让原则意识成为我们每一个人的信仰。

2002年论说文真题

阅读下面一段材料,按要求作文。

在这次激烈的招聘考试中,有些志在必得的应聘者未能通过,有些未抱希望的应聘者却取得了好成绩。前者说,压力大,影响了发挥;后者说,没有压力,发挥出了高水平。看来,压力确实能破坏人的情绪。但是,人们又常说,没有压力就没有动力,这说明压力又不可缺少。

究竟应当如何认识和对待压力呢?请以"压力"为话题,写一篇文章,可以发表议论,可以记叙经历,也可以抒发情感。所写内容必须在"压力"的范围内。文体自选,题目自拟,不少于700字。

● **审题立意**

审题立意思维决策过程

Contradiction 矛盾	压力破坏人的情绪,但没有压力就没有动力
Attitude 态度	对于压力没有排斥,但认可压力有负面作用
Boundary 边界	压力确实能破坏人的情绪;但是;压力不可缺少
立意结果	(1)辩证地看待压力的两面性。 (2)压力适度
立意权衡	由审题立意 CAB 定理可知,压力是一个正面性与反面性并存的矛盾,过度的压力会破坏人的情绪,但没有压力就没有动力。所以,应该辩证地看待压力的两面性,第一个立意为最佳立意。压力太多不好,太少也不好,所以适度的压力是人们所需要的。因此,第二个立意也是正确的立意
终得论点	辩证地看待压力的两面性

● **参考范文**

适度的压力才是动力

在招聘考试中,有人因为压力大而影响了发挥,同时有人则认为没有压力就没有动力。实际上,对于压力我们应当一分为二来看待,压力太大或没有压力都会出现问题,适度的压力才能产生动力。

在生活中,我们每时每刻都在承受着压力。有时,压力犹如泰山压顶,使我们不堪重负,甚至被压垮;有时,压力犹如飞翔翅膀,助我们飞向理想的彼岸,实现事业的腾飞。实际上,压力是我们人生的必需品,既然摆脱不掉,那就正确看待。莎士比亚曾说过,压力是一柄双刃剑。因此,正确看待压力,它会成为推动你进步的天使;反之,它会成为把你拉进深渊的魔鬼。

没有压力就没有动力,机遇与挑战并存,压力与动力并生。因为承受压力,黯然无光的石墨化成了光彩夺目的金刚石;因为承受压力,种子凝聚一整个冬天的力量,破土而出,染绿冰封的大地;因为承受压力,孙子膑脚著兵书,司马迁忍辱写《史记》。可见,正确看待压力,我们可使压力成为一笔宝贵的人生财富。

反观之,那些在压力中停滞不前,向压力低头的人永远不可能成功。如方仲永,虽然有着比常人更多的优势,但他不思进取,只能落得个泯然于众人的地步。海子因忍受不了生活的压迫,在写下《春天,十个海子》后就卧轨自杀。他们一个在压力中不懂得进取,一个是不懂得如何面对压力。

不要让压力成为束缚理想的囚笼,要让它成为理想起飞的翅膀。肯德基创始人哈兰·山德士上校在65岁迟暮之年用105美元保险金创办了自己的事业，88岁高龄时事业才大获成功。他没有被创业的压力所束缚，在经历了那么多困难之后，终于获得了成功。

人生的一切都是由光明和阴影共同构成的。只有当我们摆脱了阴影，发现光明，才能获得幸福。这就需要我们摆脱压力的束缚，才能像雏鹰那样在蓝天中自由翱翔。

2002年10月论说文真题

阅读下面的材料，根据要求作文。

中国古代的易经中说："穷则变，变则通。"这就是说，当我们要解决一个问题而遇到困难无路可走时，就应变化一下方式、方法，这样往往可以提出连自己也感到意外的解决方法，从而收到显著的效果。

请以"穷则变，变则通"为话题写一篇作文，可以写你自己的经历、体验或看法，也可以联系生活实际展开议论。文体自选，题目自拟，不少于700字。

● 审题立意

审题立意思维决策过程

Contradiction 矛盾	无路可走与变通
Attitude 态度	支持变通
Boundary 边界	穷则变，变则通；变化一下方式、方法；解决方法；显著的效果
立意结果	选择变通
立意权衡	本题在审题立意上并不存在任何难度，考生只需要紧紧抓住文字材料中的"变则通"展开写作即可，几乎不存在审题跑题、偏题的问题
终得论点	选择变通
补充说明	本题属于命题作文，试题题目已经给定，考生直接以"变通"作为自己文章的中心论点就可以了。如果考生立意为"选择坚持"，就属于跑题立意

● 参考范文

选择变通，走向成功

小草在顽石的压迫下，没有与之对抗，于是成就了自己的盎然生机；蝴蝶在雄鹰的炫耀下，没有与之争强，于是成就了自己的灵动多姿；星辰在日月的光华中，没有与之争辉，于是成就了自己的粲然星光！选择变通，我们就多了一份选择；选择变通，我们就拥有更多成功的机会！

选择变通，我们才能找到自己的特点。杨柳岸，晓风残月的离愁别绪似乎还在心间；

羌管弄晴，菱歌泛夜的繁华烟景好似还在眼前。柳永，在科举中几度沉浮，在功名利禄的追求中被弄得焦头烂额，于是柳永选择变通，在吟诗诵词之中找到了位置，于是就有了无数空前绝后的诗句流传千古。选择变通，柳永从一个失败的学子成为一代诗词大家。试问，若无变通，怎么会有如此空灵美幻的诗词问世？

选择变通，我们才能实现人生的价值。鲁迅曾到日本留学，求学医术，然而当他体会了国人的愚昧无知之后，做出了伟大的举动——弃医从文！鲁迅以笔为武器，警醒麻木的中国人，使之学会自强，支撑起国难时期中华民族的脊梁。"心事浩茫连广宇，于无声处听惊雷"，他展现出了革命家的风范。"横眉冷对千夫指，俯首甘为孺子牛"，他升华了中华民族的灵魂。鲁迅在弃医从文中改变了自己前进的方向。试问，若无变通，中国又怎会出现振聋发聩的呐喊？

选择变通，我们才能成就辉煌的事业。在日本文学界以"迷茫迷乱"为核心思想的时期，宫崎骏本也选择了这个方向，但事业的失败使他清醒，于是他积极变通，在都市中塑造出了纯粹简单的世界观，成为一个传奇，被称为国宝级艺术家。试问，若无变通，宫崎骏又怎能成就辉煌的事业？

当前行的路已无法可走，当前行的风景已让我们失望，当前行的脚步为艰险所绊，选择变通，让我们走出一条适合自己的成功之路！

第二节　观点分析精讲

2019年论说文真题

根据下述材料，写一篇700字左右的论说文，题目自拟。

知识的真理性只有经过检验才能得到证明。论辩是纠正错误的重要途径之一，不同观点的冲突会暴露错误而发现真理。

● 审题立意

审题立意思维决策过程

Contradiction 矛盾	真理经过检验才能证明，论辩是纠正错误的重要途径
Attitude 态度	强调检验、论辩对于真理的作用
Boundary 边界	只有……才……；重要途径；发现真理
立意结果	（1）真理源自论辩。 （2）真理越辩越明。 （3）论辩是检验真理的重要途径

续表

立意权衡	由审题立意 CAB 定理可知，文字材料分为两个层次：第一层强调知识的真理性只有经过检验才能得到证明；第二层进一步说明检验真理的重要途径是论辩，不同观点的冲突通过论辩会暴露错误而发现真理。因此，文字材料的核心是"论辩是检验真理的重要途径"。第一个立意是将必要条件当成了充分条件，真理需要论辩的检验，而非论辩发现真理。第二个立意与第三个立意本质相同，第三个立意内容更加具体，也与文字材料更为紧密。所以，第三个立意为最佳立意
终得论点	论辩是检验真理的重要途径

● 不当立意

不当立意	为何不当
实践检验真理/实践是检验真理的唯一标准	文字材料的核心不是"实践"，而是"论辩"。强调"实践检验真理"只是对应了文字材料的第一层，并没涉及第二层，是一个以偏概全的立意
勇于接受不同的观点	勇于接受不同的观点，只能对应材料中的"不同观点的冲突"。但是材料的核心并非如何对待和自己不同的观点，而是强调如何通过论辩检验真理
正确看待真理	文字材料的核心是"论辩是检验真理的重要途径"，而非侧重于真理这一个方面。而且文字材料并没有涉及对于真理价值的评论

● 参考范文

知识的真理性需要论辩

论辩是检验知识的真理性的重要途径之一。通过不同观点的相互碰撞，可以暴露错误从而发现真理。

论辩是论证推导知识的合理性，辨析知识在实际应用中的正确性的过程。知识作为意识形态的主观反映，其形成过程受到外在环境、经济水平、教育状况等多方面因素的影响。而观点是人们基于知识对于某一事物或现象的看法。由于知识方面存在差异，人们观点各有不同。因此，一个观点的出现，并不总是能得到所有人的认可，人们各有自己不同的观点。

在论辩的过程中，不同观点的持有者需要不停地提供各自的依据来支持自己的观点，这个过程往往体现出不同的思考角度、不同的思维方式以及不同的观点和立场。从而，这就给人们提供了一个互相学习、互相补充的机会。通过论辩，人们可以给自己的观点带来更多的可能性，在观点的碰撞过程中趋向一致，从而推动实现知识的真理性，完善自身的知识体系。

通过论辩检验知识的真理性，既需要人们具有创新性思维，也需要有一个包容的社会环境。论辩的前提是需要有自己对于事物或现象的见解，需要人们在已有知识的基础上，通过独立的思考，不人云亦云，不随波逐流，从理性、客观的角度提出自己的创新性的观点。

当观点提出之后，需要有一个包容的社会环境使其成长。在一个包容的社会环境中，人们敢于说出自己的观点，敢于指出别人观点的不合理之处。同时，引导人们具有良好积极的心态，接受论辩的结果和自己观点的不完善，从而实现知识的真理性。

因此，知识的真理性需要论辩来实现。通过论辩，可以带来文化的进步、社会的发展。相反，如果一个观点出现了，没有不同的观点与之论辩，那么知识的真理性将永远沉寂。

2016 年论说文真题

根据下述材料，写一篇 700 字左右的论说文，题目自拟。

亚里士多德说："城邦的本质在于多样性，而不在于一致性。……无论是家庭还是城邦，它们的内部都有着一定的一致性。不然的话，它们是不可能组建起来的。但这种一致性是有一定限度的。……同一种声音无法实现和谐，同一个音阶也无法组成旋律。城邦也是如此，它是一个多面体。人们只能通过教育使存在着各种差异的公民统一起来，组成一个共同体。"

● 审题立意

审题立意思维决策过程

Contradiction 矛盾	多样性与一致性
Attitude 态度	多样性是根本，但一致性不可或缺
Boundary 边界	本质在于多样性；有着一定的一致性；一致性是有一定限度的；教育使存在各种差异的公民统一起来，组成一个共同体
立意结果	（1）多样性与一致性的统一。 （2）保障一致性，促进多样性
立意权衡	由审题立意 CAB 定理可知，文字材料的核心是多样性与一致性，多样性是根本，一致性也必不可少，因此需要将多样性与一致性结合来写。第一个立意侧重于两者的统一，第二个立意侧重于处理好两者各自的属性。相比之下，第二个立意更好
终得论点	保障一致性，促进多样性

● **不当立意**

不当立意	为何不当
社会需要重视教育	在文字材料中，教育只是将多样性统一起来组成一致性的方法、措施，并不是文字材料中的核心概念，可以将教育视为"怎么办"这一段中的方法、措施。立意为"重视教育"，显然是捡了芝麻，丢了西瓜，只抓住了文字材料的旁枝末节
多样性是社会的本质	立意为"多样性是社会的本质"只是偏题，并未跑题。偏题在于只写多样性，未写一致性。在多样性与一致性之间，虽然多样性是本质，但也不能因此只强调多样性而忽视一致性，这两个核心概念都应该在立意中表现出来

● **参考范文**

多样性与一致性的统一

亚里士多德认为，城邦的本质在于多样性，同时一致性不可或缺。这些话放在今天仍有指导意义。在文明高度发展的今天，我们更应重视教育的作用，通过教育引导公民的思想、规范公民的行为，从而实现多样性与一致性的统一。

亚里士多德那个时代的城邦，就是我们今天的公民社会。在公民社会中，"多样性"是社会发展与进步的基石。"多样性"是什么？"多样性"是由于先天禀赋与后天条件的不同，人们在性格、知识、财富、能力等方面的差异性。正是由于这些差异性，才激发了人们团结合作的需求，才激发了人们创新、创造的欲望，才激发了人们认识世界、改变世界的渴望，从而推动了社会的发展与进步。

在亚里士多德的笔下，虽然一致性是有一定限度的，但是对于城邦和社会来说，一致性是不可缺少的。"一致性"是社会共同认可的集体意识和社会规范，是社会正常运行的基础体系。如果一个社会没有构建起一致性，那么无疑会导致社会秩序的崩溃，会造成人与人之间的不信任与互害，严重的话会引发内战。可见，一致性是构建和谐社会的重要基础。

在以多样性为根基的公民社会中建立一致性，需要充分发挥教育的作用。在社会体系的运行之中，教育发挥着软性约束的作用，教导人们"可为与不可为""应该为与不应该为"，让人们认识到应当遵守集体意识和社会规范，共同建设社会价值观，共同谋求社会利益最大化。当社会价值观构建起来后，将有效地规范人们的意识和行为，将有助于构建和谐社会。

综上，教育是连接多样性与一致性的纽带，能够帮助多样化的公民遵守符合社会整体利益的集体意识和社会规范，这一方面有助于公民规范自我行为，另一方面有助于推动构建和谐社会。

2015 年论说文真题

根据下述材料，写一篇 700 字左右的论说文，题目自拟。

孟子曾经引用阳虎的话："为富，不仁矣；为仁，不富矣。"（《孟子·滕文公上》）这段话表明了古人对当时社会上为富、为仁现象的一种态度，以及对两者之间关系的一种思考。

● 审题立意

审题立意思维决策过程

Contradiction 矛盾	古代社会为富与为仁不可兼得
Attitude 态度	无明显或潜在的态度
Boundary 边界	古代社会；两者之间关系
立意结果	（1）为富为仁，并不矛盾。 （2）为富为仁，相辅相成
立意权衡	由审题立意 CAB 定理可知，文字材料的矛盾是为富与为仁两个核心概念在古代不可兼得，但不能以古论今，古代不能兼得的两者在现在不一定也是不能兼得的，而且当今社会主流价值观在倡导追求物质财富，发扬奉献精神。此外，审题立意的边界"两者之间关系"也在提示同学们聚焦为富与为仁之间的关系。所以，文字材料在为富和为仁之间并不只强调一个方面，而是侧重于两者并存以及两者之间的关系。两个立意都是在表达这个意思，都是正确的，但第二个立意相较第一个立意更富哲理，所以第二个立意为最佳立意
终得论点	为富为仁，相辅相成

● 不当立意

不当立意	为何不当
追求仁义	立意为"追求仁义"，看似规避风险，实则自取其祸。为富与为仁之间，命题老师并没有偏袒任何一方，并没有说为仁比为富重要。立意为"追求仁义"，忽视为富与为仁两者之间的关系，抛下为富，只谈为仁，是一种跑题的立意
为富与为仁	立意为"为富与为仁"，只是在写论题，并没有明确表达立意

● 参考范文

富仁兼取

在孟子的笔下，富仁不能兼取，两者只能得其一。如今时过境迁，富与仁的关系已不可同日而语。在当今时代，生产力与生产资料极为丰富，社会文明高度发达，为富与为仁可以兼取。

为富，是指谋求或创造财富；为仁，是指施行仁义、多做好事。在当今时代，为富与为仁并不是必然矛盾的。一方面，为富是为仁的物质基础。如果为仁的人自身温饱没有解决，那么这样的为仁是不能维持长久的。"仓廪实而知礼节，衣食足而知荣辱"，说的是同样的道理。另一方面，为仁有助于创造更多的财富。为仁能得到他人的信任与赞许，这有助于更好地为富。当你以仁义之名，行仁义之事，财富自然纷至沓来。

但是，为富不仁确实可能发生。从经济学上讲，人的本性是追逐利益的。所以，当人们的思想意识跟不上快节奏的社会发展时，就会出现道德素养的脱节和滑坡。因此，这就可能导致有些人为了谋取不法利益而损人利己。为了解决这类问题，一方面需要我们提高自我约束力，避免被金钱遮挡了人性；另一方面需要社会提供更加公平公正的物质保障，让人们不因物质生活的贫困而不仁。

富与仁，辩证统一，缺一不可。为富是事业追求的目的，为仁是创造财富的助力。中华百年老字号同仁堂，恪守"炮制虽繁必不敢省人工，品味虽贵必不敢减物力"的创业古训，以"货真价实"的营销理念享誉海内外，这是富仁兼取的典范。相反，三鹿奶粉在牛奶中掺入三聚氰胺，侵犯消费者权益，丧失仁义，终落得关门倒闭的惨淡结局。富与仁，不能偏废，否则不可能走得长远。

在社会大变革的今天，需要的是富仁兼取的公民，用仁义赚取财富，再用财富帮助更多的人，不断传递社会主义正能量，促进社会的和谐与发展。

2012 年论说文真题

根据以下材料，写一篇 700 字左右的论说文，自拟题目。

中国现代著名哲学家熊十力先生在《十力语要》（卷一）中说："吾国学人，总好追逐风气，一时之风尚，则群起而趋其途，如海上逐臭之夫，莫名所以。曾无一刹那，风气或变，而逐臭者复如故。此等逐臭之习，有两大病：一、各人无牢固与永久不改之业，遇事无从深入，徒养成浮动性；二、大家共趋于世所矜尚之一途，则其余千途万途，一切废弃，无人过问。此两大病，都是中国学人死症。"

● 审题立意

审题立意思维决策过程

Contradiction 矛盾	中国学人喜好追逐风气，容易养成浮动性，容易导致从众
Attitude 态度	批驳追逐风气
Boundary 边界	总好；一时之风尚；曾无一刹那，风气或变，而逐臭者复如故；两大病；遇事无从深入；千途万途，一切废弃；死症

续表

立意结果	（1）追逐风气，危害无穷。 （2）好逐风气之死症要改观
立意权衡	由审题立意CAB定理可知，命题老师意在批驳追逐风气。第一个立意是概括文字材料，突出"追逐风气"的危害；第二个立意是强调对于"好逐风气"不能姑息，需要治理。相比之下，第二个立意为最佳立意。此外，立意可以在分析"学人"的前提下，适当向外扩展话题范围，但不能脱离"学人"
终得论点	好逐风气之死症要改观

● 不当立意

不当立意	为何不当
摒弃盲目跟风的陋习	立意"摒弃盲目跟风的陋习"只写了第二大病，对于第一大病"徒养成浮动性"并没有涉及，是一个偏题立意
坚持是走向成功的重要道路	追逐风气的反义词不是坚持到底，坚持并不能有效解决中国学人死症。而且，不能凡事都往成功靠，显得庸俗
拒绝跟风，努力创新	纵观文字材料，并未从字里行间发现有创新的概念或同义词。命题老师的立意范围为批驳追逐风气，这与创新并没有任何交叉的部分。所以，立意为"创新"是一种跑题的立意，纯属无中生有

● 参考范文

好逐风气之死症要改观

正如熊十力先生所言，我国学者有好逐风气的死症，这导致了遇事浮躁与选择从众的两大弊病。对此，为了推动学术进步和社会发展，这一死症需要改观和治理。

学者好逐风气看似是学者的自我选择，实质却侵蚀了求真务实的学术精神。这一方面损害了个人的长远发展，遇事浮躁导致一事无成，选择从众导致缺失自我；另一方面容易引发学术精神的崩塌和科学研究的倒退，当学者们不再脚踏实地地做学问，当学者们开始迎合资本或舆论的导向，那么这时候谁会安安静静搞学术，谁会踏踏实实一心做科研？所以，我们不能放任学者好逐风气，应及时制止和治理。

之所以学者会丢弃求真务实的学术界精神，是因为有的学者缺乏自我约束力，以及深层次的社会原因。在改革开放四十余年的今天，以追求名利为导向的价值观盛行，那些依靠资本包装的网红、明星大行于世，这些人不像学者一样具有渊博的学问，却收获着比学者多十倍甚至百倍的收益。在这种世风下，承担着高房价、高抚养费、高医疗费的学者又有几人可以在课堂、实验室、书桌前安心地做学问呢？

好逐风气这一死症的改观和治理不仅需要学者洁身自好，更需要社会提供更健全的学术保障体系，让学者做科研时无后顾之忧。在现实社会中，我们不能以圣人的标准苛求学者安贫乐道，这既是不公平的，也是不现实的。所以，我们需要通过推进学术保障体系的建设与健全，让每一个学者不因贫困而心酸，不因诱惑而动摇，不因家庭而分心，从而踏踏实实、一心一意地进行科研，推动社会的前进和发展。

综上，学术去功利化、去好逐风气不仅需要学者个人建立良好的学术操守，更需要社会从学术保障体系方面提高学者待遇，从而解决学者遇事浮躁、选择从众的死症。

2007 年 10 月论说文真题

阅读以下材料，写一篇 700 字左右的议论文，题目自拟。

著名作家曹禺先生说过这样一段话："我看，应该给"眼高手低"正名。它是褒义词，而不是贬义词。"我们认真想一想，一个人做事眼高手低是正常的，只有眼高起来，手才能跟着高起来。一个人不应该怕眼高手低，怕的倒是眼也低手也低。我们经常是眼不高，手才低的。

● 审题立意

审题立意思维决策过程

Contradiction 矛盾	眼高手低是褒义词，而不是人们观念中的贬义词
Attitude 态度	赞扬眼高手低
Boundary 边界	一个人做事眼高手低是正常的，只有眼高起来，手才能跟着高起来；一个人不应该怕眼高手低，怕的倒是眼也低手也低
立意结果	（1）为"眼高手低"正名。 （2）提升眼界，提升视野
立意权衡	本题审题立意很简单，极少考生会跑题。由审题立意 CAB 定理可知，文字材料的核心在于为"眼高手低"正名，命题老师认为"只有眼高起来，手才能跟着高起来"，立意范围为提升眼界，考生从这个立意展开写作即可
终得论点	为"眼高手低"正名

● 参考范文

为"眼高手低"正名

一直以来，我们都在贬低"眼高手低"。但是曹禺先生警示世人，认为"眼高方能手高"。细想之后，确实如此，没有崇高的目标，哪来奋进的动力？

眼在手的上面，眼是手的领导。在为人处世过程中，眼代表着目标，手对应着努力。如果没有目标的指引，即使拥有再好的方法也会像迷途的羔羊一样，没有方向。所以，只有目标高远，才能看到最美的地方，才能为方法指引着正确的方向。

或许有人会这样说，眼高就能成功吗？眼高却失败者比比皆是。是的，失败者中并不缺乏眼高者，但成功者注定是眼高者。如果创建阿里巴巴的马云没有"让天下没有难做的生意"这个宏伟的目标，可能马云早就淹没在互联网的滚滚浪潮中了。所以，立志当高远，这样才有动力在苦难中坚持，在风雨中前行。

眼高者方能目光长远，遇风雨不惧雷电，遇坎坷砥砺前行。东汉末年，群雄纷争，刘备最初不过是一织席贩履的小商贩，但在目睹了"汉室倾颓，奸臣窃命"之后，确定了"欲伸大义于天下"的伟大理想和人生目标。其后，刘备一生跌宕起伏，几经周折，最终凭借着"眼高"赢得诸葛亮的鼎力相助，联吴抗曹，赤壁一战奠定天下三分之格局。

如果我们一味地看轻眼高手低，就会对很多新事物产生错误的判断。中国共产党在"中共二大"召开时，党员不过百人，却提出了"建立民主共和国"和"实现共产主义"的政治纲领，在当时不可谓不是眼高手低。但经二十余年的持续奋斗，共产党人用无数鲜血与汗水建立了新中国，为自己的理想正了名。推而广之，任何取得非凡成就的人物无一不是志存高远，就像"燕雀安知鸿鹄之志"的陈胜，就像"为中华崛起而读书"的周恩来。

仰望星空时，不要忘记脚踏实地。只有将眼高看到的美景化为进取的动力和方向，手才不会一直都是低的。

第三节 观点辨析精讲

2018 年论说文真题

根据下述材料，写一篇 700 字左右的论说文，题目自拟。

有人说，机器人的使命，应该是帮助人类做那些人类做不了的事，而不是代替人类。技术变革会夺取一些人的低端烦琐的工作岗位，最终也会创造更高端、更人性化的就业机会。例如，历史上铁路的出现抢去了很多挑夫的工作，但又增加了千百万的铁路工人。人工智能也是一种技术变革，人工智能也将促进未来人类社会的发展。有人则不以为然。

● 审题立意

审题立意思维决策过程

Contradiction 矛盾	人工智能将促进未来人类社会的发展，有人则不以为然
Attitude 态度	潜在支持人工智能

续表

Boundary 边界	应该是……，而不是……；会夺取……，也会创造……；例如；抢去了……，但又增加了……；也是……，也将……
立意结果	（1）人工智能利大于弊。 （2）人工智能推动人类社会发展
立意权衡	由审题立意 CAB 定理可知，文字材料的核心是支持人工智能。第一个立意强调从利弊的角度分析，第二个立意从宏观角度分析。综合来看，第二个立意更合适，贴近材料且容易展开，可以将利弊分析作为分论点放进第二个立意的文章之中
终得论点	人工智能推动人类社会发展

● 不当立意

不当立意	为何不当
技术变革推动人类社会发展	文字材料的核心是支持人工智能，而非技术变革，人工智能只是技术变革的一个方面。如果围绕"技术变革"来写有扩大论题的嫌疑，是一个偏题的立意
科技创新推动人类社会发展	人工智能不等于技术变革，更不等于科技创新，三者并不是同一概念。将人工智能写成技术变革是不准确的，写成科技创新是跑题的
谨慎看待人工智能的风险	由审题立意 CAB 定理可知，命题老师对于人工智能的态度是利大于弊，是机遇大于风险，所以过度强调风险是一个跑题的立意

● 参考范文

人工智能，开启新时代

近几年来，人工智能热潮悄然而至，人们对于人工智能将会对社会产生怎样的影响争论不一。但是，我们不能因为人工智能对于某些行业的颠覆而否定人工智能，人工智能注定开启人类美好生活的新时代。

不可否认，以人工智能为代表的技术变革会吞噬一些对于技能要求很低的工作岗位。但是，随之而来的是社会产业结构的升级与转型，是大量新型的工作种类与发展机遇。正如铁路的出现让挑夫消失，却同时创造了千百万铁路工人的岗位；阿里巴巴的崛起让一部分线下销售人员失业，但同时也给予了人们线上经营的机会。

此外，人们担心人工智能技术的发展会使得机器人取代人类，威胁人类的生存。可是，纵观人类技术发展史，原子弹的发明、试管婴儿的诞生、克隆技术的问世等，哪一项不是在当时引起了人们的恐慌与争论，但事实证明这些技术不但没有出现这样或那样的问题，反而促进了人类的发展与进步。科学技术是第一生产力，科学技术旨在帮助人类而不是取代人类。

人工智能技术的变革改变了人们的生活方式，加快了产业的转型与升级，促进了社会的发展。人工智能本身就是对生活与工作方式的探索，一系列新产品、新服务的出现正在刷新着人们对于生活与工作的理解。淘宝、京东的兴起使得网上购物成为一种潮流，这不仅提升了人们的购物体验，还开创了快递这一行业，解决了社会上的部分就业难题，使得社会向有利的方向发展。

面对人工智能技术的变革，我们不应该去逃避，而应直面挑战。既然低端岗位被取代，我们就要努力提高自身的综合素质，去胜任那些更好的新型岗位。而且，随着技术变革，世界各国的人民已然处于一个命运共同体之中，我们应该倡导以"人类命运共同体"的意识去迎接挑战。

风物长宜放眼量，以人工智能为代表的技术变革是社会历史发展的必然趋势。因此，人们与其因为风险而担忧人工智能，不如放眼未来，拥抱人工智能带来的新时代。

2017 年论说文真题

根据下述材料，写一篇 700 字左右的论说文，题目自拟。

一家企业遇到了这样的一个问题：究竟是把有限的资金用于扩大生产呢，还是用于研发新产品？有人主张投资扩大生产，因为根据市场调查，原产品还可以畅销三到五年，由此可以获得可靠而丰厚的利润。有人主张投资研发新产品，因为这样做虽然有很大的风险，但风险背后可能有数倍甚至数十倍于前者的利润。

- ● 审题立意

审题立意思维决策过程

Contradiction 矛盾	企业有限的资金是用于扩大生产，还是研发新产品
Attitude 态度	潜在支持研发新产品
Boundary 边界	有限的资金；是……，还是……；根据市场调查，原产品还可以畅销三到五年，由此可以获得可靠而丰厚的利润；研发新产品虽然有很大风险，但可能有数倍甚至数十倍于扩大生产的利润
立意结果	（1）企业应研发新产品。 （2）研发新产品，降低失败风险
立意权衡	由审题立意 CAB 定理可知，文字材料的核心是支持研发新产品。但是，只写"企业应研发新产品"是有失偏颇的，因为研发新产品有风险，因此在立意时应当注意降低和控制风险。所以，第二个立意为最佳立意
终得论点	研发新产品，降低失败风险

- ● 不当立意

不当立意	为何不当
企业应扩大生产	由审题立意 CAB 定理可知，在扩大生产和研发新产品之间，命题老师通过矛盾、态度和边界已经确定了立意范围，选择研发新产品，而非扩大生产
企业应锐意创新	"研发新产品"并不等于"创新"，它可以是现有产品的升级和改良，因此将"研发新产品"偷换为"创新"，是一个偏题的立意
既要扩大生产，又要研发新产品	立意为"既要扩大生产，又要研发新产品"，看似保险、稳健，实则自作聪明。由边界"有限的资金""是……，还是……"可知，扩大生产与研发新产品二者不可兼得，正如鱼和熊掌的关系

● 参考范文

研发新产品，赢得未来市场

在资金有限的情况下，扩大生产还是研发新产品？这是很多企业都会面临的两难困境。虽然二者各有利弊，但从长期来看，企业应当研发新产品。

在当今社会，消费者的需求呈现多变的趋势，谁能够更快更准地捕捉到消费者的最新需求，谁就能抢占先机。目前市场调查结果只能描述"过去的市场"，即已经发生的情况，对于未来的发展方向，仅仅是一个参考指标。如果企业死守着现有指标，认为三到五年之内现有的产品仍然会畅销，那相当于坐井观天，很有可能被现实"打脸"。三五年后，如果原产品无法满足消费者的需求，企业就会失去市场。

随着以互联网为基础的科学技术不断飞跃，产品迭代速度加快，研发能力越来越成为企业立足于市场的核心竞争力。如果企业还认为凭借一个出色的产品就能驰骋市场多年不败，那么只能说明企业自身的管理理念需要进行"研发"更新。在日新月异的市场大环境下，企业如同逆水行舟，不进则退。因此，企业只有将研发新产品作为发展战略，才能赢得未来市场。

同时需要注意，研发新产品有很大的风险。这些风险既包括企业内部的风险，也包括外部环境的风险。在企业内部，研究开发、市场调研、产品定位等方面没做好，可能导致研发失败。在外部环境中，政策变动、产业调整、技术迭代等方面的变化，也可能带来研发风险。

不过，研发新产品的风险并非完全不可控。一方面，可以设计合理的安全边际和研发计划，在安全边际内可以大胆试错，一旦超出边际，及时进行止损；另一方面，企业需要建立严格的保密制度和权责制度，明确保密责任到个人，以防新产品遭到竞争对手的抄袭和模仿。

综上，为了赢得未来市场，企业应该研发新产品。同时，也要注重降低研发的风险，避免因研发失败而影响企业运营。

2011 年论说文真题

根据下述材料，写一篇 700 字左右的论说文，题目自拟。

众所周知，人才是立国、富国、强国之本。如何使人才尽快地脱颖而出，是一个亟待解决的问题。人才的出现有多种途径，其中有"拔尖"，有"冒尖"。拔尖是指被提拔而成为尖子，冒尖是指通过奋斗、取得成就而得到社会公认。有人认为，当今某些领域的管理人才，拔尖的多而冒尖的少。

● 审题立意

审题立意思维决策过程

Contradiction 矛盾	国家发展急需人才，但人才拔尖的多而冒尖的少
Attitude 态度	潜在支持冒尖
Boundary 边界	亟待解决；人才的出现有多种途径，拔尖的多而冒尖的少
立意结果	（1）呼唤更多冒尖人才。 （2）科学拔尖，鼓励冒尖
立意权衡	由审题立意 CAB 定理可知，命题老师意在支持冒尖，但支持冒尖不代表就要反对拔尖。支持冒尖，一是平衡人才结构，二是促进社会公平。相比之下，第二个立意比第一个立意更加全面，所以第二个立意为最佳立意
终得论点	科学拔尖，鼓励冒尖

● 不当立意

不当立意	为何不当
鼓励冒尖，减少拔尖	文字材料中已经说到，国家发展急需人才，但人才拔尖的多而冒尖的少。现状已是如此，鼓励冒尖是应该的和必然的，但是减少拔尖岂不是让人才会越变越少，这样更不利于国家的发展。所以，立意为"鼓励冒尖，减少拔尖"是一种严重跑题的立意
冒尖少、拔尖多自有其道理	"自有其道理"这种立意实际上是没有做出任何表态的，是没有任何价值的立意。《考试大纲》明确规定"要求考生在准确、全面地理解题意的基础上，对命题或材料所给的观点进行分析，表明自己的观点并加以论证"，所以立意为"冒尖少、拔尖多自有其道理"明显与《考试大纲》相悖，是严重跑题的立意
鼓励人才拔尖	文字材料的矛盾是"国家发展急需人才，但人才拔尖的多而冒尖的少"，既然冒尖的少，那么正常的逻辑就是增加冒尖的人才，为国家的发展提供更多的人才。立意为"鼓励人才拔尖"，不利于平衡人才结构，也不利于促进社会公平，不符合审题立意全面性的标准，并没有将文字材料的重要信息覆盖进去。所以，立意为"鼓励人才拔尖"是一个并不妥当的立意

● 参考范文

鼓励"冒尖",发现更多人才

人才是立国、富国、强国之本,是社会发展的动力,所以如何发现更多的优秀人才成为推动社会发展的关键。在选拔人才的多种途径中,"冒尖"相比"拔尖"具有更多的优势,是选拔人才的优选途径。

正如材料所言,"冒尖"是通过奋斗、取得成就而得到社会的认可,是一步步脚踏实地的晋升;"拔尖"是指被提拔而成为尖子,往往是机遇或人脉比努力更为重要的体现。"冒尖"与"拔尖"相比,"冒尖"人才的工作表现和业务能力是有目共睹的,而"拔尖"人才的能力容易受到质疑,"拔尖"人才也可能引发不满。因此,这两者的性质就决定了前者比后者更能服众。

鼓励"冒尖",一方面有助于平衡人才结构,另一方面有助于促进社会公平。由材料可知,当今某些领域的管理人才,拔尖的多而冒尖的少,这一现状既体现了不平衡的人才结构,也体现了不公平的社会现象。正如前文所说,在"拔尖"人才身上体现出来的往往是机遇或人脉比努力更为重要,而且其个人能力是存疑的,这不利于社会公平的实现。因此,鼓励"冒尖"有助于发现更多的"冒尖"人才,从而优化当今"拔尖的多而冒尖的少"的不平衡人才结构。

可见,鼓励"冒尖"是选拔人才的优选途径。所以,社会需要投入更多的资源鼓励"冒尖",从而发现更多的优秀人才。具体来说,社会一方面可以拓宽"冒尖"人才的涌现渠道,比如举办人才招聘会、鼓励人才竞争上岗等;另一方面可以开办更多的技能培训班,从而提高人才技能,为社会发展提供源源不断的优质人才。

综上,鼓励冒尖一方面有助于平衡人才结构,另一方面有助于促进社会公平。所以,我们当下的年轻人为什么还只是消极地等待被人提拔,等待成为"拔尖"人才,而不勇敢地让自己成为"冒尖"人才呢?

2004年论说文真题

根据以下材料,自拟题目撰写一篇700字左右的论说文。

一位旅行者在途中看到一群人在干活,他问其中一位在做什么,这个人不高兴地回答:"你没有看到我在敲打石头吗?若不是为了养家糊口,我才不会在这里做这些无聊的事。"旅行者又问另外一位,他严肃地回答:"我正在做工头分配给我的工作,在今天收工前我可以砌完这面墙。"旅行者问第三位,他喜悦地回答:"我正在盖一座大厦。"他为旅行者描绘大厦的形状、位置和结构,最后说:"再过不久,这里会出现一座宏伟的大厦,我们这个城市的居民就可以在这里聚会、购物和娱乐了。"

● 审题立意

审题立意思维决策过程

Contradiction 矛盾	三位工人做同一件事，有各自三种不同的态度
Attitude 态度	支持第三位工人的态度
Boundary 边界	不高兴地；养家糊口；无聊；严肃地；分配；喜悦地；宏伟的大厦
立意结果	（1）目标决定态度。 （2）换个角度看问题。 （3）为理想而奋斗的人是快乐的
立意权衡	由审题立意 CAB 定理可知，面对同样一份工作，三个工人有三种不同的态度，有积极的，有消极的，而决定工人拥有不同态度的原因在于各自不同的人生目标。所以，第一个立意为最佳立意。三位工人有不同的人生目标就意味着三位工人有三个不同的视角。试想一下，如果前两位工人换个角度看问题，就很有可能会像第三位工人一样快乐地工作。所以，第二个立意也是一个正确的立意。人生目标在一定程度上可以被视为人生理想，只是可能稍稍地放大了，命题老师支持第三位工人的态度，意味着支持第三位工人"因为是在为理想奋斗，所以快乐地工作"。而前两位工人并不是为理想而奋斗，所以对工作的态度是不高兴和严肃的。所以，第三个立意也是一个正确的立意
终得论点	目标决定态度

● 参考范文

态度取决于你自己

材料中三位工人对待事情有不同的认识，有人看到了无奈，有人看到了职责，更有人看到了意义。实际上，对于生活的态度，取决于你自己。

一样的环境，不一样的心情，不一样的自己。环境不是束缚理想的理由，对人生采取何种态度才是成功与否的关键。海伦·凯勒是美国伟大的教育家和作家，她小时候因生病而失去了视力、听力，说话也含糊不清，起初她无法承受这种痛苦，以至于对生活抱着悲观的态度。但是后来，她看到了生活的希望，燃起了心中失去已久的光明，从此变得乐观向上，学会了多种语言，写出了多本著作。海伦·凯勒是对生活有希望的人，因此，生活也给了她希望。

学会调整心态，我们的人生就会化阴雨为晴天，呈现道道彩虹。凝望着凡·高的《向日葵》，心灵的深处会被深深地震撼。当我们面对命运的千疮百孔，准备低头认输的时候，看看凡·高笔下那朵朵金黄的向日葵吧，我们总能找到坚强的理由。人生就像是一面镜子，你对它哭，它也会对你哭；你对它笑，它也会对你笑。

古人有云："人生不如意事十之八九。"命运的好坏是谁也不能掌控的，但我们可以勇敢地面对命运，面对现实。"人生自古谁无死，留取丹心照汗青"，昂首挺立的文天祥抬起的是不屈的风骨、不屈的灵魂，抬起的是一个民族不屈的脊梁。尽管命运捉弄他，他也不向命运屈服。时光飞逝，沧海桑田，透过千年历史的风沙，我们仍然看得见昂首挺立于天地之间的真汉子。文天祥面对命运选择了不屈不挠，他给了命运一种昂首向上的态度，因此，命运也让他从此流芳百世。

我们坚信：没有比人更高的山，没有比脚更长的路。面对一切事物，呈现自己精神中的坚强吧！不要被态度左右我们的选择和人生，因为——态度取决于你自己！

2000 年论说文真题

根据所给材料写一篇 500 字左右的议论文，题目自拟。

解放初期，有一次毛泽东和周谷城谈话。毛泽东说："失败是成功之母。"周谷城回答说："成功也是失败之母。"毛泽东思索了一下，说："你讲得好。"

● 审题立意

审题立意思维决策过程

Contradiction 矛盾	失败是成功之母，成功也是失败之母
Attitude 态度	支持失败与成功之间互为因果的关系
Boundary 边界	你讲得好
立意结果	（1）成功失败，互为因果。 （2）成功是失败之母
立意权衡	由审题立意 CAB 定理可知，文字材料的核心概念是失败与成功，命题老师认同成功与失败之间可以相互转化，互为因果。所以，最佳立意为"成功失败，互为因果"。其次为"成功是失败之母"，这是因为通过边界词可以看到，文字材料更倾向于赞同成功是失败之母
终得论点	成功失败，互为因果
补充说明	大多数考生可能对于处理成功与失败之间互为因果的辩证关系，并不是很擅长。那么考生可以退而求其次，选择第二个立意。而且结合解放初期的历史背景考虑，当时共产党在政治和军事等方面取得了很大胜利，更应该谦虚谨慎和戒骄戒躁，防止成为第二个李自成

● 参考范文

成功亦是失败之母

解放初期，毛泽东与周谷城谈话时，周谷城提出了"成功是失败之母"，毛泽东深为赞许。此言是对原有说法的极好补充，原来我们一直认为失败是成功之母，但在现实中成功也是失败之母。

成功之后的失败是败给了自己，败给了自己内心的虚荣和膨胀。因此，我们需要清醒地认识到目前的成功只是之前的努力得到了兑现，并不代表没有了后顾之忧。

古往今来，有多少成功者倒在了胜利之夜，他们的失败就在于在胜利面前骄傲自满，没有保持自己的初心和原则。正因如此，在渡江战役中，毛泽东主席写下"宜将剩勇追穷寇，不可沽名学霸王"，警醒全军将士在胜利面前不可松懈，不能像楚霸王一样在鸿门宴上放虎归山。

所以，一时的成功不代表一世的成功，在成功的面前不可骄傲自满，需要戒骄戒躁。否则就会像明末的李自成，他在起义前期提出"均田免赋"的口号，深得广大人民欢迎，从而增强了力量，经百战之劫打败明朝的军队。但是，他在成功之后放纵部下，耽于享乐，不思进取，终兵败山海关，军队土崩瓦解，数十年努力付诸东流。可见，在骄傲面前没有永远的英雄，只有谦虚谨慎方能实现事业长青。

因此，在成功之后，应该保持一颗清醒的头脑，用平和的心态应对成功的喜悦，将成功一直保持下去，事业才能长青。

1999 年论说文真题

根据所给材料写一篇 500 字左右的议论文，题目自拟。

一位画家在拜访德国著名画家门采尔时诉苦说："为什么我画一张画只要一天的时间，而卖掉一张画却要等上整整一年？"门采尔严肃认真地回答说："倒过来试试吧，如果你用一年的时间去画它，那么只需要一天的时间就能够把它卖掉。"

● 审题立意

审题立意思维决策过程

Contradiction 矛盾	一位画家画一张画用一天，卖掉一张画要等上整整一年
Attitude 态度	支持门采尔的观点
Boundary 边界	倒过来试试吧，如果你用一年的时间去画它，那么只需要一天的时间就能够把它卖掉
立意结果	（1）慢工出精品，欲速则不达。 （2）厚积薄发。 （3）做事要脚踏实地
立意权衡	由审题立意 CAB 定理可知，文字材料的核心在于强调注重过程的积累。命题老师支持门采尔的观点，认为忽视过程是不利于结果的，所以最好的立意是"慢工出精品，欲速则不达"。其次是"厚积薄发"，这是从量变和质变的角度进行立意的。然后是"做事要脚踏实地"，这是从过程的角度进行立意的
终得论点	慢工出精品，欲速则不达

- 参考范文

欲速则不达

孔子说："无欲速，无见小利。欲速，则不达，见小利，则大事不成。"人做事眼光要远一点，不仅要看到近期的得失，还要看到长远的影响。

过于性急图快，反而会适得其反，不能达到目的。在大跃进时期，高指标、瞎指挥、浮夸风盛行，各地纷纷提出不切实际的目标，片面追求工农业生产和建设的高速度。"大跃进"打乱了国民经济秩序，浪费了大量的人力物力，造成了工农业比例严重失调。

同样的，好酒陈酿的时间越长越香醇，音乐谱写得越久越唯美，成功酝酿得越久越辉煌。贝多芬写《合唱交响曲》用了39年的时间，最终将无数次的灵感串联成了旷世佳作。如果他也急不可耐地希望完成作品，一个小时作完曲子，我们还能听见他发自内心的《欢乐颂》吗？越王勾践为了灭吴受了多少年的凌辱，尝了多少年的苦胆，但他从来没有草率地为报一箭之仇而出兵吴国，而是用平和、坚定的心对内不断提升自己，对外等待最佳时机。可见，坚定而又平和的心态才是成功的前奏。

滴水穿石，非一日之功；冰冻三尺，非一日之寒。居里夫人十几年寻找放射性元素，含辛茹苦，潜心于一处，历经夜晚与白天无数次交替，吞咽周围冷寂之苦，为的只是心中那熠熠闪耀着动人光辉的科学之灯。她曾多少次一个人孤军奋战，曾多少次平凡无味地不断重复同一个实验，终在几十吨沥青铀矿矿渣中找到几克放射性元素。

新时代的人们，请牢记——欲速则不达！请在泥泞的小路上留下你坚实的脚印，在历史的书页里留下你泛黄的足迹。坚定向前，成功就在不远方。

第四节 案例分析精讲

2020年论说文真题

根据下述材料，写一篇700字左右的论说文，题目自拟。

据报道，美国航天飞机"挑战者号"采用了斯沃克公司的零配件。该公司的密封圈技术专家博易斯乔利多次向公司提醒：低温会导致橡胶密封圈脆裂而引发重大事故。但是，这一意见一直没有受到重视。1986年1月27日，佛罗里达州卡纳维拉尔角发射场的气温降到零度以下，美国宇航局再次打电话给斯沃克公司，询问其对航天飞机的发射还有没有疑虑之处。为此，斯沃克公司召开会议，博易斯乔利坚持认为不能发射。但公司高层认为他所持理由还不够充分，于是同意宇航局发射。1月28日上午，航天飞机离开发射平台，仅过了73秒，悲剧就发生了。

● 审题立意

审题立意思维决策过程

Contradiction 矛盾	博易斯乔利认为密封圈存在隐患，但是公司高层不认可他的观点
Attitude 态度	由事件结果倒推可以知道，题干意在批驳公司高层不尊重专家意见，忽视质量问题
Boundary 边界	技术专家；多次向公司提醒；一直没有受到重视；坚持认为不能发射；公司高层认为他所持理由还不够充分；悲剧
立意结果	（1）重视质量与细节，防微杜渐。 （2）重视不同意见，兼听则明
立意权衡	由审题立意CAB定理可知，文字材料的核心聚焦于如何看待"挑战者号"这一悲剧发生的背后的原因。第一个立意点明事故原因是忽视了产品质量；第二个立意点明公司高层的责任，没有重视专家意见。比较来看，第二个立意比第一个立意更贴近材料，更为准确和深刻
终得论点	重视不同意见，兼听则明

● 不当立意

不当立意	为何不当
关注细节，走向成功	细节问题是文字材料中涉及的问题，但是文字材料并没有直接涉及成功这个话题，将细节与成功放在一起属于生搬硬套，属于偏题立意。审题立意应当准确深刻，不要凡事都往成功靠
博学笃行，求真务实	文字材料并没有直接涉及真理这个问题，所以立意为"求真务实"是严重跑题的。审题立意应当是一切思考从文字材料出发，不要提及题干没有涉及的话题

● 参考范文

别让同样的悲剧再次发生

1986年"挑战者号"的悲剧警醒了很多人。试想，如果公司高层重视反对意见，再进行检查，可能悲剧就不会发生。但是，历史不会重演。对此，我们应当多听取反对声音，多有一份责任感，别让悲剧再次发生。

在"挑战者号"事件中，公司高层一直没有重视技术专家的意见，这反映了其刚愎自用。技术专家是因为其对于专业领域精通，才被称为专家，作为公司高层，需要注意到技术专家的意见不可能是没有价值的。然而，公司高层出于侥幸心理，刻意忽视了这一意见，选择同意发射有问题的航天飞机，这才酿成了悲剧。希望这远方的哭声可以警醒世人多听听反对意见，牢记"兼听则明，偏听则暗"。

如果我们再深入分析，会发现公司高层有侥幸心理是源于其缺乏责任感与诚信意识。

如果公司高层多一份责任感，对存疑的密封圈再检查一遍，可能就会发现问题，可能就会挽救那些本该驰骋星空的宇航员。同样，如果公司高层多一份诚信意识，不因为担心公司信誉受损而隐瞒专家疑虑，实事求是地告知宇航局，那么悲剧也不会发生。因此，我们多一份责任感与诚信意识，就可能避免本不该发生的问题。

所以，为了避免同样的悲剧再次发生，我们应当多听取反对声音，多有一份责任感。希望在我们的生活和工作中，无论是遇到像"挑战者号"这样的大事件，还是遇到像修改网站漏洞这样的小事件，我们都可以拿出包容开放的心态来听取不同的声音，拿出工匠精神一般的执着与担当来坚持正确的事情。相信这样做事，不仅是对自己的事业负责，也是对他人的生命负责。

时间的车轮已经走过了30多年，希望我们这一代人可以从"挑战者号"获得一些警醒，多听取反对声音，多有一份责任感，不要让远方的哭声再次回响在耳畔。

2014 年论说文真题

根据下述材料，写一篇700字左右的论说文，题目自拟。

生物学家发现雌孔雀往往选择尾巴大而艳丽的雄孔雀作为配偶，因为雄孔雀的尾巴越大越艳丽表明它越有生命活力，后代的健康越能得到保证。但是，这种选择也产生了问题：孔雀尾巴越大越艳丽，越容易被天敌发现和猎获，其生存反而会受到威胁。

● 审题立意

审题立意思维决策过程

Contradiction 矛盾	雌孔雀选择尾巴大而艳丽的雄孔雀作为配偶会带来利弊两方面的结果：利为雄孔雀有生命活力，后代的健康可以得到保证；弊为雄孔雀容易被天敌发现和猎获，其生存会受到威胁
Attitude 态度	潜在的态度为支持雌孔雀在利弊之间做出选择，通过"往往选择尾巴大而艳丽的雄孔雀作为配偶"可以看出在利弊之间，雌孔雀为了后代的健康和物种繁衍，毅然做出了选择，不惧丧偶的风险
Boundary 边界	往往选择；越……，越……，越……；但是；这种选择；问题；越……，越……，反而……
立意结果	（1）全面考虑得与失。 （2）权衡利弊，做好选择
立意权衡	由审题立意CAB定理可知，文字材料的核心聚焦于一件事物有利弊两面，需要在其中做出决策。第一个立意注重全面考虑，第二个立意注重权衡利弊。比较来看，第二个立意比第一个立意更贴近材料，材料中有"选择"一词
终得论点	权衡利弊，做好选择

● 不当立意

不当立意	为何不当
愚蠢的选择	雌孔雀的择偶问题看似是雌孔雀的选择，实际上是大自然的选择。同学们可以去指责和批评大自然吗？显然不可以，因为这是自然规律，人类无权指责。而且命题老师希望同学们从雌孔雀的择偶问题引申到决策时的利弊权衡，而不是局限在文字材料中。所以，立意为"愚蠢的选择"，实际上是无中生有，胡乱攻击，是一个严重跑题的立意
低调做人	立意为"低调做人"，实际上是从雄孔雀的角度看待问题，这就与审题立意CAB定理相悖。文字材料的主角是雌孔雀，所以此题的文章立意应该从雌孔雀出发，从雌孔雀的视角看待问题。所以，站在雌孔雀的立场，雄孔雀的生存问题只是一个权衡利弊问题。所以，立意为"低调做人"实际上是喧宾夺主，是一种跑题的立意

● 参考范文

权衡利弊，做出选择

面对配偶选择，雌孔雀往往选择尾巴大而艳丽的雄孔雀，但这样的选择会带来雄孔雀被天敌发现而死亡的风险。可见，每一个选择的背后都有利有弊。利弊之间，做出选择，举步维艰。但是，我们不能因为存在风险，而放弃做出选择。

任何选择有利也必然有弊，祸兮福所倚，福兮祸所伏。世上没有绝对十全十美的东西。从一个角度看，它是利，但换一个角度，也许就成了弊。雄孔雀的尾巴越大越艳丽，一方面可以保证后代的健康，但另一方面也带来了死亡的威胁。孔雀如此，人生也如此。不管是职业选择，还是人生规划，都是有利弊两面的，我们需要做的是趋利避害，将风险降到最低。

选择存在风险，不意味着不做选择，而应当果断抉择。既然任何选择都必然利弊交错，那么犹豫不决，注定会错失良机。就像鸿门宴里的项羽，因为念及兄弟情深，迟迟不下刺杀刘邦的决定，从而错失良机、放虎归山，影响了楚汉之争的最后结局。可见，在关键时刻做出选择很重要，一旦失去机遇，将会造成难以弥补的后果。

当然，对于选择的风险也不能忽视，我们一方面可以提前制定科学的规划，降低风险，另一方面可以设立合理的安全边界。在选择之前，我们应当全面评估选择可能带来的风险，尽力谋求降低风险的方法。同时，我们应当设立合理的安全边界，一旦选择带来的风险超过了边界，那么我们需要及时止损，避免事态进一步恶化。如此，我们可以最大限度地降低选择的风险，降低风险可能带来的威胁。

凡事有利就有弊，不能因为看到有利的一面，而忽视事物有弊的一面。在做出选择时，需要不断权衡利弊带来的不同结果，在利弊之间勇敢地做出自己的选择。

2013 年论说文真题

根据下述材料，写一篇 700 字左右的论说文，题目自拟。

20 世纪中叶，美国的波音和麦道两家公司几乎垄断了世界民用飞机的市场，欧洲的制造商深感忧虑。虽然欧洲各国之间的竞争也相当激烈，但还是采取了合作的途径，法国、德国、英国和西班牙等决定共同研制大型宽体飞机，于是"空中客车"便应运而生。面对新的市场竞争态势，波音公司和麦道公司于 1977 年一致决定组成新的波音公司，以此抗衡来自欧洲的挑战。

● 审题立意

审题立意思维决策过程

Contradiction 矛盾	市场竞争与企业合作
Attitude 态度	支持企业合作
Boundary 边界	虽然……，但是……；应运而生；面对新的市场竞争态势；以此抗衡来自欧洲的挑战
立意结果	（1）学会合作，共对强敌。 （2）竞争与合作。 （3）主动应变
立意权衡	由审题立意 CAB 定理可知，文字材料的核心聚焦于以合作应对危机，竞争只是体现在危机之中。所以，在三个正确立意中，第一个立意为最佳立意；第二个立意角度虽然正确，但不易展开写作；第三个立意在文字材料中隐藏较深，一般考生不易发现
终得论点	学会合作，共对强敌

● 参考范文

愈竞争，愈合作

20 世纪中叶，面对美国的波音和麦道两家公司对市场的垄断，欧洲多国选择合作，"空中客车"应运而生。同样，面对新的市场竞争态势，波音和麦道公司合作组成新的波音公司以抗衡来自欧洲的挑战。由此可见，面对市场竞争的最好方式是选择合作。

在市场竞争中，选择合作可以合理配置资源，从而实现企业成本最小化。每个企业都有自己的优势和劣势。比如，一家企业可能擅长市场营销，不擅长产品研发；而另一家企业可能恰恰相反。如果这两家企业合作，就可以"取彼所长，补己所短"，实现双方利益最大化。此外，企业之间可以交流经营经验，这在一定程度上可以降低"走弯路"的可能性。

在市场竞争中，选择合作也是企业的必由之路。试想一下，如果企业不采取合作的方式，而是"单打独斗"，那么这家企业又怎么能在激烈的市场竞争中存活下来呢？在当今经济全球化的世界局势下，合作共赢是必然趋势。正所谓"适者生存"，顺应趋势的企业才能保持生命活力，长久生存下去。毕竟合作只是一种方法，而生存才是最终目的。对于企业来说，没有比生存更重要的事情了。

在市场竞争中，实施合作的战略需要谨慎选择合作伙伴，并以"互利共赢"的心态来分享各自信息。因为合作伙伴的好坏，直接关系到合作联合体的竞争力。在选择合作伙伴时，可以通过对合作企业各方面进行打分，从而客观理性地选出合适的伙伴。同时，如果企业不抱着"互利共赢"的心态来分享各自信息，那么很可能出现"表面合作，私下竞争"的假合作，这样一个"合作联合体"未必能在市场竞争中占有一席之地。

一枝独秀不是春，百花齐放春满园。在市场竞争中选择合作，这既是企业发展的利器，又是企业发展的必由之路。因此，企业应当敞开心扉，拥抱合作。

2010 年论说文真题

根据下述材料，写一篇 700 字左右的论说文，题目自拟。

一个真正的学者，其崇高使命是追求真理。学者个人的名利乃至生命与之相比都微不足道，但因为其献身于真理，就会变得无限伟大。一些著名大学的校训中都含有追求真理的内容。然而，近年学术界的一些状况与追求真理这一使命相差甚远，部分学者的功利化倾向越来越严重，抄袭剽窃、学术造假、自我炒作、沽名钓誉等现象时有所闻。

● 审题立意

审题立意思维决策过程

Contradiction 矛盾	学者的崇高使命是追求真理，但部分学者的功利化倾向越来越严重
Attitude 态度	认为学者应追求真理，反对功利化倾向
Boundary 边界	与之相比微不足道；一些著名大学的校训；然而；近年；一些状况；相差甚远；部分学者；越来越严重；时有所闻
立意结果	（1）追求真理，远离功利化。 （2）追求真理需要去功利化
立意权衡	由审题立意 CAB 定理可知，命题老师意在反对功利化倾向。既然是反对功利化倾向，就应当是"去功利化"，从而"治病救人"。"远离功利化"是预防，而非治理。所以，第二个立意更符合题意，为最佳立意
终得论点	追求真理需要去功利化

● **不当立意**

不当立意	为何不当
追求真理，至高无上	真理只是文字材料的一个重要信息，并不能覆盖所有的重要信息。而且通过审题立意CAB定理可以发现，文字材料的矛盾是"学者的崇高使命是追求真理，但部分学者的功利化倾向越来越严重"，命题老师偏重于反对功利化倾向，这就与"真理至上"方向不一致，所以立意为"追求真理，至高无上"是一种跑题的立意
反对学术造假	反对学术造假这个重要信息在文字材料的后半段出现了，但是这只是部分学者功利化倾向的表现。同学们将"反对学术造假"作为自己的立意，并不能起到覆盖所有重要信息的作用，它只是文字材料的一个小点，所以立意为"反对学术造假"是一种跑题的立意

● **参考范文**

追求真理需要去功利化

近年来，部分学者的功利化倾向越来越严重，抄袭剽窃、学术造假等现象层出不穷，这些现象都与学术界追求真理的使命相去甚远。对于这些现象，我们必须坚决抵制，学者追求真理容不得半点功利之心。

学术功利化是一颗毒药，不仅毒害学者，也毒害社会。如果放任这种现象发展下去，不仅会造成学术精神的崩塌，更会对整个社会造成恶劣影响。当越来越多的学者依靠学术造假和抄袭剽窃名利双收时，那么受到逐利本性的驱使，更多的学者会纷纷效仿和追随。长此以往，容易在社会上形成歪风邪气，造成"人人不做实事"的局面，极大地阻碍社会和谐发展。

为何本应纯洁的学术研究变得功利化，变得污浊不堪呢？其根源在于功利化行为成本低、收益大。学术研究不像其他工作，是需要学者付出大量的时间和精力的，而且付出并不一定会有相应的回报。在这种情况下，抄袭剽窃、学术造假就成了一部分学者"走捷径"的选择。而且，相应的检查和处罚往往是滞后的，这就导致了学术功利化这股不正之风愈演愈烈。

树立学术正气，对于学术功利化不能有丝毫容忍，这需要学者和社会的共同努力。首先，应当明确去功利化不代表拒绝一切报酬，不代表做学术研究的学者应当安贫乐道。实际上，给予学者适当的报酬，是对学术工作的支持。其次，解决学术功利化这一问题，一方面需要营造"真理高于名利"的学术氛围，引导学者做出正向的选择；另一方面需要完善学术评价机制，不能仅凭发表论文的数量来评价一个学者的学术成果。

综上，学者在追求真理的道路上，容不得半点功利之心。希望社会各界共同努力，为学者营造一个包容友善的学术环境，让学者不被名利所诱，不被名利所累。

2007 年论说文真题

根据下面的材料,写一篇议论文,700字左右。

电影《南极的司各脱》,描述的是英国探险家司各脱上校到南极探险的故事。司各脱历尽艰辛,终于到达南极,却在归途中不幸冻死了。在影片的开头,有人问司各脱:"你为什么不能放弃探险生涯?"他回答:"留下第一个脚印的魅力。"司各脱为留下第一个脚印付出了生命的代价。

● 审题立意

审题立意思维决策过程

Contradiction 矛盾	追求理想与付出生命代价
Attitude 态度	支持司各脱为追求理想甘冒风险
Boundary 边界	历尽艰辛;终于;却;不幸;为什么不能放弃;留下第一个脚印的魅力
立意结果	(1)勇于追求人生价值。 (2)敢为天下先。 (3)青春不老,理想最大。
立意权衡	由审题立意 CAB 定理可知,命题老师意在歌颂司各脱的英雄事迹。司各脱为实现人生理想,为追求自己的人生价值,为在南极留下第一个脚印,历尽艰辛到达南极,却在归途中不幸冻死。这是一种"亦余心之所善兮,虽九死其犹未悔"的人生追求。所以,立意"勇于追求人生价值"为最佳立意。第二个立意和第三个立意相较第一个立意稍显逊色,没有点透勇敢和人生价值两个方面,只是部分地表露出来
终得论点	勇于追求人生价值

● 参考范文

理想点亮人生

司各脱是英国著名探险家,为了实现自己的探险理想,不畏危险,探索南极,却不幸冻死于归途。理想是美好的,是每一个人对未来美好生活的希望。正是因为心怀理想,人生才如此多姿多彩。

理想是为激发个人的潜力,实现个人的自由。海伦·凯勒身残志坚,为了实现自己的理想,不向命运低头,凭借着自己的努力和坚持,最终学会了多种语言,写出了多本著作,成为一代文学家。她实现了她的梦想,反抗着命运的不公,唤醒了无数沉沦的心灵。这就是理想的价值:激发生命的潜力,实现人生的自由。路漫漫其修远兮,吾将上下而求索。

理想是为国为民的鞠躬尽瘁。周总理有一个理想,他要为中华之崛起而读书。他不断地努力奋斗，成为中华人民共和国第一任总理兼外交部长，帮助亿万中国人实现了当家作主。他实现了他的理想，中华崛起了，伫立在世界的东方。这就是理想的价值，为天地立心，为生民立命。

理想是为实现公平与正义。马丁·路德·金有一个理想，他想让美国的黑人得到和白人一样的平等地位。他不懈努力，为之付出鲜血与生命，终于迎来了美国通过《民权法案》宣布种族歧视政策违法的胜利。他实现了他的理想，促进了种族平等，推动了时代的进步。这就是理想的价值，促进社会公平，实现人类正义。亦余心之所善兮，虽九死其犹未悔。

正是因为理想有如此大的魔力，它才值得每一个怀揣理想的人为之付出超越生命的努力。理想如春风，温暖万千心灵；理想如甘霖，滋润一方土地；理想如阳光，照耀万里长空；理想如灯塔，点亮人生之路。

但是，在追求理想的道路上注定不可能是一帆风顺的，肯定要经历千辛万苦，一路披荆斩棘，才能实现自己的理想。但只要你有一颗勇敢的心，那么就一定能支撑你走向成功！

2006 年论说文真题

根据以下材料，围绕企业管理写一篇论说文，题目自拟。700 字左右。

两个和尚住在东、西两座相邻的山上寺庙里，两山之间有一条清澈的小溪。这两个和尚，每天都在同一时间下山去溪边挑够一天用的水，久而久之，他们就成为好朋友了。光阴如梭，日复一日，不知不觉已经过了三年。有一天，东山的和尚没有下山挑水，西山的和尚没有在意，只是猜想他大概睡过头了。哪知第二天，东山的和尚还是没有下山挑水，第三天、第四天也是如此，西山的和尚担心起来："我的朋友一定是生病了，我应该去拜访他，看是否有什么事情能够帮上忙。"于是他爬上了东山去探望他的老朋友。到达东山的寺庙，西山和尚看到他的老友正在庙前打太极拳，一点儿也不像几天没喝水的样子，他好奇地问："难道你已经修炼到可以不用喝水就能生存的境界了吗？"东山和尚笑笑，带着他走到寺庙后院，指着一口井说："这三年来，我每天做完功课，都会抽空挖这口井。如今终于挖出水来了，我就不必再下山挑水啦。"西山和尚不以为然："挖井花费的力气远远甚于担水，你又何必多此一举呢？"

● 审题立意

审题立意思维决策过程

Contradiction 矛盾	东山和尚的未雨绸缪，西山和尚的不以为然
Attitude 态度	支持东山和尚的未雨绸缪

191

续表

Boundary 边界	光阴如梭，日复一日，不知不觉已经过了三年；笑笑；这三年来，我每天做完功课，都会抽空挖这口井，如今终于挖出水来了，我就不必再下山挑水啦；不以为然；远远甚于；多此一举
立意结果	（1）企业经营应思虑长远。 （2）企业经营应充实积累。 （3）企业经营应创新进步
立意权衡	由审题立意 CAB 定理可知，命题老师意在支持东山和尚的未雨绸缪，那么将这种未雨绸缪类比到企业经营中就是思虑长远。所以，在三个正确立意中，第一个立意为最佳立意。第二个立意和第三个立意都是在说如何从现在走向未来，是一种方法，相较第一个立意在战略层面逊色很多
终得论点	企业经营应思虑长远

● 参考范文

智者远虑

正像故事里所讲的，西山和尚对于东山和尚挖井的行为不以为然，认为纯属多此一举。我相信，现实终将颠覆这种粗浅的短见。因为，只顾眼前，必将失败；着眼长远，方能成功。

论语有云：人无远虑，必有近忧。秋天的收获，源于春天的播种和夏天的辛勤劳动；而将来的丰收，则取决于现在的努力付出与艰苦奋斗。东山和尚以后在天气恶劣或年老体弱时不必像西山和尚一样辛苦下山打水，就是因为东山和尚看到了未来，看到了自己终将有一天无法下山打水。

如果现在不从长远的发展考虑，只是一味地虚度光阴，甚至是将有限的资金投入无限的吃喝玩乐中去，而没有投入事业中，这样的人往往会在社会的竞争中一败涂地。因为，这样的人到处都是，是没有任何竞争力的。所以说，只有拥有远虑，可以居安思危的人，才会没有近忧，因为他们早就将潜在的忧患扼杀在摇篮之中了。

拥有远虑的人，当他们看到一个烟头的时候，就会想到星星之火，如果当时不一脚踏灭，那么在不远的将来，这个烟头就可能会演变成燎原之势，到那时再去拯救，就一切都太晚了。所以，对于隐患要早些预防，对于未来要早做规划，这样才能做到防患于未然。

商鞅曾经说过：愚者暗于成事，智者见于未萌。这句话的意思是说，没有远虑的人，事情都已经发生了，他们还蒙在鼓里；而拥有远虑的人，种子还没有萌芽，他们就已经先知先觉地推断出将来在这个地方会成长起一棵参天大树。

那么，到底什么才是远虑？远虑就是从长远的发展来考虑，就是"以现观隐，以往察来"，即根据过去的发展规律，推测将来的运行轨迹。

所以说，每个人都要对未来多一些远虑，这样才能到那时少一些近忧，这也就是人们常说的"防范胜于救灾"。

2005 年论说文真题

根据下述内容，自拟题目，写一篇短文，评价丘吉尔的决策，说明如果你是决策者，在当时情况下你会做出何种选择，并解释决策依据。700字左右。

"二战"时期，英国首相丘吉尔曾做出一个令他五内俱焚的决定。当时盟军已经破译了德军的绝密通信密码，并由此得知下一个空袭目标是英国的一个城市考文垂。但是一旦通知这个城市做出任何非正常的疏散和防备，都将引起德军警惕，使破译密码之事暴露，从而丧失进一步了解德军重大秘密的机会。所以丘吉尔反复权衡，最终下令不对这个城市做任何非正常的提醒。结果考文垂在这次空袭中一半被焚毁，上千人丧生。然而，通过这个密码，盟军了解了德军在几次重大战役中的兵力部署情况，制定了正确的应对策略，取得了重大的军事胜利。

● 审题立意

审题立意思维决策过程

Contradiction 矛盾	通知考文垂意味着破译密码之事暴露，不通知考文垂意味着生灵涂炭
Attitude 态度	支持丘吉尔不通知考文垂的决定
Boundary 边界	五内俱焚；一旦……，使……，从而……；丧失了进一步了解德军重大秘密的机会；所以……；反复权衡，最后下令；结果……；一半被焚毁，上千人丧生；然而；盟军了解到德军在几次重大战役中的兵力部署情况，制定了正确的应对战略，取得了重大的军事胜利
立意结果	支持丘吉尔不通知考文垂的决定
立意权衡	本题正确的立意只有"支持丘吉尔不通知考文垂的决定"这一个，与这个立意相悖或远离的都是跑题或偏题的立意

● 参考范文

放弃通知考文垂

在通知考文垂躲避空袭与保护破译密码之间，丘吉尔选择了后者。如果我是这个决定的决策者，我也会做出与丘吉尔一样的决策：放弃考文垂，保护破译密码这个秘密。

战争从来都是残酷的，丘吉尔作为英国首相，作为一国领袖，作为一名决策者，需要综合各种因素，权衡利弊做出最终决定。在当时的战争背景下，为了不使英国亡国，这场战争就一定要胜利，所以摆在丘吉尔面前的选择只有不通知考文垂。这个决定虽然很残忍，但却是为了更少的牺牲不得不做的。

即使心有不甘,也只能将痛苦刻在心里。通知考文垂躲避空袭与保护破译密码,是鱼与熊掌的关系,两者只能择其一,没有其他任何更好的选择。也许有人会说:"既然获取过密码,那么通知考文垂之后,通过技术手段再次获取不就行了吗?"对于这个问题的回答,有这样两点不通知的原因:第一,战场局势稍纵即逝,很有可能因为这次通知而导致战争的失败;第二,当时德国的科技并不比英国差,很有可能因为这次通知,德国升级密码,盟军再也不能破译。所以,不要把战争当作儿戏。

两利相权取其重,两害相权取其轻。通知考文垂可以拯救上千人,保护破译密码这个秘密可以拯救千千万万人。放弃通知考文垂会有上千人丧生,放弃保护破译密码这个秘密,将会导致反法西斯战争的失败,英国将会淹没在法西斯德国的铁甲洪流中,国家将会灭亡,人民将被奴役。所以,面对这一利害关系,丘吉尔选择放弃通知考文垂。也许,丘吉尔会因此成为导致上千人丧生的历史罪人,但他也会成为帮助英国赢得第二次世界大战的民族英雄。

任何生命都是平等的,这个决定是艰难的。但是丘吉尔作为战争中的统帅,只能当机立断,放弃通知考文垂。即使心如刀割,但不得不去做,因为这样才能保护更多的生命不受战火的摧残。

2001 年论说文真题

根据所给材料写一篇600字左右的议论文,题目自拟。

1831年瑞典化学家萨弗斯特朗发现了元素钒。对这一重大发现,后来他在给他朋友化学家维勒的信中这样写道:在宇宙的极光角,住着一位漂亮可爱的女神。一天,有人敲响了她的门。女神懒得动,再等第二次敲门。谁知这位来宾敲过后就走了。她急忙起身打开窗户张望:"是哪个冒失鬼?啊,一定是维勒!"如果维勒再敲一下,不是会见到女神吗?过了几天又有人来敲门,一次敲不开,继续敲。女神开了门,是萨弗斯特朗。他们相晤了,钒便应运而生!

● 审题立意

审题立意思维决策过程

Contradiction 矛盾	萨弗斯特朗锲而不舍获得了成功,维勒轻易放弃结果失败
Attitude 态度	支持萨弗斯特朗的锲而不舍
Boundary 边界	谁知这位来宾敲过后就走了;如果维勒再敲一下,不是会见到女神吗;一次敲不开,继续敲
立意结果	(1)锲而不舍,金石可镂。 (2)做事要有坚持的精神

	续表
立意权衡	由审题立意 CAB 定理可知，命题老师赞扬的是萨弗斯特朗的锲而不舍，批驳的是维勒没有毅力、轻言放弃。在两个正确立意中，锲而不舍是要比坚持更加深刻的，更能突出主人公萨弗斯特朗的品质
终得论点	锲而不舍，金石可镂

● 参考范文

成功贵在坚持

读完这个小故事，为维勒的错失机遇感到惋惜的同时，更为萨弗斯特朗的坚持不懈感到欣慰。从中我们可以体会到，不管是做人还是做事，都要秉承成功贵在坚持的信念。

每个人的成功之路都不可能一帆风顺，当我们遇到困难的时候，要懂得坚持，因为成功贵在坚持，要取得成功就要学会坚持。"水滴石穿，绳锯木断"，小小的水滴怎么能把坚硬的石头滴穿呢？细细的绳子又怎么能把硬邦邦的木头锯断？这里的奥秘就是坚持。

坚持，是为自己实现理想奠基。唐代诗人张继在落第后，曾经一度彷徨失意。他来到寒山寺外，听着夜半的钟声传到了客船内，心中涌起一阵心酸，写下了一首至今仍被人们传诵的《枫桥夜泊》："月落乌啼霜满天，江枫渔火对愁眠。姑苏城外寒山寺，夜半钟声到客船。"短暂的失意过后，张继又踏上了奋斗之路。既然选择了远方，便注定要风雨兼程。坚持，是实现自己理想的奠基石。

坚持，是自己战胜挫折的前提。贝多芬在失聪的条件下，坚持创作，终于谱成属于他自己的《命运交响曲》。海伦·凯勒，因病失明、失聪，但她面对生活的逆境不抛弃、不放弃，写出的《假如给我三天光明》给了多少人鼓励和勇气。霍金，在注定要被疾病囚禁在轮椅上一辈子的情况下，不放弃对真理的执着追求，写出的《时间简史》震惊世人。坚持，帮助这些平凡而伟大的人们战胜了挫折，走向了成功。

人生在世，难免会遇到波折。可怕的不是波折，可怕的是失去了坚持走下去的勇气。只要胸怀不放弃的信念，巧妙地运用自己的智慧，终将会迎来另一片新天地。

2004 年 10 月论说文真题

根据以下材料，题目自拟，撰写一篇 700 字左右的论说文。

在滑铁卢战役的第一阶段，拿破仑的部队兵分两路。右翼由拿破仑亲自率领，在利尼迎战布鲁查尔；左翼由奈伊将军率领，在卡特勒布拉斯迎战威灵顿。拿破仑和奈伊都打算进攻，而且，两个人都精心制订了对各自战事而言均为相当优秀的作战计划。但不幸的是，这两个计划均打算用格鲁希指挥的后备部队，从侧翼给敌人以致命一击，而且他们事前并没有就各自的计划交换意见。当天的战斗中，拿破仑和奈伊所发布的命令又含糊不清，致使格鲁希的部队要么踌躇不前，要么在两个战场之间疲于奔命，一天之中没有投入任何一方的作战行动，最终导致拿破仑惨败。

● 审题立意

审题立意思维决策过程

Contradiction 矛盾	格鲁希的部队要么踌躇不前，要么在两个战场之间疲于奔命，一天之内没有投入任何一方的作战行动，最终导致拿破仑惨败
Attitude 态度	批驳沟通不畅，批驳令出多门
Boundary 边界	相当优秀的作战计划；事前并没有就各自的计划交换意见；拿破仑和奈伊所发布的命令又含糊不清
立意结果	（1）合作需要良好的沟通。 （2）有效沟通
立意权衡	由审题立意 CAB 定理可知，拿破仑在滑铁卢战役中惨败的原因在于作战时没有进行有效的沟通，那么考生就需要将立意确定为"有效沟通"
终得论点	有效沟通

● 参考范文

学会沟通

沟通是人与人交往的桥梁，是事业取得成功的保障。一代英豪拿破仑正是因为缺乏沟通才在滑铁卢战役中一败涂地，丢掉了皇位，也丢掉了法兰西，最后只能在大西洋孤岛上度过潦倒的余生。可见，学会沟通是多么重要的事情！

沟通，能使人与人之间的关系变得密切。沟通能使他人知道自己内心真实的想法，没有猜疑，没有顾忌，清楚明白。沟通也能使自己了解到他人的想法，或许两人的想法就有了相同之处，可以进入更深一层的沟通和交流；两个人或许能从陌生人变成朋友，或许能从朋友变成知己。沟通使人与人之间变得更加和谐。

沟通，能化解很多不必要的矛盾和冲突。存在矛盾和争议，于是便有了游行示威、恐怖袭击等一系列活动，原因就是人与人之间缺少沟通。有这样的一个故事，一只狮子和老虎打架，当它们都奄奄一息的时候，狮子说："如果不是你抢我的地盘，我们也不会沦落到如此下场。"老虎却说："我以为是你要抢我的地盘。"有时候就是因为没有沟通，造成双方互相误会，而引起了不必要的冲突，导致两败俱伤。不是每个人对别人都很了解，所以我们需要语言的沟通，需要知道对方的想法或意图，这样才能真正化解矛盾和冲突。

沟通，能使大家团结一心、克服困难。在抗日战争时期，面对日本帝国主义的野蛮侵略，国共两党放弃争端，结束内战，互相沟通，联系一切可以团结的力量，建立抗日民族统一战线，众志成城，保家卫国，最后取得抗日战争的伟大胜利，一雪百年耻辱。在沟通面前，没有孤岛；在团结面前，没有困难。

在语言沟通的基础上，才有了心灵的交流。沟通能让人与人之间、世界各国之间都变得美好和谐。海明威曾说过这样一句话：每个人都需要与他人开诚布公地谈心。让我们微笑着与他人、与世界沟通吧。

第五节 经济类联考精选真题精讲

2018 年经济类联考论说文真题

论说文：阅读下面的材料，并据此写一篇不少于 600 字的论说文，题目自拟。

近期有报道称，某教授颇喜穿金戴银，全身上下都是世界名牌，一块手表价值几十万，所有的衣服和鞋子都是专门定制，价格不菲。他认为对"好东西"的喜爱没啥好掩饰的："以前很多大学教授都很邋遢，有些人甚至几个月都不洗澡，现在时代变了，大学教授应多注意个人形象，不能太邋遢了。"

● 审题立意

审题立意思维决策过程

Contradiction 矛盾	某教授追求奢侈生活与以前很多教授形象邋遢
Attitude 态度	批评教授的奢侈生活
Boundary 边界	颇喜爱；定制；价格不菲；不能太邋遢
立意结果	（1）反对奢侈之风。 （2）倡导勤俭节约
立意权衡	由审题立意 CAB 定理可知，文字材料的态度十分明确，就是在反对材料中教授的奢侈、炫富，意在强调作为一个学者应该以勤俭节约为本，多花费些心思在学术上面，而不是物质上面。如果将这个话题联系到我们每个人身上，那就是倡导勤俭节约
终得论点	倡导勤俭节约

● 参考范文

奢侈之风不可开

时代虽变，但是奢侈之风不可开。在经济高度发达的今天，我们仍须保持一颗勤俭节约的心，守住内心无限的欲望。

无论家徒四壁还是琼楼玉宇，勤俭节约都是一种美德。在困顿的时代，没有良好的物质条件，勤俭节约就是对生活的无限热爱，充分利用手中的一针一线将自己的理想绘就好。在繁华的时代，万千货物琳琅满目，勤俭节约就是对修养的自我约束，根据自己内心真正的需求选择合适的商品。

左丘明曾说过这样一句话："俭，德之共也；侈，恶之大也。"一个明智和懂得勤俭节约的人，会为未来打算，他在事业平稳期会为将来可能遇到的波折做好充分的准备。而一个没有头脑的人，根本就不会为将来着想，不会思考明日生活艰辛的需要，醉生梦死，挥金如土，最后可能会沦落到露宿街头的地步。

勤俭节约不仅会给人们带来富裕安宁的生活，还会给人们带来许多益处：它培养人们自我克制的习惯；它使精明、谨慎成为人的习惯与性格；它使人拥有安逸闲适的平和心态。所以，将勤俭节约视为一生坚守的行为准则，是一个人走向美好生活的必要之路。

勤俭节约并不是安贫乐道，而是自我约束。材料中的教授本应为人师表，为广大学子树立道德高尚的典范，但是却因过度追求享乐，给人留下穿金戴银和铺张浪费的深刻印象。我想，如果这位教授一袭青衫，放下金银，认认真真地传道授业解惑，他必将攀登上自己事业的高峰，成为一代学术大师和文化巨匠。

我们每个人，如果能够从日常的生活小事做起，逐渐养成勤俭节约的习惯，这将是我们享用不尽的宝贵财富！

2016年经济类联考论说文真题

论说文：阅读下面的材料，并据此写一篇不少于600字的论说文，题目自拟。

自从国家拟推出延迟退休政策以来，就受到了社会各界的广泛关注，同时也引起激烈的争论。为什么要延长退休年龄？赞成者说，如果不延长退休年龄，养老金就会出现巨大缺口；另外，中国已经步入老年社会，如果不延长退休年龄，就会出现劳动力紧缺的现象。反对者说，延长退休年龄就是剥夺劳动者应该享受的退休福利，退休年龄的延长意味着领取养老金时间的缩短。另外，退休年龄的延长也会给年轻人就业造成巨大压力。

● 审题立意

审题立意思维决策过程

Contradiction 矛盾	赞成者；反对者
Attitude 态度	无明显态度，考生可以自述己见
Boundary 边界	延迟退休；养老金；老年社会；劳动力紧缺；年轻人就业
立意结果	（1）赞成延迟退休。 （2）反对延迟退休
立意权衡	由审题立意 CAB 定理可知，题干围绕延迟退休展开争论，有赞成者，有反对者。但根据当下中国老龄化社会的形势，考生落笔赞成延迟退休更有优势，但在论述中也应对反对者的言论有所回应
终得论点	赞成延迟退休

● 参考范文

延长退休年龄之我见

当前，延长退休年龄是社会关注的热点。是否延迟退休关系到每个人的切身利益，也是国家的重大决策。诚然，如果推行这一政策，在很大程度上可能会产生一些负面影响，但是从长远来说，这是大势所趋。

首先，延长退休年龄有利于人力资源的充分利用。一方面，中国已进入老龄化社会，现行退休年龄还是几十年前设定的，但随着社会经济的高速发展，人均预期寿命持续延长，这一退休制度越来越不符合经济发展的需要。另一方面，延长退休年龄对就业也会有影响。现实中多数退休人员并未在家休养，而是选择再就业，但老年人与年轻人的就业岗位并不存在完全的替代性，这将增加退休人员的就业难度。所以，从发展的角度来讲，如果人力资源分配得好，可能会派生更多新的就业岗位。

其次，延长退休年龄有利于养老负担代际公平。当下中国人口老龄化日益加剧，如果继续维持现在的退休年龄，工作的一代人需要负担的上一代人的年限会逐渐增加。这将严重造成年轻人的负担过重和心理焦虑，不利于年轻人承担社会责任和激发创新能力。

再次，延长退休年龄有利于增强基金支撑能力。当前养老保险基金收大于支，面临的压力主要是保值、增值压力而非支付压力，延迟退休能够增强基金支撑能力，促进养老保险制度可持续发展。因此，从长远来看，延迟退休年龄对于国家和个人都是有利的。

总之，延长退休年龄是大势所趋。如果可以做到兼顾不同群体的利益诉求，小步渐进地推行延长退休年龄政策，那么将有相当的可行性。

2015 年经济类联考论说文真题

论说文：根据下述材料，写一篇 600 字左右的论说文，题目自拟。

孔子云："求其上者得其中，求其中者得其下，求其下者无所得。"由此可得，你应该如何确定你的人生目标？

● 审题立意

审题立意思维决策过程

Contradiction 矛盾	求其上者得其中，求其中者得其下，求其下者无所得
Attitude 态度	支持树立远大的人生目标
Boundary 边界	上；中；下；人生目标
立意结果	（1）志存高远。 （2）树立远大的人生目标
立意权衡	由审题立意 CAB 定理可知，文字材料的观点十分明确，简单理解就是：若一个人树立上等目标，则可能仅达到中等成绩；而如果树立一个中等目标，则最后可能只达到下等成绩；如果树立一个下等目标，就可能什么成绩也达不到。所以，一个人要想成功，就要有崇高的目标，树立远大的志向，这就是试题的正确立意
终得论点	志存高远

● 参考范文

志当存高远

生命对于每个人来说只有一次。宝贵的人生应该像《钢铁是怎样炼成的》中所写的那样：回忆往事，不会因为虚度年华而悔恨，也不会因为碌碌无为而羞耻。可见，树立一个远大的人生目标可以让生命绽放光彩。

远大的志向让我们远离浮躁。一个人要真正为社会贡献自己的青春，并在这个过程实现自己的理想，不是一蹴而就的，需要不断努力才能实现。因此，树立远大的志向，可以让我们不因为眼前的一点点成绩就迷失方向，不因为自己取得了一点点成绩而沾沾自喜、不思进取。

远大的志向让我们坚持不懈。高远的志向是一种内在的刚毅与动力，它使人们克服困难，越过挫败，走出痛楚，为实现自己的理想不断向前奋进。越王勾践胸怀灭吴雪耻的志向，卧薪尝胆二十余年，终于打败吴国，实现了自己的理想；成吉思汗胸怀统一天下的志向，建立了横跨亚欧大陆的大帝国，成为"一代天骄"，永载史册；贝多芬在耳聋之后凭借着他对音乐和生命的执着写下了激昂澎湃的《命运交响曲》，"扼住了命运的咽喉"。正因为他们有远大的志向，才可以坚持下去，最终取得成功。

远大的志向让我们奉献社会，实现一个人的社会价值。若是一个人为自己设定的目标只是吃饱穿暖，那在中国已经基本实现小康的背景下，这样的目标就已经实现了，完全谈不上是崇高的目标，更谈不上对社会有贡献了。正是因为社会在不断发展，人类对于未知的探索在更加深入，所以我们才要树立远大的志向，并且为之奋斗终生，不抛弃，不放弃。

海阔凭鱼跃，志当存高远，远大的志向是一个人拼搏进取的精神支柱。当你遇到困难内心开始动摇的时候，只要你想到远大的志向，那么你就能坚持到底。

2014年经济类联考论说文真题

论说文：根据下述材料，写一篇600字左右的论说文，题目自拟。

我懂得了，勇气不是没有恐惧，而是战胜恐惧。勇者不是感觉不到害怕的人，而是克服自身恐惧的人。——南非前总统纳尔逊·曼德拉

● 审题立意

审题立意思维决策过程

Contradiction 矛盾	勇气不是没有恐惧，而是战胜恐惧
Attitude 态度	支持战胜恐惧
Boundary 边界	不是……，而是……；不是感觉不到害怕的人，而是克服自身恐惧的人
立意结果	（1）战胜恐惧。 （2）战胜自己
立意权衡	由审题立意CAB定理可知，文字材料想传达给我们的信息是：一是面对困难、苦难和未知的生活，人都会产生恐惧感；二是人若有足够的勇气，一定能战胜恐惧；三是勇者要克服的不仅是外界带来的恐惧，更是自身的恐惧，与战胜他人相比，战胜自己是人生中最艰难的一件事情。毕竟战胜自己，才是最大的成功。所以，"战胜自己"或"战胜恐惧"是正确的立意
终得论点	战胜自己

● 参考范文

战胜自己

南非前总统纳尔逊·曼德拉说，勇者不是感觉不到害怕的人，而是克服自身恐惧的人。是的，一个人最大的敌人不是别人，而是自己，在战胜别人之前，首先要战胜自己。

首先，我们要战胜自己的缺点。当你发现自己的缺点和不足的时候，一定不要回避和隐藏，而要坦然地面对和接受。霍金用能活动的手指艰难地在键盘上敲上这样的话："我的手指还能动，我的大脑还能思考，我有终生追求的理想，有我爱的亲人和朋友。对

了，我还有一颗感恩的心。"轮椅上这近乎天籁的声音让台下掌声雷动，身残志坚的霍金以他的坚强和乐观感染、激励着无数年轻人不断前进。

其次，我们要战胜自己的惰性。不可否认，人的本性是懒惰的，有的人喜欢赖床不起，有的人喜欢醉生梦死，有的人喜欢混混噩噩地过日子。是的，世间哪个人愿意吃苦？但是我们知道，唯有吃得苦中苦，才能品得无上甜。达·芬奇画鸡蛋、王羲之练字、匡衡凿壁偷光、孙敬头悬梁、苏秦锥刺股，确实痛苦，但是得到的又何尝不是成功呢？

最后，我们要战胜自己的恐惧。人的一生不可能没有风风雨雨，喜怒哀乐爱恶惧，必然人人都要经历。面对突发事件和生活的许多未知性，人人都会恐惧。只有学会面对这一切，你才能战胜恐惧心理。曼德拉总统从投身政治的那一天开始，就决心为争取南非黑人的自由与民主权利而奋斗终生。为此，他一生颠沛流离，苦苦追寻，并因此失去了27年的人身自由。但这并没有使他变得恐惧和畏缩。最终，他成功了，他推动了南非种族隔离制度的终结，成为南非人民乃至全世界人民所景仰的英雄。

如果你想改变世界，那么先改变自己。如果要改变自己，那么先战胜过去的自己。